U0365908

逆 向 法 丛 书

学习贵在开窍

第2版

钟道隆　著

清华大学出版社

北京

内 容 简 介

2000 年以来,钟道隆教授在中国教育电视台和中央人民广播电台连续主讲了《踏踏实实学英语》和《学习成功的乐趣》等讲座,受到了观众和听众的欢迎。在讲稿的基础上,提炼和补充成为本书。全书共 6 章,分别讲述"学习的重要性"、"学习贵在开窍"、"岗位成才"、"知识就是力量"、"坚持自学"和"决心、信心和恒心"等内容。

本书适合大中学生、教师、家长以及其他社会人士阅读。

图书在版编目(CIP)数据

学习贵在开窍/钟道隆著.—2 版.—北京:清华大学出版社,2009.8(2025.7 重印)
(逆向法丛书)
ISBN 978-7-302-20289-9

Ⅰ. 学… Ⅱ. 钟… Ⅲ. 学习方法 Ⅳ. G791

中国版本图书馆 CIP 数据核字(2009)第 088330 号

责任编辑:胡永清 洪 英
责任校对:赵丽敏
责任印制:杨 艳

出版发行:清华大学出版社
  网 址:https://www.tup.com.cn,https://www.wqxuetang.com
  地 址:北京清华大学学研大厦 A 座
              邮 编:100084
  社 总 机:010-83470000   邮 购:010-62786544
  投稿与读者服务:010-62776969,c-service@tup.tsinghua.edu.cn
  质量反馈:010-62772015,zhiliang@tup.tsinghua.edu.cn
印 装 者:涿州市般润文化传播有限公司
经 销:全国新华书店
开 本:165mm×230mm 印张:20.5 字 数:234 千字
版 次:2009 年 8 月第 2 版   印 次:2025 年 7 月第 15 次印刷
定 价:76.00 元

产品编号:033587-02

编者的话

他上大学时是优等生；

他工作时是优秀科技工作者；

他45岁自学英语口语，一年后成为口语翻译，提出了逆向法，发明了复读机；

他52岁自学电脑,20多年写作与翻译了60余本书；

他57岁学习和研究记忆法,能背出圆周率1000余位；

他退休后是优秀退休干部；

他就是"逆向法丛书"的作者钟道隆教授。

他的成功给了我们许多启示：

(1) 要有强烈的求知欲和良好的学习方法。在校学习期间，要尽快完成由"要我学"到"我要学"以及由"学会"到"会学"的转变。

(2) 知识就是力量,只有刻苦学习才能成为对社会有用的人才。

(3) 掌握英语和电脑是信息化社会的要求,每一个现代人必须主动迎接时代挑战,努力学会英语和电脑。

(4) 只要肯下工夫,什么时候学都不晚。"学习方法千万条,刻苦努力第一条"。他45岁和52岁时利用业余时间刻苦学习,尚能学会英语和电脑。如果你只有15岁、25岁或35岁,只要努力,方法得当,一定可以取得比他更大的成绩！

（5）只有重视基本功，才能事半功倍；急于求成往往欲速不达，事倍功半。

（6）好的记忆力不是天生的，是可以通过后天努力得到的。普通人大脑的记忆潜力无穷，扎扎实实地学习一些记忆方法，无穷的记忆潜力一定可以转化为极高的现实记忆力。

为了把钟道隆教授的经验介绍给广大读者，我社特编辑这套"逆向法丛书"。

愿"逆向法丛书"能为你走向成功助一臂之力。

清华大学出版社

2009 年 4 月

第2版前言

自从《学习贵在开窍》第1版出版以来,收到了许多家长、老师与学生的电邮或信件,提出了许多建议,本书就是在这些建议的基础上补充而成的。

不少读者对书中的一些数学和物理方面的例子很感兴趣,希望能讲得详细一些。考虑到我没有教过数学与物理,本书也不是数学物理课外读物,篇幅有限,只能点到为止。

第2章以实例介绍了我年幼时如何在祖父启发教育下,培养起对于算术的兴趣。祖父是一个识字的农民,没有受过高等教育,他对于各种算术问题的理解,不一定准确与到位,所教的算术题,与今天盛行的小学奥数班的教材比,也容易多了。我介绍这些内容的目的是希望家长们从小就要抓紧对孩子的启发教育。

本书的讲解原则上以中学知识为主,一般不涉及高等数学。但为了说明数学知识有巨大的应用潜力,某些章节中收入了一些高等数学的内容,以便与初等数学进行对比,读者如果缺少高等数学知识,可直接看对比结论。

笔者的通信地址:清华大学出版社转

邮编:100084

E-mail:zdl1934@126.com

钟道隆

2009 年 2 月于清华园

第1版前言

1995 年退休以后,我仍然像以前一样,在自己抓紧时间学习的同时,积极热情地鼓动他人学习。几年来,在全国各地做了 600 余场演讲,引起了各界媒体的关注。1999 年 5 月,中央电视台《实话实说》节目介绍了我退休以后的学习和生活情况;2000 年 7 月起,中国教育电视台连续播出了我主讲的《踏踏实实学英语》;2001 年,中央人民广播电台播出我主讲的《乐在英语中,收获英语外》以及《学习成功的乐趣》等系列讲座,系统地介绍了我的学习经验和体会。这些节目播出后受到了观众和听众的欢迎,不少观众和听众建议把讲座中的新内容充实到《学习成功的乐趣》一书中。在读者的鼓励下,写成了此书,并更名为《学习贵在开窍》。

笔者真诚地希望能继续得到读者的批评和帮助。

钟道隆
2001 年 8 月于清华园

目　录

第1章

学习的重要性

人们常说"知识就是力量",但是知识并不是大脑中固有的,而是通过不断学习获得的。

1.1 学习的重要性

学习的重要性问题可分别从接受文化遗产、迎接时代挑战、保持原有水平、影响他人等方面论述。

学生,尤其是中小学生,对于学习重要性的认识往往是抽象的、模糊的,谈不上有什么切身的体会。所以家长和老师要苦口婆心地向他们宣传学习的重要性,教导与劝告他们把主要精力用在学习上。接受家长和老师的教导与劝告越早、越彻底,就越能全身心投入到学习中去,将来成为有用之材。

目前"玩电脑"、"玩多媒体"、"玩转 Office"和"玩转英语"等词语非常流行,把严肃的脑力劳动过程简单化为娱乐性的"玩"。如果这种提法仅仅是出于炒作的需要也就罢了,如果用来指导自己的正课学习,恐怕是学不出好成绩的。因为学习与娱乐毕竟是两回事。学习任何知识都是艰苦的脑力劳动,需要的是强烈的求知欲与持之以恒的刻苦钻研,岂是一个"玩"字所能概括的?

1. 接受文化遗产

人类发展的历史,有文字记载的就有 5000 多年,文化遗产丰富。而一个人的生命时间有限,任凭你再聪明能干,如果不通过学习接受前人积累的文化知识,智力水平就不可能大幅度提高。

人类在创造文明的同时,也逐步形成与发展了一套通过学校教育向下一代人传授知识的教育体系。通过上学学习书本知识,可以在较短时间内接受人类几千年积累起来的知识。例如初中学的代数和几何,从人类历史上看,是花了很长的时间才总结出来的,但是今天的初中学生可以在一两年内学会。学会了代数和几何,解决数学问题的能力就会大大提高,就能解小学算术应用题中很复杂的问题。所以从一定意义上讲,人类在几千年的文明发展过程中积淀的智慧,已经被浓缩到一个人小学、中学和大学的各门功课中,学习这些课程,是接受前人文化遗产的捷径。

能接受前人经验的人就会聪明起来。例如,1986 年某日,某医学研究机构到我所在的单位来测试中年人记忆力情况。待测人员在房间的一侧入口处等待,测验完毕的人从另一侧出口退出,不得与待测人员交谈。我进入房间后,测试人员指着桌子上放着的 10 张看图识字小卡片说:"留心观察 3 分钟,然后默写出卡片上物件的名称,能写出 6 种以上的就及格了。"我看了 3 分钟后提笔写出了全部 10 个物件的名称。

测试人员感到非常奇怪,笑着对我说:"前面没有一个人能写出全部 10 个物件名称的,是不是考核过的人出门以后提示过你?"我笑着回答说: "如果有人能在出门以后把 10 张卡片的内容全部记住,说明他的记忆 力不错;他说给我听,我也能记住,说明我的记忆力也不错。"

为了进一步搞清我是如何记住的,他们又换了 10 张,看了两分钟 后我又写出这 10 张卡片上物件的名称。我介绍说我正在阅读日本人 写的《记忆术 88 法则》(高木重朗,书泉出版社)一书,其中有一节专门 介绍几千年前古希腊与古罗马人总结出来的记忆链法、编码记忆法和 场所记忆法,专门用来记忆没有内在联系的多个事物,正好用来记忆小 卡片上的物品名称。他们听后感慨地说:"看来这种测试方法只能测那 些不学习记忆方法的人。"

接受今人的经验也主要是通过学习书本知识。现今世界人口 60 多亿,每时每刻都在创造着新鲜的经验,总结出新的知识,写成专著或 文章发表。阅读这些专著与文章,就是接受他们的经验与知识。所以 在技术工作中碰到了某个难题时,首先应该想到很可能别人碰到过类 似的问题,或许已经被他们解决并有文章发表。如果善于寻找资料并 认真阅读有关资料,定能借鉴他们的经验,加快问题的解决过程。如果 闭目塞听,不善于从资料(尤其是外国的期刊)中借鉴他人的间接经验, 即使通过自己的努力解决了问题,由于各种条件的限制,所达到的水平 也可能没有别人高。

2. 迎接时代挑战

联合国教科文组织"国际 21 世纪教育委员会"在《学习与财富》报

告中，郑重地提出了 21 世纪教育的四大支柱为"学会求知、学会做事、学会共处和学会做人"，并认为这是 21 世纪的人一生的知识支柱。

现在世界已经进入信息化的网络社会，社会发展一日千里，知识发展与更新速度极快。即使是毕业以后所从事的工作正好与所学的专业对口，也仍然会在工作中碰到许多在校期间没有学过的知识，要想胜任工作，必须边工作边学习，通过自学获取新知识。

刚从学校毕业的人，特别要注意摆脱"在学校里没有学过，我不会"的心理状态，而要树立起"学校里没有学过就自学"的思想。因为就一个人一生的总体知识而言，在小学、中学和大学里所学知识是很小的一部分，而且主要是基础知识。实际工作中的大量知识，只有通过自学才能掌握。

认识到这一点以后才会有学习紧迫感，才会精神振奋，才会抓紧时间进行学习。没有学习紧迫感的人，不但认识不到自己已经远远地落在了时代的后面，反而会把别人努力学习追赶时代的做法看成是"有超前意识"。例如，改革开放以后，不少人深感英语和电脑知识的重要，因而奋起直追、拼命学习。但是即使到了 1995 年，仍然有人把我学习英语和电脑知识说成是"有超前意识"，他们落后于时代实在太远了。

当今社会是一个飞速发展的社会，各种专业知识更新很快，要想成为一个能跟上时代发展的现代人，必须树立终身教育的思想，随时关注与自己所从事的专业有关的国内外进展情况，抓紧一切学习机会提高自己。

学而后知不足，一个不断学习的人清楚地知道需要学习的知识太多了，比自己强得多的人大有人在，因而就会以他们作为自己追赶的目标,以获取知识作为自己最大的志趣,就不会自满,就会保持旺盛的进取精神。

现在电脑的应用已经遍及各行各业,而电脑的硬件与软件发展极快。硬件每 18 个月出一代新产品的规律已经为世人所公认;软件发展更快,推出新软件的消息令人目不暇接。在这样飞速发展的新技术面前,即使是一个很注意学习的人,也有学不胜学的感觉。如果不注意学习而靠吃老本,很快就会落在时代的后面,成为新时代的弃儿。

3. 保持原有水平

以前的讨论是从接受新知识的角度论述的,其实即使为了保持住学校里学到的知识,也需要经常复习才行。一个人大学毕业了,获得了大学文凭,说明具有大学文化程度。但是文凭并不能保证你一辈子始终具有大学毕业时的文化程度。

就拿英语水平来说吧,不少大学生英语水平最高的时刻是大学二年级时通过 CET-4 或 CET-6 考试时。例如以 70 多分通过了 CET-4 考试的人,如果在三四年级时没有继续学习和提高,到大学毕业时可能已经不及格了。

英语水平倒退的速度大体上是"一年不学倒退一年"。这样,如果大学二年级时通过 CET 以后一直不注意学习和巩固,大学毕业时也只有高中的水平了;到了工作岗位以后如果连续几年不学,可能只有初中水平了。所以应该不断地提醒自己"曾经是大学生"和"曾经掌握过大学知识",为了保持大学生的水平,需要不断学习。学英语如此,学其他知识也是如此。所以获得较高学历(学士、硕士或博士)的人应该时时反问自己："比起那些学历比自己低的人来说，自己到底比他们强在什么地方？"

4. 影响他人

任何一个人都是社会的人，人与人之间互相影响着。所以讨论学习的作用时，也不能只把眼光局限于学习者个人，而应该扩大考虑问题的范围，考虑学习者对他人（下属、同事、家庭成员，尤其是家庭成员）的影响。我们每一个人学习书本知识时都站在前人的肩膀上，享受他人总结的东西与学习传统，为什么我们不能通过自己的努力学习，也为他人与后人留下点东西呢？只有从这个意义上考虑问题，眼界才会更加宽阔，才能体会到努力学习不仅仅是自己个人的事情，它同时也影响着你周围的人和下一代。

我曾经亲眼见到两位客观情况大体相同的家长对他们孩子产生的不同影响。这两家的住房面积都很紧张，没有专门的书房。一位家长很爱学习，业余时间抓得很紧。受他的影响，他的孩子从小就喜欢学习，学习成绩也很好。而另一位家长则不爱学习，有空就约邻居到自己家打牌，占据了儿子的学习位置，儿子站在旁边观看，遭到他的训斥，被赶到另一人家里去学习（孩子在别人家里是不是真的在学习他是不管的，只要孩子不在旁边看他打牌就行）。在他的影响下，他的孩子不爱学习，成绩很差。

身教重于言教。有的人虽然也号召别人（下属或子女）学习，但是自己并不身体力行，一有空就打麻将或玩牌，他们怎么能指望下属或子女会响应自己的号召去努力学习呢？

1.2 要有战略眼光

这里说的战略眼光有两层含义：一是从学习者本人出发；二是从社会出发。

从学习者本人出发，学习必须要有长远的战略眼光，不要急功近利。"书到用时方恨少"，只有在学校学习期间与到了工作岗位上以后都努力学习的人，才能跟上发展的客观形势。

中学和大学的教学要求与大纲，是由有经验的专家们经过反复讨论制定的。对于知识的用途，应该从长计议，而不要目光短浅，每学一个内容就问有什么实际用途。学校里学的内容大都是基础知识，是离开学校以后获取其他知识的基础，非常重要，非常有用。只要基础扎实，走遍天下都不怕，知识更新再快也能跟得上。

在学习问题上要树立起"宁肯学了没有用，也不要用的时候后悔没有学"的思想。我们经常可以看到许多人在需要用英语的时候，例如晋升职称或研究生入学考试、对外交流时，非常后悔平日没有学，但是过后他们又不学，只有等到下一个刺激出现时再后悔一次。

应该有长远的战略眼光，经常注意在提高自己的文化水平和扩展自己的知识面上下工夫，时刻做好准备，迎接新的挑战。

1.3 一开始就抓紧

一开始就抓紧有两层含义：一是就一个人的一生而言的；二是就学习某项知识而言的。

1. 人生不可重复

就一个人一生的学习经历而言,大体上可以分为小学、中学、大学等几个阶段。所有这些学习阶段都是不可重复的,所以不论哪个学习环节都要抓紧,都要珍惜各种难得的学习机会。对于任何一个级别的学校,一生中你只能上一次(例如只能上一回中学,上一次大学),机不可失,时不再来,必须十分抓紧才行。不少人,尤其是缺乏生活经验的学生,不太了解各种学习机会是多么难得,不珍惜大好的学习时光。例如通过高考进入了大学,得到了非常难得的受高等教育的机会。但是有的人却产生了"松一口气"的思想,学习上得过且过,"60分万岁",因而学习成绩不理想,有的甚至被淘汰。

人生的旅途犹如运动竞赛,是一场拼搏,是一个力争上游的过程。学习犹如逆水行舟,不进则退。而且从小学到中学,所受的教育是一个完整的体系,缺少哪一个环节,以后都会时时感觉到。例如有的大学生微积分学得不好,究其原因,与中学代数学得不好有密切的关系。

边工作边学习的阶段性不像在校学习那么明显,但是学习的机会也是机不可失,时不再来,一旦过去,永远过去,所以也必须抓紧。

2. 防止陷入怪圈

我接触过许多中学生和大学生,他们的智商不低,但学习却很困难,学习兴趣不高,甚至有放弃的念头。产生这种情况的原因很多,而陷入下述大、小怪圈则是重要原因之一。

(1)小怪圈,以周为单位。上课时不集中注意力听老师讲课,课后请家教,节假日进补习班。这种本末倒置的做法效果不会好,下一周再重复上述过程。这种状态拖得越久,越难以摆脱。

(2) 大怪圈,以十几年为单位。上学时不抓紧学,大学毕业后才感到需要抓紧时间学习。这个怪圈一圈转过来就是十几年时间。虽说什么时候学也不晚,但是毕竟学生时代是学习的黄金时期,错过了是很可惜的。

3. 一开始就抓紧

不论学什么,都要注意一开始就抓紧,千万不要因为一开始内容简单而不予以重视,任何一门知识,都是一步一步由简到繁,由浅到深的。如果一开始就抓紧,上课全神贯注听老师讲课,课后及时复习,整个学习过程就会成为一个很自然的循序渐进的过程,学习成绩必然会好;反之,如果一开始不抓紧,尤其是上中小学时不抓紧,认为简单、好懂,上课不全神贯注听老师讲课,课后不及时复习。一天两天、一周两周不抓紧也许不会显出什么严重的后果,但是一个学期下来,就会落下很多,感到难以跟上,厌学情绪也随之产生。

我曾对一些学习困难的大学生情况进行过详细调查,发现他们学习不好的根源在小学和中学。下面以英语学习为例作一说明。

大学生对于英语课有两种截然不同的心态。有的认为"英语是各门功课中最难学的",而有的则认为"英语是各门功课中最好学的"。产生这两种截然不同心态的原因很多,刚开始学英语时是不是抓紧是一个主要原因。

我们以很多人认为英语单词难记这个问题来说吧,如果一开始学英语就抓紧,方法得当(主要是从语音入手),学一课会一课,平均一个星期里需要记忆的生词数量并不大,初中阶段为 10 来个,高中阶段为二十来个,大学阶段为三十来个。对于记忆力极好的年轻学生来说,应该没有太大困难。随着学习的进展,他们对于英语的爱好程度与日俱增,越学越爱学,越学越会学。循序渐进,日积月累,高中毕业时可以熟练掌握 5000 个左右的英语单词,大学毕业时可以掌握 8000 个左右的英语单词和相应的语法知识。对于他们来说,整个英语学习过程是很愉快的,因而感到"英语是各门主课中最容易学的"。

如果平时不抓紧,到了中考或高考时才去复习,此时所面对的单词数量就有 2000 余个与 5000 余个了。这么大的记忆量,年纪再轻也会感到困难,何况还有不少需要记忆的语法知识呢! 如果说在初中阶段,由于所学内容少,凭借年纪轻,记忆力好,即使平时不抓紧,临考试突击记忆一下或许还能勉强通过考试,那么进入高中与大学后,随着所学单词数量的积累与难度的增加,平时不抓紧,临时突击的方法很难奏效,不是考不及格就是得分不高。与这种情况相对应,他们对英语学习的畏难情绪也与日俱增,越来越会感到英语"难学",有的甚至完全失去信心,得出"英语是各门功课中最难学的"的结论。

形成这种分化的一个主要原因是,在刚开始学时是不是重视语音知识和课文的朗读背诵,能不能做到学一课会一课。如果能,英语成绩一般都比较好,一个学期一个学期地学下去,水平不断提高,越学越喜欢英语,整个学习成为一个良性循环过程。如果不重视语音知识的学习和课文的朗读,没有做到学一课会一课,英语成绩就不会好。

刚开始学英语时,大家都有很大的兴趣,都在同一个起跑线上,都从字母开始学,但随着一课一课地向前推进,距离就慢慢地(一个词一个词地,一课一课地)拉开了。第一个学期英语成绩好坏的分化不是很明显的,但是两三个学期以后就明显分化了。基本没有掌握语音的学生,在初中阶段也许考试还能及格,但是在学习中很被动,学习完全是为了应付考试,对英语的兴趣很快被厌倦情绪所取代。

大家都从字母开始学,用的是同样的课本,由同一位老师教,为什么会产生这种分化呢?有的人认为是家庭英语环境决定的,家里有人会英语,孩子的英语就学得好,否则很困难。其实在录音机和教学磁带如此普及的今天(起码对于大部分城市里的学生是这样),不是每一个学生都可以听到标准的英语声音吗?不是有很多来自农村的学生英语学得很好吗?关键在于学习语音这一步是否迈得好。如果第一步迈得不好,可能会陷入"一步跟不上,步步跟不上"的局面。

有的学生基本功不扎实的这种状态一直延续到上高中、上大学,他们在英语学习上的被动和苦恼程度也随着学历的提高而提高。在整个英语学习过程中,他们根本感受不到通过英语学习掌握外国文化的乐趣,他们感受到的永远是不堪忍受的英语学习的负担和苦恼。

一旦发展到了这个地步,如何提高英语成绩成了整个学习的主要矛盾。英语是主课,是升学考试中得分和失分的关键所在,英语学习成绩不好的学生必然要把大量时间花在英语上,从而也就影响了其他课程的成绩。

对待各种考试的态度也应该这样。有的人通不过 CET(TOEFL、GRE 或学位英语考试)以后不是抓紧时间踏踏实实打基础,循序渐进,而是不慌不忙地等待下一年考试的到来。只有到了下一年临考前两三个月时,才又着急起来,但又往往认为"只剩下两三个月了,来不及了",因而到处寻找能在短时间内大幅度提高英语水平的方法。每当碰到这种情况,我总是回答说"来得及,还有十五六个月呢",劝说他们脚踏实地进行准备,一年以后再考。

学习英语如此,学习其他课程的情况也是如此。初中代数学得不好的人再学解析几何和微积分时会感到困难重重。

4. 抓住黄金时期

小学、中学到大学,是一个人求知的黄金时期,一定要抓得很紧很紧,一定要把主要精力放在学习上。学习以外的事,顾得过来就顾,顾不过来就不顾,千万不要本末倒置,把主要精力放在学习以外的事情上。古话说得好"少壮不努力,老大徒伤悲"。

如果在学校里有老师指导的情况下都没有学会,那么离开学校以后再自学困难就更多了。但是由于受到一些消极思想的影响,有的学生上学期间不把主要精力花在学习上。例如某大学二年级的英语学习成绩很差,某年五一节前夕让我给 400 多名学生讲话,鼓动他们努力学习英语。会前不少同学对我说,由于功课负担很重,没有过多时间学习英语。讲话一开始,我就说:"五一节期间准备外出旅游的人请举手!"350 多人举起了手。我接着问不举手的人:"你们为什么不出去旅游?"大多数人回答说"没有钱!"我又问:"五一节期间你们干什么?"家住北京的十几个人回答说"回家,在北京附近玩玩儿",家不在北京的人说"留在学校打篮球",只有 5 个人说"有空学点英语"。有了这样的心态,他们哪里还找得到学习英语的时间呢!

1.4　乐在学习中

1. 朝闻道，夕死可矣

人的精神享受是多方面的，求知是一种很重要的精神享受。从整体上看，通过学习获取知识，变不知为知，大大地提高自己的能力是一件极大的快事。一个人通过自己不懈的努力，钻进了知识的宝库而有所领悟，回到现实生活中又有所用，实在是一件令人感到非常愉快的事。有些知识即使一时没有直接的用途，但仅仅就获取知识本身而言，得到了精神上的满足和知识上的充实，也是一件其乐无穷的事，远比物质上的满足更有价值和更有意义。所以古人有"朝闻道，夕死可矣"之说。

在校和在职学习时如此，退休以后也应该如此。从一定意义上讲，退休以后，没有公务缠身，因而可以按照自己的兴趣去学习；也没有任何外来的干扰与压力，可以享受到比在校和在职学习更多的乐趣。正因为这样，许多退休老人满怀热情地学习各种知识。

例如我 1995 年给某大学演讲，会议主持人向我介绍坐在第一排的一位老妇人。她是该校退休的心理学教授，已经 81 岁了。她认真听，仔细记，散会后还与我探讨问题。所有这些对我都是很大的触动。当时我只有 60 岁，每天坚持学习，在一般人看来，似乎很不错了。但是与 80 岁左右高龄的人相比，还差 20 多年，不是更有学习的理由和条件吗？

又如北京市一位 70 多岁的盲人，2001 年初听了我在中央人民广播电台的英语学习逆向法讲座以后,开始学习英语盲文,碰到搞不懂的地方就打电话与我讨论。我问他:"您 70 多岁了,又失明,为什么还要学习英语?"他说:"我一不为考职称,二不为出国。过去学过俄语,没有学过英语。退休了,又失明,别的事干不了,正好学点英语,而且一学就觉得很有意思。"他一边用手摸着书上的盲文字母,一边在电话里读给我听,我记录在纸上才形成一个单词或句子。很显然,用这样的方式交流是很费事的,有时写下一个句子需要好几分钟。面对这样一位有强烈求知欲和顽强学习精神的老人,每次与他通完电话后,我都受到极大的鼓励和鞭策:我眼睛看得见,年纪比他小,没有理由不努力学习! 正是因为经常受到这种积极思想的激励,我退休后也一直坚持学习。

2. 不怕衣衫破,只怕肚子里没有货

对于学习的苦与乐的看法说到底是个人生观问题。年轻的学生一定要把主要精力花在学习上,而不要花在比吃穿上。

俗语说得好,"不怕衣衫破,只怕肚子里没有货"。衣衫破,可以在一朝一夕之间换上好衣衫。而且穿上的好衣衫并不是你身体固有的,脱下来就不在你身上了。而肚子里的货(大脑中的知识),则不像好衣衫那样,要"穿"就能"穿"上的,需要经过艰苦的学习过程才能获得。但是一旦获得,则会伴你终生,不会像好衣衫那样轻易地被脱掉。就以出国来说吧,富有的人可以衣冠楚楚,穿着入时,但是如果文化水平低,文明程度差,开口说中国话也可能是脏话连篇,更谈不上能听和说外国话了。到了国外,形同"哑巴"和"聋子",除了看看风光以外,还谈得上有什么高层次的乐趣吗?! 而对于一个平时把精力放在学习上的人,尽管

平时可能"衣衫破",但是"肚子里有货",有文化、有教养、会外语等,出国之前一夜之间就可以换上好衣衫,而且到了国外,能听能说,谈笑自如,行动自由,尽情享受异域风情和异国文化。很显然,在同行的人和外国人的眼里,受尊敬的是"衣衫破,但是肚子里有货"的人,而不是衣冠楚楚、"肚子里没有货"的人。

说到这里,我想起一件非常有趣的事。1970 年我在西安工作,托一位战友带一些东西给在清华大学当教授的父亲。他上午 10 点左右到我家,父亲接待了他。由于父亲穿着非常普通,不像一般人心目中想象的那样西服革履。那位战友认为他不是我父亲,就一边与父亲交谈,一边等待着他想象中的教授出现。眼看就到 12 点了,他才问:"钟教授什么时候下班?"父亲回答说:"我就是。"这时他才说明来意并把东西交给父亲。事后他很有感触地对我说:"在清华大学,不应该从穿着上去判断一个人是干什么的,穿得不时髦的人可能就是教授。"

3. 何以解忧,唯有学习

变不知为知的读书活动还是解忧养性的最好处方。任何一个环境,总有不如人意的地方,再好的工作有时也会感到无所事事,再乐观的人也有发愁的时候。在这种情况下,很容易产生消极思想和做法。或认为"何以解忧,唯有杜康",或认为"何以解忧,唯有麻将(扑克)",结果"以酒浇愁愁更愁",越打麻将(扑克)意志越消沉。

为了防止出现这种情况,手边至少应有一本可以解忧的书,发愁时一头扎进去,抑郁之情便会荡然无存。我先后单身在外地工作近 20 年,长期与家人分开。1971 年 5 月我在延安电缆施工现场收到了父亲突然病故的电报,后来母亲又患脑血栓卧床不起,长达 8 年之久,妻子身体不好,既要工作,又要照顾老人与抚养两个孩子,困难很多。所有这些都使我感到非常忧愁,尤其是节假日闲下来时更是这样。怎么办?我用"何以解忧,唯有学习(学专业知识、学英语或学电脑)"自我解忧。不但以积极的方式度过了漫长的岁月,而且在学英语与电脑的过程中增长了才干,为以后工作的成功积蓄了力量。

一个能把业余时间充分利用起来进行学习的人,不但可以学到知识,而且也有益于身体健康。因为把注意力集中于学习以后,可以免去很多不必要的烦恼,尤其是名利思想的干扰。一般情况下,一个在事业上没有追求的人,往往很计较名利,不能如愿以偿时往往产生各种苦恼而怨天尤人。

如果业余时间坚持学习,就会感到时间不够用。不论是忙还是闲,都能找到学习的对象与学习机会,这样的生活也一定会使人感到充实与有意义,哪里还会有心思与时间去通宵达旦地打麻将呢?!

1.5　我的学习经历

我的学习经历大体上可以划分为求学(1958 年前)、自学(1958—1990 年)和鼓动他人学习(1990 年后)三个阶段。

1. 求学

我的小学是在浙江省浦江县的农村上的。时值日本侵略中国,学校办办停停,学得很不系统。所幸祖父教我算术,既培养了我对数学的兴趣,又提高了分析应用题的能力。

1946 年进入当地中学上初中一年级,老师不像小学那样管得严,突然接触到武侠小说,一下子就迷上了。白天上课时把武侠小说放在课本下面,基本上不听老师讲课,有时甚至逃课;晚上也抓紧时间,点着小油灯看,不识字的家长和邻居看到后还夸我"真用功"。一年下来,功课落下很多,考试成绩很差,有时甚至萌发出辍学的念头。

父亲 1948 年把我带到了北京,插班到成志学校(清华大学附属中学的前身)初中二年级。由于自己初中一年级的课程学得不扎实,加之又不会说普通话,无论是生活和学习上都碰到了许多困难,不时冒出回老家的念头。面对这种情况,父亲指导我狠抓基本概念,从改进学习方法入手,一个学期以后就跟上了,毕业时成绩优秀。

当时的成志学校只有初中,初中毕业后面临考高中的抉择。张维教授与陆士嘉教授夫妇都是北京师范大学附属中学毕业的。他们俩与父亲交往甚多,经常在父亲面前夸该校的教学质量如何好,鼓励我去报考。由于该校非常难考,我不太想去报名,父亲看出了我的心思。对我说"录取率再低,总有人能考取,为什么考取的不可能就是你呢?"在他的鼓励下,我考进了这所学校,读了一年高一。

成志学校和师大附中两所学校的师资力量雄厚,教学得法,加之父亲指导有方,三年内,我不但学到许多基础知识,而且在学习方法上得到了很大提高,一步一步从"学会"转化为"会学",为以后各个时期的学习打下了良好基础。

在中学几何老师的启发下,我特别喜欢做难题。碰到一时做不出来的题,会一直挂在心上,晚上躺在床上也想。久而久之,养成了一种能脱离纸和笔做几何题的能力。这种能力对后来解决技术难题很有帮助，可以脱离图纸和笔进行思考，而很多技术难题正是在散步时悟出解决办法的。

1951年夏参军后先后在中国人民解放军第六通信学校学习报务和机务近一年，1952年初进入中国人民解放军通信工程学院上大学。在军校里学到的东西很多，数理化和专业知识的作用自不待言，特别值得一提的是学习军事和哲学的收获。学习战略战术提高了运筹和组织领导能力，学习哲学提高了思维能力。例如学习了《矛盾论》，学会运用对立统一的观点去看待和分析事物；学习了《实践论》和《农村调查的序言和跋》，懂得了实践出真知的道理和调查研究的极端重要性，从而乐于深入实践。正因为深入实践，才可能掌握大量第一手材料，才有可能总结出一些分析故障或施工的新方法。

2. 自学

1958—1990年的大部分时间从事技术工作，运用学校里学到的知识解决了工作中碰到的问题，深感"知识就是力量"。这期间一直坚持在职自学，干什么学什么，尤其是从事专业不对口的工作时，更注意学习。例如，1958—1960年从事机场雷达导航工程设计和安装调测，凭着坚实的基础知识和俄语水平，在没有外方专家的情况下，边看说明书边安装调测，顺利完成了任务。

由于在校学习期间养成了钻研的习惯，喜欢做各种难题，工作中碰到各种技术故障和难题时就能主动面对，直到搞得水落石出为止。正如做数学的难题有利于加深对基本概念的深入理解一样，刻苦钻研并解决工作中碰到的技术难题,非常有利于提高专业技术水平。

正是因为常年坚持自学,才能随着技术的进步,及时掌握各种先进的电子通信技术。尤其是改革开放以后,努力学习并掌握了英语和电脑,跟上了时代的发展。

3. 鼓动他人学习

1990 年到南京通信工程学院从事教学领导工作,就个人学习经历而言,是一次重大转折,成为我学习经历的第三个阶段,即鼓动他人学习的阶段。此前是个人学习,感受到的是自己一个人学习成功的乐趣。此后则主要是鼓动他人学习了,感受到的是鼓动他人学习成功的乐趣。个人是一个人,而他人则是许多人。很显然,鼓动他人学习成功比个人学习成功更有意义。

鼓动他人学习是不受行政任命和职责范围限制的,退休以后不但可以继续进行,而且可以面向社会在更大的范围内进行。我退休以后,全国各地、军内军外、大中小学、机关团体都是我鼓动的对象。从1994—2006 年年底,共做了 1300 余场演讲。

随着演讲范围的扩大,我也引起了各种媒体的关注。1994 年以来,在各种报刊上发表了介绍我学习经验的文章 30 多篇,江苏人民广播电台、辽宁人民广播电台、上海人民广播电台等播出过我鼓动学习的系列讲座,播出后都被评为当年最受听众欢迎的节目;1999 年 5 月,中央电视台《实话实说》节目介绍了我退休以后的学习和生活情况。为了推广英语学习逆向法,北京成立了"逆向英语学校"和"钟道隆科研中心"。中央教育电视台和各地电视台连续播出我主讲的《踏踏实实学英语》系列讲座，中国教育热线网站在互联网上专门开辟了《钟道隆教授教你踏踏实实学英语》频道。2001 年年初，中央人民广播电台连续播出由我主讲的《刻苦认真，成才成人，乐在英语中，收获英语外》和《学习成功的乐趣》系列讲座。播出后受到了观众和听众的欢迎。

鼓动他人学习，从一定意义上讲，是个人生命的延续，是知识的扩展。人生有限，求知和传播知识之路无限。在今后的岁月里，只要身体条件许可，我将继续学习和鼓动他人学习，与他人一起享受学习成功的乐趣。

要鼓动他人学习，首先自己必须要学习。人的一生必然从青年走到老年，只要珍惜与把握机遇，无论在哪个年龄阶段，都有可能创造人生的美境。年轻人办不到的事情不见得年老人就一定办不到，关键在于心态如何。

退休以后首先要有一个正确的心态。有人说年龄这个东西很怪，你自己认为有多大就有多大。你若认为自己老了，必然老气横秋；你若认为自己年轻，就会生机勃勃。岁月只能在人的皮肤上留下皱纹，失去对生活的热情才会使人的心灵起皱纹。

习惯成自然。由于我退休前养成了良好的学习习惯，体验了自学成功和鼓动他人学习成功的乐趣，退休后自然而然地会抓紧时间学习并积极鼓动他人学习，而不是因为闲着没有事干才这样做的。

退休后把注意力集中在学习上，就会排除许多干扰，不再为名利所苦恼，也不会有失落感。而且每当在学习中碰到不懂的东西时，精神就会为之一振："这下子又可以学到新知识了"。而每学到一种新知识，都能感受到从不知到知的乐趣，对孔子所说的"朝闻道，夕死可矣！"的体会也加深了一分。用这样的态度对待学习,越学越想学,越学越感到时间不够用。

对我来说,退休是自学的大好时机。在职时,即使想学习也没有更多的时间,退休后时间有的是。一般每天学习 5～7 小时:早晨 6～9 点听英语新闻广播并同步录音,随后逐词逐句听写当天的录音带;下午学电脑或用电脑写作 2～3 小时。退休十几年来,用的电脑软硬件更新了 6 次,机器从 386、486 到奔腾;软件由 DOS、UCDOS、Windows 95、Windows 98 到 Windows XP;字处理软件由 WordStar、Word 97、Word 2000 到 Word 2002;工作方式由单机工作到上网,到建立自己的网站或网页(www.nx-english.com 和 www.nxenglish.com)。使用新软件时,我都像学英语一样,一步一步地学,从“会”到“熟”到“化”,并在使用中注意总结,对于碰到的问题和故障都不放过,都要打破沙锅问到底,到处请教,尤其是请教年轻大学生,直到搞得水落石出为止。

用这样的态度去学习,就会感到总有学不完的东西,也会总结出具有自己特色的经验,写出来就是书。

有人担心这样学习太苦了,怕对身体不好。其实不管学什么,只要钻进去,注意力高度集中,其效果很像书法和钓鱼,对身心健康很有好处。学习除了可以增长知识和提高生活的质量以外,也有助于保持智力。

第 **2** 章

学习贵在开窍

从广义上讲,"开窍"有两个方面的含义:一方面指有正确的学习态度,有强烈的求知欲,肯下苦工夫;另一方面指掌握正确的学习方法,在用功的基础上能有事半功倍之效。第 1 章已经讨论了如何树立正确的学习态度的问题,本章讨论如何掌握正确的学习方法。

现代脑科学的研究成果表明,正常人的大脑智力有巨大的潜力。但是潜力并不是现实智力,一个人的现实智力水平取决于是否开窍。开窍了,就能融会贯通,就能举一反三,就能展现出聪明才智。所以怎样通过学习各种具体知识,一步一步提高思维能力,使自己开窍,是整个学习过程中要特别注意的一个环节。

从一个人一生的学习过程看,开窍的关键在于家长指导有方、老师教学得法和本人刻苦钻研 3 个方面。

2.1　家长指导有方

家长对于孩子的学习指导是全方位的、长期的,本书只讨论智力方面的问题。上小学以前,家长就要有意识地开发孩子的智力;上小学和中学以后,家长的责任在于督促孩子把教科书上的内容学深、学透,适当增加一些课外的内容。家长要特别注意培养孩子的求知欲、学习能力以及良好的学习习惯。

家长对孩子的学习指导是一对一和面对面进行的,针对性强,什么地方不明白或有疑问,可以立即得到反馈,所以效果极佳,不是在课堂上听老师讲课所能比拟的。

1. 从小就抓紧

在孩子没有上学以前和上小学期间,家长就要注意其智力开发。这个阶段的智力开发会在很大程度上决定孩子未来智力的发展水平,对此我有亲身体会。

我上小学期间,日本侵略军占领了我的家乡,虽然爱国教师仍然坚持办学,但日本鬼子经常来扫荡,师生东躲西藏,学校办办停停,所以学得很不系统。所幸我祖父虽然文化程度不高,但精于算术,夏天乘凉时除了给我讲解"径一周三"和"勾三股四弦五"一类的中国古代算术知识以外,还教我算"鸡兔同笼"、"和尚分馒头"和"百元百鸡"一类的算术题。这个时期的数学启蒙教育,既培养了我对数学的兴趣,又提高了我分析应用题的能力。

如果把此类题目出给没有接受过此种教育的中学生(甚至大学生)去算,往往不一定能很快得出答案。例如1995年某日,七八位家长领着他们上小学和初中的孩子来找我,让我测试一下孩子们的智力水平。我出了下列算术题,要他们计算。

一群和尚分一筐馒头,每人两个,筐里还剩两个,每人三个,缺三个。问多少个和尚？多少个馒头？

几位上初中的孩子回答说这是一个二元一次方程，正在找笔和纸，准备列出 x、y 方程式计算时，一位坐在家长旁边的小学三年级男孩子稍加思索后回答说："5 个和尚，12 个馒头。"

为了验证他是否真会计算此类算题，我又出了以下一道同一性质的题：

用一个绳子吊水桶到井里打水，单着系绳子，井口多出 6m 绳子，可是双着系还需要 6m 绳子。问井多深？绳子多长？

他思索了片刻，正确地回答说"井深 12m，绳子长 18m。"可见他确实是已经掌握了此类算术题的算法。

他的算术计算能力使在场的其他学生与家长感叹不已，一致称赞他天资高、聪明。我根据亲身经验判断，可能有人教过他，而不是由于先天的"天资高"自己悟出来的。一问，果然是他的父亲上幼儿园时，他的祖父教会了他的父亲，他上幼儿园时，他的父亲教会了他。

1948 年，我跟随在清华大学当教授的父亲到北京上初中二年级。父亲的求学过程非常艰辛，先后经历了私塾、初等师范、高级工业学校、大学、硕士、博士。因此对于学习规律的认识非常深刻，尤其重视基本概念。在他的指导下，我的学习能力和求知欲得到了极大的提高。

2. 循序渐进

对于儿童的智力开发要特别注意循循善诱和循序渐进。上小学以前，祖父教我算"鸡兔同笼"；上小学以后，教"和尚分馒头"和"百元百鸡"等。由于我年幼贪玩儿,理解力又不行,不会算,因而不愿意学。但是他非常耐心,循循善诱,一遍一遍地教,直到我学会为止。

1) 鸡兔同笼问题

鸡和兔关在同一个笼子里,从上面数,有 35 个头;从下面数,有 94 只脚。问笼中有几只鸡? 几只兔?

第 1 步:先选定一种算法。假定所有的都是兔,35 只兔应该有 140 只脚。可是题目说只有 94 只脚,多出了 46 只脚。设想从笼中取出一只兔,放进一只鸡,此时"头"数不变,脚数却减少了 2 只。交换 23 次即可减少 46 只脚。所以鸡为 23 只,兔子为 12 只。

教以上内容时,他首先让我鹦鹉学舌,叙述以上题目和算法,直到能顺利地背诵出来为止。

第 2 步:更换条件。例如,鸡和兔在同一个笼子里,从上面数,有 15 个头;从下面数,有 40 只脚。问笼中有几只鸡? 几只兔? 如果能快速地算出鸡为 10 只,兔子为 5 只,说明已经掌握了。

第 3 步:教另一种算法。假定所有的都是鸡,35 只鸡共有 70 只脚。可是题目说共有 94 只脚,还缺少 24 只脚。设想从笼中取出一只鸡,放进一只兔子,此时"头"数不变,脚数却增加了 2 只。交换 12 次即可增加 24 只脚。所以兔子为 12 只,鸡为 23 只。

第 4 步:让我出题给他算。一旦到了能独立编出正确的题目,说明已经不是停留在照搬照套的水平了,而是完全掌握了此类问题的算法,可以灵活运用了。

在熟练掌握以上算法后,又教我另一种算法。假定每只鸡砍去 1

只脚、每只兔砍去2只脚,使它们变成"独脚鸡"和"双脚兔"。这样,"独脚鸡"的头和脚数都是1;而"双脚兔"的头为1,脚数为2。所以脚数由94只变成了47只,"头"数不变,脚数与头数的差,就是兔子的只数,即,47-35=12(只);鸡的数量就是:35-12=23(只)。

上中学时,父亲告诉我最后一种算法就是1500年前的《孙子算经》中"今有雏兔同笼,上有35头,下有94足,问雏兔各几何?"那道题的算法。

2)分馒头问题

一群和尚分一筐馒头,每人2个,筐里还剩2个,每人3个缺3个。问多少个和尚?多少个馒头?

祖父手里拿一把小石子,代表馒头,在地上从左到右画了若干个框,表示排队领馒头的和尚。如图2-1所示。

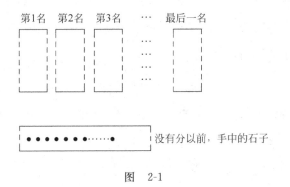

图　2-1

随后按照以下思路教我。

第1步:把自己设想成分馒头的人。从第一个筐开始,每个筐里放2块石子,结果手里还剩2块石子。如图2-2所示。

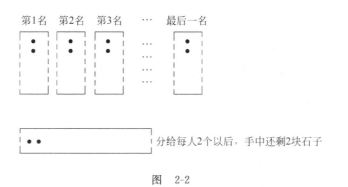

图 2-2

第 2 步：再从第 1 个筐开始。每个筐里加 1 块石子。由于手里只剩 2 块石子，所以只能添到第 1 个和第 2 个筐里，使这 2 个筐里的石子数为 3，此时手里再也没有石子了，如图 2-3 所示。

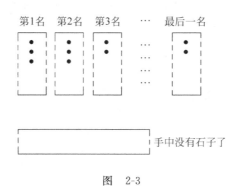

图 2-3

第 3 步：从"每人 3 个缺 3 个"这句话可以知道，如果还有 3 块石子，就可以在后面的 3 个筐里再添 1 块石子，使它们也有 3 块石子。可见后面还有 3 个筐没有得到第 3 块石子。所以"有 5 个和尚，12 个馒头"。

不懂这个计算思路的小学生，面对此类题目一筹莫展，他们不知道如何把"每人2个多2个"与"每人3个缺3个"这两个题目给的条件用上去。由此我们也可以得到启发,在教孩子做各种题目时,不要大量做题,搞题海战术,而应该通过做题,使他们真正搞懂思考过程,提高分析问题的能力。

3) 井深与井绳问题

一旦真正搞懂了计算此类题目的思路,就能举一反三,不管题目怎么变化都可以算出。例如上面所说的:用一条绳子吊水桶到井里打水,单着系绳子,井口多出6m绳子,绳子再加长6m就可以双着系。问井多深?绳子多长?如图2-4所示。

根据题目给的"单着系绳子,井口多出6m绳子"这个条件,可设想用手把绳子压在井沿上(B点),然后把"井口多出的6m绳子(BC)"倒放回井里,如图2-5所示。

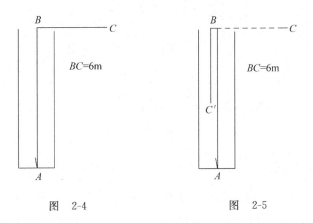

图 2-4   图 2-5

很显然,在距井口的6m的距离以内(BC')已经"双系"了。根据题目给的"还需要6m绳子"的条件,可知离水面的6m范围内(AC')仍然是单系的,所以"井深12m,绳长18m"。

4）另一类分馒头问题

熟练掌握了以上和尚分馒头问题以后,上小学时,祖父教我难度大一些的另一种和尚分馒头问题:

100 个和尚分 100 个馒头。大和尚 1 人分 3 个,小和尚 3 人分 1 个。问大、小和尚各多少个?

解法 1：算术能力比较差时,先教"试凑法"。

假定先就大和尚分,100 个馒头分给 33 个大和尚后还剩下 1 个,可以供 3 个小和尚吃,这样和尚总数是：33＋3＝36(人),比 100 人还少 64 个。

1 个大和尚分得的 3 个馒头可以分给 9 个小和尚,所以每把 1 个大和尚更换为 9 个小和尚,所需要的馒头总数不变,但是和尚的数量却增加了 8 个。

缺少 64 个,需要更换 64/8＝8(次),即大和尚的总数为 33－8＝25(人),小和尚为 100－25＝75(人)。每更换一次,小和尚增加 9 人,更换 8 次增加了 72 人,再加上原有的 3 人,共为 75 人。

解法 2：假定分给每个大小和尚的份额提高 3 倍,即大和尚 1 人分 9 个,小和尚 1 人分 1 个,那么需要的馒头总数就要增加 3 倍,即共需要 300 个馒头。这样,上述题目就转换成以下的题目了：

100 个和尚分 300 个馒头。大和尚 1 人分 9 个,小和尚 1 人分 1 个。求大、小和尚各多少个?

假定都是小和尚,只需要 100 个馒头。多出了 200 个馒头。一个小和尚换成一个大和尚,就多需要馒头 9－1＝8(个)。

换多少次以后可以多分掉 200 个馒头呢? 用除法,即

$$\frac{200}{8} = 25(个)$$

即有 25 个大和尚,75 个小和尚。

解法 3:假定 100 个都是大和尚,需要 300 个馒头,而实际上只有 100 个馒头,尚缺少 200 个。如果把 1 个大和尚换成 1 个小和尚,和尚总数不变,可是需要的馒头数量少了 $3 - \frac{1}{3} = \frac{8}{3}$(个),换多少次以后可以省出 200 个馒头呢? 除法,即

$$\frac{200}{8/3} = \frac{600}{8} = 75(个)$$

即有 75 个小和尚,25 个大和尚。

5) 试凑法解百元百鸡问题

我国古代《算经》中有著名的百元百鸡问题:母鸡每只 5 元,公鸡每只 3 元,小鸡 1 元 3 只。用 100 元买 100 只鸡,问各几只?

由于当时我的理解力有限,祖父只教我试凑法,思考步骤如下:

(1) 假定只买母鸡和小鸡,每少买 1 只买母鸡可以多买 15 只小鸡,总共可以有 21 种情况,见表 2-1。

表 2-1

母 鸡	公 鸡	小 鸡	总只数	说 明
20	0	0	20	总数缺少 80 只
19	0	15	34	总数缺少 66 只
18	0	30	48	总数缺少 52 只
17	0	45	62	总数缺少 38 只
16	0	60	76	总数缺少 24 只
15	0	75	90	总数缺少 10 只
14	0	90	104	总数多出 4 只

续表

母　鸡	公　鸡	小　鸡	总只数	说　明
13	0	105	118	总数多出 18 只
12	0	120	132	总数多出 32 只
11	0	135	146	总数多出 46 只
10	0	150	160	总数多出 60 只
9	0	165	174	总数多出 74 只
8	0	180	188	总数多出 88 只
7	0	195	202	总数多出 102 只
6	0	210	216	总数多出 116 只
5	0	225	230	总数多出 130 只
4	0	240	244	总数多出 144 只
3	0	255	258	总数多出 158 只
2	0	270	272	总数多出 172 只
1	0	285	286	总数多出 186 只
0	0	300	300	总数多出 200 只

(2) 每 9 只小鸡换一只公鸡,价值不变,但是鸡的总数减少 8 只。

如果多出的鸡数如果是 8 的倍数(可以被 8 整除),就是答案:

答案一

母鸡	公鸡	小鸡	总只数	说明
12	0	120	132	多出 32 只(可以被 8 整除)

把 36 只小鸡更换为 4 只公鸡,即

母鸡	公鸡	小鸡	总只数
12	4	84	100

答案二

母鸡	公鸡	小鸡	总只数	说明
8	0	180	188	多出 88 只(可以被 8 整除)

把 99 只小鸡更换为 11 只公鸡,即

母鸡	公鸡	小鸡	总只数
8	11	81	100

答案三

母鸡	公鸡	小鸡	总只数	说明
4	0	240	244	多出 144 只(可以被 8 整除)

把 162 只小鸡更换为 18 只公鸡,即

母鸡	公鸡	小鸡	总只数
4	18	78	100

答案四

母鸡	公鸡	小鸡	总只数	说明
0	0	300	300	多出 200 只(可以被 8 整除)

把 225 只小鸡更换为 25 只公鸡,即

母鸡	公鸡	小鸡	总只数
0	25	75	100

6)代数解鸡兔同笼问题

上初中时,父亲要求我用代数解以上问题,以理解代数算法与算术的区别,加深对于代数两字的理解。代数是分解的,只要能把题设的条件准确地转换为方程式,余下的就是加减乘除了。算术是综合性的,通过代数,可以把复杂的综合性算术问题简化为简单的四则运算,下面仍以鸡兔同笼为例。

鸡和兔关在同一个笼子里,从上面数,有 35 个头;从下面数,有 94 只脚。问笼中有几只鸡?几只兔?

解法 1：设鸡的只数为 x，兔的只数即为 $35-x$。x 只鸡应该有 $2x$ 只脚，$35-x$ 只兔有 $4(35-x)$ 只脚。据此，可以列出下面关系式：

$$2x+4(35-x)=94$$

解上式：

$$2x+140-4x=94$$

$$2x-4x=94-140$$

$$(4-2)x=140-94$$

解得

$$x=\frac{140-94}{4-2}=\frac{46}{2}=23(只)$$

即鸡为 23 只，兔为 12 只。

等我算出来以后，父亲又讲解了代数式 $x=\frac{140-94}{4-2}=\frac{46}{2}=23$ 的算术意义。

$(140-94)$ 表示假定所有的都是兔时多出的脚数。35 只兔共有 140 只脚，题目说共有 94 只脚，多出了 46 只脚；

$(4-2)$ 表示每从笼中取出一只兔，放进一只鸡，头数不变，脚数却减少了 2 只；

$\frac{140-94}{4-2}=23$ 表示交换 23 次即可减少 46 只脚。所以，鸡为 23 只，兔子为 12 只。

解法 2：设兔的只数为 x，鸡的只数即为 $(35-x)$。x 只兔应该有 $4x$ 只脚，$35-x$ 只鸡的共有 $2(35-x)$ 只脚。据此，可以列出下面的关

系式:

$$4x + 2(35 - x) = 94$$

解上式:

$$4x + 70 - 2x = 94$$

$$(4 - 2)x = 94 - 70$$

解得

$$x = \frac{94 - 70}{4 - 2} = \frac{24}{2} = 12(只)$$

即兔子为 12 只,鸡为 23 只。

解释代数式 $x = \frac{94 - 70}{4 - 2}$ 的算术意义的思路同上,不再重复。

7) 代数解分馒头问题

在我完全搞清楚以上代数式的算术意义后,父亲说以后碰到不会算的算术题,可以先用代数算,但是在运算过程中,同类项不要合并,最后得到的代数式就是算术的思考过程。例如第一类分馒头题:

一群和尚分一筐馒头,每人 2 个,筐里还剩 2 个,每人 3 个缺 3 个。问多少个和尚?多少个馒头?

设和尚数为 x,馒头数为 y,根据题设可得以下二元一次方程组:

$$\begin{cases} 2x + 2 = y \\ 3x - 3 = y \end{cases}$$

解上式:

$$2x + 2 = 3x - 3$$

$$3x - 2x = 2 + 3$$

解得

$$x = \frac{2+3}{3-2} = 5(个)$$

$$y = 12(个)$$

代数式 $x = \frac{2+3}{3-2} = 5$ 的算术意义是很明显的,不再重复。

8) 代数解另一类分馒头问题

100 个和尚分 100 个馒头。大和尚 1 人分 3 个,小和尚 3 人分 1 个。问大、小和尚和馒头各多少个?

设大和尚数为 x,小和尚数为 y。

解法 1:根据题设可得以下二元一次方程组:

$$\begin{cases} x+y=100 \\ 3x+\dfrac{y}{3}=100 \end{cases}$$

消去 x 后可得

$$3y - \frac{y}{3} = 300 - 100$$

$$\frac{9-1}{3}y = 200$$

解得

$$y = \frac{300-100}{8/3} = 75(个)$$

$$x = 25(个)$$

解法 2:也可得以下二元一次方程组:

$$\begin{cases} x+y=100 \\ 9x+y=300 \end{cases}$$

上下两式相减,可得

$$9x - x = 300 - 100$$

解得

$$\begin{cases} x = \dfrac{300-100}{9-1} = 25 \\ y = 75 \end{cases}$$

代数式 $y = \dfrac{300-100}{8/3}$ 的算术意义如下：

$300 - 100$：假定都是大和尚，就需要 300 个馒头，而实际是 100 个馒头，尚缺少 200 个馒头。

$8/3$：一个大和尚换成一个小和尚，就少需要 $3 - \dfrac{1}{3} = \dfrac{8}{3}$（个）馒头。

换多少次以后可以少需要 200 个馒头呢？除法，$\dfrac{200}{8/3} = \dfrac{600}{8} = 75$，即小和尚 75 个。

代数式 $x = \dfrac{300-100}{9-1}$ 算术意义如下：

$300 - 100$：假定分给每个和尚的份额提高 3 倍，即大和尚 1 人分 9 个，小和尚 1 人分 1 个，那么需要的馒头总数就要增加 3 倍，即共需要 300 个。假定都是小和尚，那么只需要 100 个馒头就够了，多出了 200 个馒头。

$9 - 1$：一个小和尚换成一个大和尚后多分出去的馒头头数。换多少次以后可以把多余的 200 个馒头分完呢？除法，$200/8 = 25$，即大和尚为 25 个。

9）代数解百元百鸡问题

母鸡每只 5 元，公鸡每只 3 元，小鸡 1 元 3 只。用 100 元买 100 只鸡,问母鸡、公鸡、小鸡各几只?

设母鸡、公鸡、小鸡分别为 x、y、z 只,可得以下方程组:

$$\begin{cases} x + y + z = 100 \\ 5x + 3y + \dfrac{z}{3} = 100 \end{cases}$$

有 3 个未知数,却只有两个方程式,是不定方程,应该有多组解。

消去以上两个方程式中的 y,可得

$$-2x + \frac{8z}{3} = 200$$

所以:

$$2x = \frac{8z}{3} - 200$$

$$z = \frac{3 \times (200 + 2x)}{8} = \frac{600}{8} + \frac{6}{8}x$$

$$z = 75 + \frac{6}{8}x$$

z 必须是整数,所以 $\dfrac{6}{8}x$ 必须是整数,$\dfrac{3}{4}x$ 必须也为整数,即 x 必须

是 4 的倍数,即 $x = 0$、4、8、12 等。

方程的解如下:

母鸡	公鸡	小鸡
0	25	75
4	18	78
8	11	81
12	4	84

从以上的解答过程,可以清楚地看出代数与试凑法的区别。

3. 注重启发

我初中二年级时,在清华大学任教的父亲把我从一个不知电灯为何物的农村带到了北京,在清华大学附中的前身——成志学校学习两年,在北京师范大学附中学习一年。

先父的求学之路非常坎坷。幼年家境贫困,小学毕业后进入免费并提供食宿的师范学校,毕业后,作过几年小学教师。18 岁时才进入普通高中,1932 年入上海交通大学电机工程系。1936 年毕业后到北京清华大学电机工程系任助教和讲师。1943 年受学校资助去美国麻省理工学院,相继取得硕士和博士学位。1947 年起回任清华大学教授。

坎坷的求学路,使他对于学习的规律有深刻的认识和切身体会;做过多年小学老师,他非常懂得教学法;作为大学教授,他具备渊博的知识。以上三方面结合在一起,实在是一位非常难得的家长。我在他的直接指导下,度过了初中两年和高中一年,受益终生。

1) 自己找答案

碰到不会做的数学和物理题,总是走到父亲面前去问他怎么做。但他从不直接给答案,而是按照以下不同情况,启发我自己去找到答案。

(1) 好好看题目。中小学生由于生性好动,往往坐不住,有时可能草草看一下题目就感觉不会做。所以每当我问他问题时,他总是要求我回到原来的座位上,逐词逐句高声朗读题目给他听。

由于要逐词逐句朗读,所以一定会比草草地看一下题目要认真一些,有时几遍读下来,自己就会做了,就不再朗读了。

这时,他就会问"为什么不读了",我说"会了"。听到这样的回答,他一般都接着说"以后要好好看题,千万不要题目都没有看清楚就说不会"。

(2) 各种条件用上了吗?如果朗读了多遍还是不会,他就会在我朗读题目的过程中,适时地问"这句话是什么意思?解题时用上了吗?"一类的问题,启发我在独立思考的基础上自我解决问题。经过他这样的启发,一般也就会做了。

(3) 如果经过以上的启发还是不会,他就逐词逐句地讲题目的意思和解题的方法,并不时要求我复述他的话,直到我能准确地讲述为止。

这种启发式辅导方法,不但引导我解出了一道道难题,学习成绩节节提高,更重要的是让我学会了思考,也锻炼了我分析题目的能力。而这种能力是脱离具体题目而存在的,具有普遍意义,会在解决其他问题时表现出来。

学习数理离不开做题。不少人做题时把注意力放在做题的数量上,搞题海战术,因而感到作业太多,学得很累。这是一种低效的学习方法,是不可取的。因为即使你做过 100 道题,也不可能涵盖考试与工作中可能遇到的第 101 道题、第 102 道题……。只有在做题时把重点放在通过做题加深对于基本概念的理解上,通过每次做题,尤其是做难题使自己开窍。而一旦开窍,就会解 101 道题、第 102 道题……。

碰到自己不会做的难题,要用心思索,把给出的每一个已知条件都用到解题上。如果用不上,就要反复思考,千方百计把它用上。家长与老师在辅导学生时，碰到他们不会做的题，不要立即把答案告诉他们，而应该启发他们自己去思考。因为"来得容易，走得快"，不通过自己反复思考而做出来的题不会在大脑中生根，做题的能力也不会有明显的提高。

2）注重基本概念

父亲常常检查我对基本概念的掌握情况。例如初中学牛顿第一定律时，他检查我对该定律的理解，我一字不漏地背出"物体在不受外力作用的条件下，动者恒动，静者恒静（当时教科书用语）"。他听了以后，问："什么是外力？有没有内力？"，我无言以答。他接着又问道："一个静止的定时炸弹，没有受到任何外力的作用，突然间爆炸，弹片横飞，炸弹是不是动了？"

对于他的这些提问，我都无言以答。他接着给我讲："'内'、'外'是相对于一个系统而言的，动不动是用矢量 mv（动量）表示的。定时炸弹爆炸后，弹片四处飞散，有的向东，有的向西，但其动量之和仍然为零，所以把爆炸后的所有弹片作为一个系统考虑，仍然不动。"

在学牛顿第三定律时，他要我解释水中划船时船前进的道理，我就用作用力与反作用力解释。他听了以后说："怎样用牛顿第一定律解释？"我无言以答。于是他详细进行了如下解释："如果把湖中的水、船和人等作为一个整体，没有划桨以前，整个物体的动量之和为零。划船时一部分水被桨推向后方，船就必然前进，只有这样才能使整个物体的动量之和仍为零。"听了他的这番讲解之后，我加深了对于牛顿第一定律和第三定律的理解。

上大学和工作以后，只要有机会，我仍然非常注意向父亲请教，以发现自己的不足。例如学电子线路中的功率放大器,他问我:"难道功率也能放大?"启发我去搞清楚功率放大器的本质是能量转换器,把直流能量转换为交流。

4. 诱发兴趣

家长在辅导孩子学习时,在一个个具体的学习问题上,除了帮助孩子获得知识和提高学习能力外,还应该注意提高学生的求知欲,诱发他们的学习兴趣,要适时地告诉孩子"山外有山",不以掌握一点点粗浅的知识为满足。

例如初中阶段父亲指导我学习时,就非常注意这一点,在讲解完某个初中的知识以后,常常会提出"这种说法(或提法)是初中的,今后上高中和大学还会从更高的层次来讲这个问题。"

学习初中数学和物理时,父亲曾问我以下问题:

(1) 初中时学开方,父亲问我 $\sqrt{-4}$ 是什么,我回答说负数不能开方。他说你以后上大学,就会知道负数可以开方,得到的是虚数,$\sqrt{-1}$ 用 i 或 j 表示,$\sqrt{-4}=\pm 2i$。实数和虚数组合在一起就是复数 $a+ib$,大学里学习交流电路,离不开复数。

(2) 初中时学代数的阶乘,知道阶乘的定义是 $N!=1\times 2\times \cdots \times N$,所以 $1!=1,2!=2,3!=6$,等等。但是当父亲问我"$0!$ 等于什么"时,我回答不了。他解释说"以后上大学时会知道"。后来上大学时学了 γ 函数,知道了 $0!=1$ 的证明过程,该结论后来应用于通信原理中的调频频谱分析。

(3) 电阻有没有负的? 什么是电容器和电感器? 我就用初中物理

的概念回答他,说"电阻不可能有负的"、"中间有介质的两片金属片就是电容器"和"导线一圈一圈绕在介质(例如空气或铁芯)上就是电感器"。他听后说:"你是初中学生,只能这样解释。以后上大学就会知道,电阻可以是负的,电容器和电感器是用电压和电流之间的相位关系定义的,电压超前电流90°的是电感,电压滞后电流90°的是电容,不一定非得有线圈或金属片。"

我听后感到非常好奇,电阻不是电流通过导体时碰到的阻力吗?怎么可能是负的? 电压与电流的相位是什么意思?

(4)电磁感应与楞次定律。初中物理介绍了电磁感应与楞次定律,并用实验演示了一个磁铁在线圈中移动时能在线圈上感应出电压,移动得越快,感应出来的电压越高。作为初中学生,理解到这个程度也就够了。但是父亲却进一步对我说:"这种说法只是定性的,要想知道移动的快慢与感应出来的电压大小之间的定量关系,必须学微积分。"

所有这些,使我心中充满着好奇,渴望有一天能搞懂这些东西。待到上大学时真正学这些内容时,就会倍感亲切与解渴,兴趣自然很高,上课时注意力高度集中,课后复习,刻苦钻研。

5. 扩大知识面

家父除了结合学校的课程指导我学习以外,还注意结合日常生活中碰到的各种现象扩大我的知识面,培养分析问题的能力。而所有这一切都不是课本上能够学到的,尤其显得宝贵。以下是几个有关天文地理方面的例子。

(1)1948年从南方到北京,冬天坐在火炉旁边烤火,近处热,远处不热。结合这个现象,父亲问我"夏天热冬天冷,是夏天地球离太阳近还是冬天地球离太阳近?"我不假思索地回答说"夏天地球离太阳近"。他说正好相反,因为阳光是平行射到地球上的,夏天虽然地球离太阳远,但是阳光直射在地面,接收的热能多,所以热;而冬天虽然地球离太阳近,但是阳光斜射在地面,接收的热能少,所以冷。

(2) 1951年朝鲜战争爆发,新闻中不时提到北纬38°分界线。我问他"北纬38°"是什么意思。他就结合挂在墙上的世界地图,给我讲解了东经、西经、南纬、北纬、英国格林尼治天文台以及国际日期变更线等一系列概念。一天夜里,他把我带到院子里,找到北斗星后说"对于北半球来说,仰望北斗星的仰角就是所在地的北纬纬度。例如北京就是北纬40°左右"。我问他为什么。他说以后你学了立体解析几何就会明白的,后来学立体解析几何时,有一道习题就是证明这一结论的。

(3) 随着季节变化,日历上出现夏至、冬至、春分、秋分等节气,我问他这些节气是如何确定的,他结合中国古代的"圭表",用图形(见图2-6)给我作如下详细的讲解。

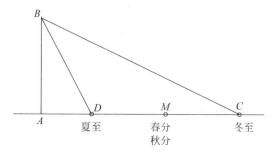

图　2-6

中国古代先民用圭表纪年，将互相垂直的两个石条（AB 和 AC）置于地面，水平石条指向正北，正午时垂直石条 AB 的影子指向正北，影子的长度随季节变化而变化，一天一个长度，刻一个记号，"圭"这个象形字也因此而生。

假定某一天的影子长度最短（AD），随后影子会不断变长，某一天到达最长（AC），CD 的中点为 M，变化一个来回就是一年 365 天，分为 12 个月。影子最短的那一天就是夏至，白天最长，夜间最短；影子最长时就是冬至，白天最短，夜间最长。往返两次经过中点 M 分别为秋分和春分。

搞清楚每个节气的来历以后，当听到有人说"阴历的节气很准"以及"某年阴历闰月，所以夏天很热"等似是而非的说法时，我就用以下解释说服他们。

地球上季节的变化主要取决于太阳能的多少，阳历是太阳历，24 节气在阳历中基本上是固定的，年间只差一两天。而阴历是根据月亮的圆缺制定的，不能反映地球接受太阳能多少的变化，因而也就不能反映节气。例如春分，2008 年为阳历 3 月 20 日，阴历 2 月 13 日；2009 年为阳历 3 月 20 日，两年同日，阴历 2 月 24 日，两年相差 11 天。夏至，2008 年阳历为 6 月 21 日，阴历 5 月 18 日；2009 年为阳历 6 月 21 日，两年同日，阴历 5 月 29 日，两年相差 11 天；秋分，2008 年阳历为 9 月 23 日；阴历为 8 月 24 日；2009 年阳历为 9 月 23 日，两年同日，阴历为 8 月 5 日，两年相差 19 天。冬至，2008 年阳历为 12 月 21 日，阴历为 11 月 24 日；2009 年阳历为 12 月 22 日，两年相差 1 天，阴历为 11 月 7 日，两年相差 17 天。

6. 其他

在高中升学考试前,父亲第一次,也是唯一的一次向我传授了一条非常重要的应试技巧:"要充分利用时间,做完卷子后反复检查,最后一个交卷也没有关系。因为交得早不加分,交得晚不扣分。"他的这一条应试技巧,我铭记终生,并把它应用到所有的考试中,为取得高分提供了技巧上的保证。

2.2 老师教学得法

一个学生的智力开发程度取决于教与学两个环节。如果老师教学方法得当,学生本人学习刻苦,定能在学习中取得优异的成绩。

老师除了向学生传授一个一个具体的知识以外,还应该注意传授寓于这些具体知识中的学习方法,引导学生主动去思考,以引发他们的学习兴趣与提高他们的学习能力。我非常有幸,在清华大学附中上初中和北京师大附中上高中时,都碰到了非常好的老师。

1. 诱发兴趣

上初中时学平面几何,老师用了一节课讲解书名。他首先问我们懂不懂"几何"两字的意义? 我们在语文课中刚学过曹操的《短歌行》,其中有"对酒当歌,人生几何?",于是就齐声回答说"几何"是"多少"的意思。老师听后夸奖说"你们语文学得不错"。接着他说在古代埃及,由于尼罗河泛滥以后要重新划分土地,需要计算各种形状地块的面积,这就产生了几何学。它的英文名称为 geometry。其中的 geo 是词头,表示"地";metry 是词尾,表示"测量学"。西方传教士把欧几里得写的《几何原本》带到中国以后,徐光启非常巧妙地把 geometry 译为"几何",它既是 geo 的音译(因为徐光启是上海附近人,读"几何"两字时与 geometry 一词中的 geo 的发音非常接近),但它更是准确的意译,因为"几何"能计算出各种图形的面积是多少。解释完了"几何"两字的来历及含义以后,老师接着说"平面"二字是针对"立体"说的,将来你们上了高中,就要学立体几何。

大学学高等数学时,我又有幸碰到了一位类似的数学老师。他在讲"自然对数"的底 e＝2.71828… 这个无理数时,着重讲了"自然"二字的含义,说 e 虽然是个无理数,却来得很"自然",只有用它才能准确描述自然界的许多规律,例如无线电信号传输时的衰减规律和银行复利计算等。中学学的以 10 为底的是常用对数,是为了人们日常数字计算而引申出来的,高等数学里几乎不使用。

听这样的老师讲课,实在是一种享受,它既能提高学习当前课程的兴趣,也会激发起强烈的求知欲望,迫切地希望尽快能学到更高深的知识。

老师的一次讲话,可能会影响学生的一生。例如著名数学家陈景润在抗日战争期间上中学时,一次听沈元先生讲数学课时说到数学的皇冠上有一颗明珠——哥德巴赫猜想,并说有志于数学的人应该去摘取这颗宝珠。正是这几句话决定了陈景润一生的追求。

2. 注重培养能力

上高中一年级时,教平面几何和平面三角的老师非常注重培养学生的学习能力。讲课时,一般都是先简要地讲解新内容的思路,然后由学生自己看书。老师在同学座位间走动,同学之间可以讨论,有问题可以个别问老师。对于普遍性的问题,由老师集中讲解。

他的这种教学方法,不但同学学得轻松,老师教得也轻松,师生关系很融洽,而且教学效果非常好。第一学期寒假他布置的寒假作业中有 20 多道三角恒等式证明题,都比较难,例如证明恒等式 $\tan 3A - \tan 2A - \tan 1A = \tan 3A \tan 2A \tan 1A$ 等。经过反复钻研,我全部做出来了。父亲看完我的作业后夸奖我说:"师大附中的教学质量不错,这么难的题都能做出来。"父亲在学习上对我的指导,一般情况下都是指出我的不足与努力方向,很少当面夸奖我。

正因为在中学阶段注重锻炼学习能力,掌握了恰当的学习方法,上大学以后,我仍然采用中学时的一贯学习方法并取得优异的成绩,并没有像有些人说的那样,"进入大学以后必须改变中学时的学习方法"。

2.3 本人刻苦钻研

老师教学得法和家长辅导有方仅仅是学生开窍的外部条件,是外因。外因只有通过内因才能起作用,这个内因就是学生本人的刻苦钻研精神,只有刻苦钻研才能开窍。

1. 刻苦

刻苦就是主动迎接学习中的困难，对于学习中碰到的各种难题，不搞清楚绝不罢休。

刻苦就是用功，就是要有韦编三绝和悬梁刺股的学习精神。学习方法千条万条，刻苦努力第一条。再好的学习方法，离开了学习者本人的努力都不可能发挥作用。即使你再聪明，要想学得好，必须要下一番苦工夫。

学习是复杂的脑力劳动，前人和今人总结的各种知识不是那么容易理解和掌握的，必须十分用心去体会才能真正搞懂。

从一定意义上讲，用心是用功的核心，只有用心的用功才能事半功倍，才能不断在开窍的道路上快步前进；不用心的用功则往往事倍功半，花的工夫不少，收效却不大。

人们常常把"本领"和"造诣"等称为"功夫"，把"时间"也称为"工夫"。无论是学习还是工作，不下苦工夫就不能获得真功夫。

2. 钻研

钻研就是不满足字面上的理解或一知半解，而要不断地问"为什么"。只有不断问"为什么"，才能深入到概念的本质，并进而到达"化"的境界。

例如前面介绍了我上初中学平面几何时，老师从书名出发，引人入胜地讲解了"平面""几何"4 个字的含义，知道了平面几何是相对于立体几何而言的。后来学平面三角学，仍然由这位老师主讲，我期望他像上次一样详细讲解书名。但是他的开场白只有三言两语,说"三角学是研究平面三角形的边角关系的",没有讲"平面"二字是针对什么讲的。

我按照他平面几何相对于立体几何的思路,问老师"是不是到了高中还要学习立体三角学?"这位老师是个很实事求是的人,回答说:"我没有听说过'立体三角学'这个名词,我不知道'平面'两字是针对什么说的,你们回家可以问问家长,问到了告诉我一声。"

当天放学后,我把以上情况说给父亲听,问他"平面三角学"中的"平面"二字是针对什么说的。他在肯定我的钻研精神后并没有立即回答,而是问:"那位老师在大学里是学什么的?"第二天,从老师处得知他是某大学化学系毕业的。转告父亲后,他说:"学化学的一般可能不知道'平面三角学'中'平面'二字的含义,它是针对'球面三角学'说的。三个大圆可以在一个球体上切出一个由三条弧组成的球面三角形。球面三角学研究球面三角形中弧长和弧的切线夹角之间的关系。大学里学大地测量和无线电传播专业的学生要学球面三角。"

我把以上解释转告给老师,他听后说:"下次再给学生讲课,我就可以讲'平面三角学'的含义了。"

这件事情对我影响极大,它使我懂得了应该如何钻研,从一定程度上开了窍,为以后的高中、大学学习以及自学打下了良好的基础,受益终生。三十多年后,我总结出英语学习逆向法,提倡"以最严格的要求,从最基础的地方做起"和"不可一词无来历,不可一词不讲究"等要求,都是直接源于初中时的这种学习方法。

问到什么程度为止呢? 对于学生来说,由于要学的课程很多,对于某个问题的钻研要适可而止,如果老师说"以后上中学(或大学、或研究生)时就懂了",即可暂时告一段落。如果以后有机会继续上学(上中学、大学或研究生),再在新的基础上去问为什么,把理解引向深入。

　　一般说来,老师都喜欢钻研的学生,喜欢提问的学生。我也非常有幸,碰到的老师大都非常有耐心。即使有时被我问住了,他们也非常高兴,会坦率地承认"我也不懂",并鼓励我继续钻研。更使我难忘的是大学三年级下学期期末考试前,数学老师病了,由一位从来没有教过我们的老师代课,负责考前辅导和主持考试。我在复习场论中的有关旋度计算方法时,问了他一个问题,他回答不出来,说等请教了他上大学时的数学系老师后再答复。当时的考试采用口试方式,我的答辩还没有结束,他已经挥笔在成绩栏上写上了最高分"5"。答辩结束讲评时,他对在场监考的系领导说:"他对学习内容的理解不是5分所能衡量的,他是6分学员。"从此"6分学员"的说法不胫而走。

　　对于一时没有搞懂的问题,要一直挂在心上,直到解决为止。智力开发就是这样通过一个一个具体问题的钻研完成的。每解决一个问题,智力水平就提高一步。

　　例如我上大学二年级时学习理论物理,碰到了一道难题,全部课程都学完了也没有同学能做出来,老师一时也做不出来。课程虽然结束了,但我一直在思考这道难题,总觉得还缺点什么。又经过了一个学期左右的冥思苦想,终于做出来了。当我把解题思路向原来的讲课老师汇报时,他称赞道:"你的解题思路是对的。学习就应该这样,天下无难事,只怕有心人。"

　　只要学生本人刻苦钻研,即使老师教学不很得法,家长也辅导不了,也仍然可以学得很好,类似的例子也很多。我写作本书的目的之一,就是向那些缺乏外部条件的人传授学习方法,鼓励他们通过本人的钻研去获得学习上的成功。

3. 苦乐相反相成

学习任何一门课程,都要付出艰辛的努力,要吃苦。没有为克服学习中遇到的困难而付出过艰苦努力,没有经历过学习过程中百思不得其解时的困惑,就无法感受到学习成功的喜悦与乐趣。那些一提起学习就头痛,不能迎着困难上,不肯下苦工夫的人,是永远享受不到学习的乐趣的。

一旦感受到学习的乐趣,就会越有乐趣越钻研,而越钻研必然越有乐趣,如此不断反复,以至达到废寝忘食的地步。

很多著名的学者都要求学生在思想上牢固地树立起这样的信念:想好吃好喝就别做学问;做学问就得坐冷板凳,就得安贫乐道;要有学习的兴趣和志向,否则不可能做好学问。也就是说学习是艰苦的脑力劳动,要想学好,必须有吃苦的思想准备。

大到一个国家,小到一个人,只有物质食粮是不够的,还必须要有精神食粮。正如有的人形象地指出的,"不要富了口袋,穷了脑袋"。

视求知为乐趣的心态,是人们在物质生活水平和文化水平提高到一定程度以后才产生的一种精神追求。物质生活水平低下时,人们终日为温饱忙碌,难以感受到求知是乐趣。但是即使物质生活水平很高,如果文化水平与修养不高,也难以有这种追求。例如有的人把文化生活的丰富理解为寻欢作乐,钟情于什么饮食文化、酒文化、烟文化和追星等,就是从一个侧面反映了他们文化水平的低下与文化素养的欠缺。

　　学无止境。不论学习什么知识，一旦钻进去了，就会越学越觉得自己知道得太少，就越爱学习，从而形成一个良性循环。

　　对学习乐趣的理解，可以从短时间和长时间两个方面去看。从短时间看，例如被一道难题所困扰，左思右想不得其解，心中自然是苦闷的，但是通过一段时间的刻苦钻研，难题解开了，内心之喜悦是任何物质享受所无法比拟的，以前所受的苦也一下子都转化为乐了。这种苦乐转化是大家都经历过的，用不着过多说明。

　　看待苦乐转化，必须要有战略眼光，从长计议，要看到几年或十几年以后。在校学生应该树立起这样的观点：现在每时每刻所下的苦工夫，都是在为以后学习和工作中享受成功的乐趣准备条件。期末考试是在下苦工夫几个月以后，升学考试是在下苦工夫三五年以后，走向工作岗位是在吃了"十年寒窗苦"以后。学习成绩优异或工作有突出成果之时，就是长时间的苦转化为乐之日。这就是寓乐于学。

　　例如，国内搞长距离通信线路设计时，常常需要通过繁杂的计算，得到"最低允许接收电平"。后来我用初中代数的 $\ln AB = \ln A + \ln B$ 公式，证明"最低允许接收电平"是一个常数，根本用不着计算。当我的论文在刊物上正式发表时，心中涌现出来的第一个念头就是"初中没有白用功"。我学习代数是 20 世纪 50 年代初，而得出这个结论时 20 世纪 70 年代了，前后相距二十余年。也就是说，是在二十多年以后才享受到初中苦苦用功所带来的乐趣。

　　有些同事好奇地问我："国内外这么多人都在进行繁杂的计算，怎么就你发现是个常数，用不着计算呢？"我开玩笑地回答说："那是因为他们初中代数没有我学得好。"

又如，我从1980年以来停止打扑克和下棋，一心一意学英语，经历了14个月3000多小时的苦学，当了口语翻译，才初步有了"乐在应用英语中"的感受。此后20多年来，这种感受与日俱增。例如1987年我随团出访美国，成员中大部分人的求学和工作经历大体上与我相仿，但是由于种种原因他们没有学会英语，他们在国外的感受与我第一次出国时一样：不自由和尴尬。一日宴会上，一位团员对我开玩笑说："看着你与外国人有说有笑，自由自在，真潇洒，实在羡慕得很。如果花十几万元能买到这种能力的话我也舍得！"团长听了以后，幽默地说："当初他苦学苦钻的时候，你们在打扑克、玩麻将，你们多潇洒。但是最后都不如他潇洒。他的这种能力是无价的，哪里只值十几万元。"他的这番话，是对我6年多来苦学英语的意义的最好诠释，深感当初下决心苦学英语是一个非常正确的抉择，付出的努力都得到了回报。

反过来说，有的人上学时不用功，不下苦工夫，整天沉溺于娱乐和谈情说爱。就当时的心境而言，不能不说他们是潇洒和快乐的。但是用不了多久，就会尝到苦果。或因学习成绩不好而留级或退学，或因学无所成毕业后被社会淘汰。到了这步境地，又能怪谁呢？一切都是自己造成的，因为贪图一时的潇洒和快乐而付出了沉重的代价，饱尝长期的痛苦。如果不能亡羊补牢，必将遗憾终身。

在对待学习中苦与乐的问题上，我们应该抱这样的态度："一时苦换一生乐"，而绝不能"一时乐换一生苦"。所以要十分珍惜上学的大好时光，在学校里把基础打好。等到了工作岗位以后发现基础不扎实再去补，会有补不胜补的感觉。

有的青年学生认为把精力集中在学习上就"活得太累"，而自己则想"活得潇洒一些",因而很容易接受诸如"游戏人生"和"潇洒走一回"等想法。其实如何对待人生是一个很严肃的问题,是游戏不得的。你若游戏人生,在学生期间不把主要精力放在学习上,而去追求"潇洒",到头来人生必游戏你,不但使你在校期间为学习成绩不好而苦恼不已,而且离校以后会为一事无成而后悔莫及。

由于受一些不健康思想的影响,有的年轻人认为"现在不玩以后要后悔"。事实正好相反,年轻时不学习以后要后悔。那些一天到晚玩的人难道就得到什么了吗? 生活的辩证法是无情的,他们得到的只是岁月的无情流逝和意志的消沉。在他们恢复理智思维时,无不羡慕肯学习和有成就的人,回顾自己的过去时,没有不后悔的。据 2007 年 4 月报纸报导,南京一所大学的一个本科大学生宿舍传出"佳话":同宿舍的四位大一同学创下了一个学期打烂 176 副扑克牌的纪录。他们把打烂的扑克牌专门摆在窗台底下,说是为了留个纪念。为此,他们被学校通报批评,而宿舍中一位同学因成绩太差而被留级。

年轻人应该在精神上有所追求和寄托,把自己的精力集中在学习上。而一旦把主要的精力集中在学习上并从中找到乐趣,为学到新知识而感到无比欣慰时,就会感到生活很充实,时间不够用,哪里还会去讲究"吃"和"穿"呢!

2.4　刻苦钻研的收获

通过刻苦钻研,除了取得优良的学习成绩外,还能养成良好的学习习惯,形成钻研问题的思想定势。

1. 变"要我学"为"我要学"

现代社会强调终身教育,终身教育的核心问题是学习。只要具备了强烈的求知欲和获取新知识的能力,不但上学时可以获取新知识,离开学校以后也能获取新知识。强烈的求知欲就是"我要学",获取新知识的能力就是"会学"。

但是"我要学"的强烈求知欲和"会学"的能力不是与生俱来的,而是在刻苦钻研过程中不断锻炼出来的。我国"全国中小学生学习与发展课题组"自1998年10月开始,抽样选取了10个省市的7474名10～18岁的学生及其父母并做了问卷调查。在回答"你为什么要上学?"时,多数学生回答为"为了学本领",其次是"为了将来找个好工作",再其次是"为了考大学"。只有43%的高中生因为"喜欢读书"和"学校好玩"而上学。家长的情况大体上与学生相同,只有3%的家长"因孩子喜欢读书"而送孩子上学。

专家认为,学生和家长对教育与学习的关注并不是直接源于对知识的渴求,而是带有某种功利性的认识。学生无法从读书本身找到求知的乐趣,而是迫于某种压力去学习,学习过程就有可能使他们苦不堪言。

出于某种功利目的,父母要求孩子学习,老师要求学生学习,各种考试制度迫使学生学习。这就是人们所说的"要我学"。学生是不是愿意学则是另一个问题。如果不愿意学,则会感到学习很苦,盼望早日结束学校生活走向工作岗位。

如果能在学习过程中逐步培养起"我要学"的自觉性,则会感到学习是一件乐事,不但能主动地完成学业,而且也会养成良好的学习习惯,为离校以后的自学打下基础。

孩子生性好玩,一般说来不愿意吃苦。一开始往往是迫于"要我学"的压力而学习,没有或很少有"我要学"的愿望,因而调动不起主观能动性,发挥不出无穷的智力潜力。所以如何把"要我学"转换为"我要学"是学生在校学习期间要解决的一个很重要的问题。

要完成这个转换,除了家长与老师不断地通过寓教于乐的手段进行启发以外,主要还要靠学生通过刻苦钻研去亲自体会学习的乐趣,也就是要寓乐于学。

2. 养成良好的学习习惯

从一个人一生的知识总体讲,在校学到的知识只占很少的一部分,大部分要靠离校后自学。能不能做到这一点,对于能力的提高影响极大。在校学习,学什么和怎样学等都有明确的计划,而且又有考试制度的逼迫,即使没有良好学习习惯的人也能被动地学到一些知识。离校后,再也没有考试的压力了,从短时间看,似乎不学习也能应付,由于没有专门的学习计划和学习时间,再加上各种干扰(个人问题以及社会影响等),很多人就不再学习。

凡是在校没有养成良好学习习惯的人走向工作岗位以后,就有一种解放感,认为这下子不需要学习了,有的甚至还有"学得好不一定工作好"的看法。确实,学得好不一定工作好。但从宏观上讲,还是学得好工作也好的人多,否则还谈什么提高全民的文化水平呢?难道"学得不好就一定工作得好吗"?

30岁以前如果还不能养成自学习惯,以后就很难再有起色了。因为随着年龄的增长,工作和家庭的负担会越来越重,学习中的困难会越来越大,求知的渴望会越来越小。而有了良好的学习习惯,会感到每天学习是一件很平常的事情,才有可能坚持边工作边学习,不断更新与充实自己的知识,以赶上飞速发展的时代。

3. 从"学会"到"会学"

通过钻研一个一个具体的概念,除了学会这些概念外,更重要的是培养抽象的"会学"的能力,使自己逐步开窍。从"学会"一个一个概念到"会学"其他知识,是一个积少成多的过程,是一个由量变到质变的过程。培养抽象的"会学"能力比"学会"一些具体的概念更重要。

学习贵在开窍,只有开窍以后才能够触类旁通,才能够更好地接受新知识。从一个人的一生看,即使是大学毕业,在学校里学到的知识也只是一个基础,主要还是要靠离校后继续学习。所以"会学"是比"学会"更重要的一种收获。

例如,学习初中物理时对牛顿第三定律表述中"作用力和反作用力,大小相等,方向相反,同时发生,作用在一条直线上"的"同时发生"四个字的内在含义没有深入钻研,若停留在一般理解水平上,就会模模糊糊地觉得"作用是主动的,是先发生的,而反作用则是被动和后发生的"。

这种模模糊糊的理解并不妨碍解物理习题,但是留下了错误概念和理解问题的错误思考方式(哪怕是一点点影子),以后学别的内容时又会用同样的方法去理解。例如,到了大学,学习电磁感应问题中的互感现象,会认为初级线圈流过电流产生的磁通在次级线圈上产生出感应电压,这个感应电压就会在次级回路中形成电流,这个电流也会产生磁通,它反过来又会在初级线圈感应出电压,在初级回路里形成电流,如此不断地循环下去。

这样的理解是很不准确的,究其思考问题的方式,都是与初中时没有很好地钻研牛顿第三定律中的"同时发生"的内在含义有关。如果初中时深入地钻研过牛顿第三定律,到了大学里学有关互感内容时,就会明白磁通对初级线圈和次级线圈是"一视同仁"的,所有的感应都是立即发生的(同时发生的)。只有这样去理解,才会对电磁感应有一个完整和准确的理解。

"会学"的一个方面是能够带着问题找到有关的资料,这种能力主要是通过不断阅读课外读物获得的。所以对于学有余力的学生来说,不能满足于学会教科书上的内容,而应该有意识地结合所学内容阅读课外读物。例如上大学时,自由支配的时间多,按照老师的推荐,我经常阅读俄语的《电信》和《邮电通报》两本期刊。在提高俄语水平的同时,也锻炼了在浩瀚的资料海洋中寻找知识的方法和能力。有了这种能力,工作中碰到难题时,就能够从外国期刊中找到相应的参考资料。

4. 形成思维定势

现代的脑科学已经基本上搞清楚了大脑思维的生物电化学过程。任何一个思维过程都与某些脑神经细胞之间的"连接"有关系,通过钻研某些具体概念而养成的习惯就是在某些神经细胞之间形成特殊的

"连接"。一旦这种"连接"形成以后,碰到其他问题时,就会下意识地沿着这个特殊的"连接"去思考和分析,即形成了思维定势。

例如学习了平面几何中的证明题,知道下任何结论都需要证明,不能凭直观感觉。正因为有了这样的思维定势,我学习初中物理时,教科书在解释"为什么水银滴是圆的"时,应用了"任意物体,当体积一定时,其表面积最小的形状为圆球"的数学结论。我就问老师如何证明这个结论,老师回答说"大学微积分可以证明"。因此我非常盼着上大学,去学微积分。后来上了大学,学了微积分,能求各种函数的极值。但是"任意形状"的函数是什么? 我又去问大学的数学老师,老师回答说"微积分解决不了这个问题,要学更高深的数学才行。"虽然我没有机会再进一步学,但是也知道初中时老师的解答是不对的。

有了钻研问题的思维定势,工作中碰到各种反常现象也会非要搞个水落石出不可。例如在试验某项通信设备的遥测和远距离供电系统时,出现了反常现象。各种设备分布在数百公里的线路上,牵一发而动全身,动了某站的某个部件,反常现象可能出现在上百公里以外的其他站上。不知某处又动了什么部件,故障又神秘地自动消失了。故障自动消失后,有的人就说"问题解决了,不要再动了"。很显然,靠这种侥幸心态是解决不了问题的。由于没有找到真正的原因,问题一定会再现。为了彻底解决问题,我明确地提出排除故障的基本要求是"要它出现就出现,要它消失就消失"。对于时隐时现的问题,首先要千方百计让它重现,只有重现故障,才能分析产生的原因。而一旦找到了原因,离彻底解决就只差一步了。正是因为坚持这样做,工程中碰到的问题大都得到了彻底解决,没有留下隐患。

　　有了钻研问题的思维定势,阅读书刊时就不会人云亦云,就能发现问题。例如 1978 年我阅读欧洲某著名公司的研究所所长发表在该公司刊物上的一篇文章时,发现有一处概念性错误。请教国内同行,没有人能给我以肯定的答复,有的人甚至说"作者是国际著名专家,应该不会有错,要想搞清到底有没有错,看来只去问原作者了"。当时这或许是句玩笑话,但我却一直记在心上。1983 年我访问该公司时,见到了该文章的作者。他在听了我对那个问题的讲解以后,立即回答说:"你的意见是对的。没有想到你这么认真地看我写的文章。看来我以后发表文章以前最好能请你看看。"此后两年内,他把拟在国际会议上发表的 3 篇文章草稿发过来征求我的意见。我在认真阅读和思考的基础上提出了一些建议,他都采纳了。

　　有了钻研问题的思维定势,对待生活中的神秘现象也不会放过,而绝不会相信任何歪理邪说。如一日夜间 8 点钟左右,有人告诉我住所附近出现了微弱的一闪一闪的神秘的亮光。我们一起连续观察了近两个小时,每隔几分钟闪一次,很有规律,不论附近有什么样的声音(汽车通过时的轰鸣声等),都不影响它的出现。第二天夜间再想观察时却又不出现了,以后它又出没过多次。

　　我有记日记的习惯,什么时候出现此种现象我就记在日记里。一段时间以后,我翻开日记,想找出它出没的规律。结果发现这个现象都出现在雨天或雨后。这样,大体上可以确定此现象与下雨有关。此后一下雨我就注意观察,发现刚下雨时没有这种现象,只有雨量到了一定程度以后才有,而且只有夜间有。一旦发生,雨停了以后也有。

　　到此可以初步确定是一种与下雨有关的自然现象。为什么只有夜间才出现？会不会与照明灯光有关系？于是我专门在下雨以后的夜间观察，切断建筑物的总电源后这个现象也就没有了。由此可以确定是建筑物的某处灯光引起的。逐个关灯，确认是一楼门口的灯引起的。站在该灯附近仔细观察闪光出现的规律，发现是雨水沿着灯泡的玻璃外壳下落时引起的。

门口的灯泡悬挂在一块水泥挡雨板下方，下雨后水泥板上方积了很多水，水沿着穿电线的铁管流到了灯泡上。水与灯泡的玻璃壳一起组成了一个透镜，把灯光聚集投射出来。随着雨水不断在灯泡的下端凝结，达到了一定量时就脱落了，相当于透镜突然消失，于是就闪一次光线，至此这个神秘的闪光现象真相大白了。

为了保持钻研的习惯，1990年以前，每年高考题公开以后，我都要把其中的物理和数学题做一遍。

5. 为事业有成打下基础

一个人离开学校以后能否创造性地完成业务工作，与基本概念的熟练程度有很大关系。如果工作中只求"照猫画虎"，重复别人做过的事，不求有创造性，基本概念不熟练也没有多大关系。

但是实际工作中碰到的问题比学校作业中的难题要难得多，只有基本概念非常清楚才能抓住问题本质和找到解决的方法。因为发生问题时，问题的性质、已知条件是什么、哪些是真相、哪些是假象、什么原因引起的以及怎样解决等都没有现成的答案，必须依靠扎实的基本概念去思考。

2.5　兴趣与求知欲

1. 兴趣是可以培养的

兴趣是学习的第一老师，但是不能用静止的眼光去看待兴趣，更不要满足于在学习初始阶段自发产生的兴趣。因为这种自发产生的兴趣往往不能持久，碰到困难以后会很快消退。我们应该用发展的眼光，动态地看待兴趣。家长与老师要善于发现、引导与培养学生的兴趣。尤其是要启发学生在刻苦钻研中感受从不知到知的乐趣，从而培养兴趣，增强兴趣，使整个学习过程成为越学越想学，越学越会学的良性循环。

只要启发引导得当，即使在学习初始阶段不感兴趣的科目，后来可能成为自己的终身爱好。就像某世界著名的钢琴家所说的，他在 13 岁以前最恨钢琴。

学生对于某门功课的兴趣与该门功课的学习成绩有极大的关系。如果成绩好，对该门课的老师有好感，也愿意上这门课。反之则害怕甚至厌恶，害怕该课的授课老师，更谈不上有亲近感。

2. 好成绩促进兴趣

例如我在大学期间，刚开始学俄语时不会发字母 P 的卷舌音，老师每次上课都要叫我站起来念，念出来的声音怪声怪气，引得全班同学哄堂大笑。尽管我一开始很喜欢学俄语，但在这种的情况下很自然地对俄语课产生了厌恶的情绪，害怕上俄语课。请教北方来的同学发卷舌音 P 有什么要领,他们说得很轻松:"舌尖卷起来,用力向外吐气就行了",可我怎么也掌握不了这个在他们看起来易如反掌的要领。一旦听到别人说"南方人适合学英语,北方人适合学俄语"时,就很自然地认为"我是南方人,不是学俄语的料"。后来通过反复练习,终于在两个月以后发出标准的卷舌音 P,什么"我是南方人,不是学俄语的料"的悲观论调一扫而空,学好俄语的信心大增,最终通过刻苦努力,取得了优异的学习成绩。

越好越爱学,越爱学就越好,是一个良性循环。只要付出的努力有了回报,取得了比他人更好的成绩,自然就会产生"更上一层楼"的想法。正如同体育比赛取得冠军以后要保持一样。而且正是这种你追我赶的形势,促使大家共同前进。

3. 兴趣、乐趣、志趣

对于某一门课不感兴趣而不得不学,一开始总不免感到是个负担。但是只要坚持下去,一定会在逐步取得成绩过程中,逐步提高对该门课的兴趣。有了兴趣,就会更加积极主动,就会事半功倍,就会取得更大的成功,就会尝到学习的乐趣。久而久之,兴趣和乐趣就慢慢地转化为志趣了,此时学习已经成了习惯,成了生活中不可缺少的一部分。

我学习英语口语的过程就是这样的。1979 年我第一次出国深受哑巴英语之苦,下决心学英语口语,每天早起晚睡,苦苦听写 Special English 广播录音,困难极多,不时产生放弃的念头。这个期间感受到主要是"苦",是一种负担,我为英语服务。但是熬过了这一段以后,慢慢可以听懂一些以后,就会感到有点兴趣,再坚持学,一年以后当了翻译,英语就为我服务了,就会感受到有些乐趣,再不断地学和长年听英语广播,充分享受"秀才不出门,全知天下事"和"不花分文游世界"的乐趣。时间久了,听广播就成了每天生活中不可缺少的一部分。退休以后仍然每天用三个多小时时间听广播,查找收听中的疑难词,乐在其中。有人问我为什么,我似乎回答不出来,只能说"已经习惯了"。

2.6　注重基本概念

对于数理知识的学习,应该侧重于理解。为了理解,必须认真钻研基本概念,并在理解的基础上记住主要的内容。对于以记忆为主的内容,则要重视基本功的训练。下面着重讨论基本概念,所叙述的主要观点同样适用于基本功。

清朝文学家郑板桥在谈到学习方法时,提倡对于基本的知识千万不要"眼中了了,心下匆匆,方寸无多,……,一眼即过",而要认真学习,深入钻研。而只要这样去做,那就一定会达到"愈探愈出,愈研愈入,愈往而不知其所穷也"的境地。我在学习各门功课的基本概念过程中,努力这样去做,也确有"愈探愈出,愈研愈入,愈往而不知其所穷也"的体会,并深感受益终生。

1. 基本概念管一辈子

基本概念管一辈子的含义有两层:首先是表现在学习上,基本概念是某一门学科整个理论体系的基石,不熟练掌握基本概念,难以掌握更高深的内容;其次是只有熟练地掌握了某一门知识的基本概念以后,才有可能在实际工作中碰到问题时"招之即来",并应用基本概念去分析与解决问题。如果基本概念不熟练,不但碰到问题分析与解决不了,有时可能还会采取错误的解决方法。

例如学习初中代数和高中三角学时,我反复钻研和推导基本公式,能脱口背出基本公式并进行推导。所以上大学学高等数学用到中学的基本概念时,能招之即来,完全可以把注意力集中在新内容上,因而学习轻松,成绩优秀。解决实际生活和工作中碰到的问题时,相应的概念也会招之即来,用以分析产生问题的原因和找到解决办法。

基本概念不清楚,常常会闹笑话。例如某年某电视台举办快速抢答活动,其中有一道题是问"$1+2+3+\cdots+99=$?"。一位参赛者快速回答说等于 4950,主持人问"你怎么算出来的?"参赛者说"$1+2+3+\cdots+99$ 与 $99+98+97+\cdots+1$ 两个数列对齐以后每一列都是 100,一共有 99 个 100,共 9900,再除以 2 得 4950。"主持人手里拿着标准答案,说"你的答数是对的,但是算法不对。应该是'首项加末项乘以项数除以 2',即 $(1+99)\times99\div2=4950$。"

毫无疑问,该主持人肯定具有初中文化水平,看得懂等差级数的求和公式,但是他不明白"首项加末项乘以项数除以 2"公式就是用那位参赛者所用的方法推导出来的。

又如,某日某电视台邀请 3 位艺术家谈攀登事业高峰的体会后,主持人归纳说:"这就好像烧开水,从 60℃ 烧到 80℃ 很容易,从 80℃ 烧到 100℃ 就难。"或许他自己觉得这话很有深度,其实是严重的物理概念错误,根据初中物理中有关热量"卡"的定义可以得知,对于一定质量的水(例如一壶水)而言,从 40℃ 烧到 60℃、从 60℃ 烧到 80℃、从 80℃ 烧到

100℃所需要的热量是相等的,因为它们的温度增量都是 20℃。

2. 集中精力于基本概念

学生需要学习的内容很多,千万不可平均分配力量,而应该把主要精力集中在基本概念上。学习基本概念时,你糊弄它一阵子,不深入钻研它,它必然反过来糊弄你一辈子。

有许多基本概念在解题时似乎用不上,但它们却非常重要,必须搞深搞透,以便能在较高的层次上去把握概念和运用概念。

例如我上初中时,一次听父亲和几位教授谈学生对于基本概念的掌握程度大有区别时,举了"$\sqrt{2}=?$"的例子,说:

"(1) 有的大学生斩钉截铁地回答说 $\sqrt{2}=\sqrt{2}$。说明他们概念非常清楚,在他们的脑中有理数和无理数已经平起平坐,可得 100 分。

(2) 有的回答说 $\sqrt{2}$ 近似等于 1.414。说明他们概念基本清楚,但总想用有理数来表示无理数,脑中的无理数还没有与有理数平起平坐,可得 80 分。

(3) 有的回答说 $\sqrt{2}=1.414$。说明他们概念基本不清楚,最多 60 分。"

听他们的对话,对照自己对这些问题的理解,深感差距很大。

集中精力于基本概念可能一时不见效,但只要坚持下去,定会收到实效,而且是长期的收效。例如初中学一元二次方程的解法,要把注意力集中在 $x=\dfrac{-b\pm\sqrt{b^2-4ac}}{2a}$ 这个公式上;学习直线方程,要把注意力集中在通式 $ax+by+c=0$ 上;学习平面三角,要把注意力放在"倍角、半角"以及"和差化积"等公式上。这些都是最基础的东西,要做到不但会推导,而且要熟到能脱口而出的地步。大学学微积分和专业课时,屡屡用到这些公式,才能招之即来。

精力集中在基本概念上,学习才能得要领。例如笔者一次听一位老师讲线性电路中的互易定理。他说由于证明太复杂,省去不讲了,但却讲了应用该定理时的 9 条注意事项。其实该定理的证明并不复杂,用基尔霍夫定理列出互易后的两组方程式后求解,根据行列式的"行列互换其值不变"的性质,可知两个解是相等的,这就是互易定理。

集中精力于基本概念,每学一个新内容就会感到有新的提高:例如学了微分,会求曲线的斜率;学了积分,会求各种形状物体体积和面积;学了无穷级数,知道各种特殊函数的定义;学了微分方程,知道机械简谐震荡与 LC 电路震荡的微分方程是一样的,所以可以用电路去模拟机械运动。

有的人虽然也知道基本概念很重要,但是往往认为从基本概念入手已经来不及了,从而把主要精力集中在学习各种应试技巧上。

有学习就有考试,有考试就要应试,要应试就有应试技巧。从一定意义上讲,应试能力也是学习能力的一部分,应试技巧也是应该掌握的。但是真正管用的应试技巧都是基本概念非常清楚的人总结出来的,也只有基本概念清楚的人才能完全领会和掌握。他们掌握了应试技巧以后,往往如虎添翼,可以考出很好的成绩。而基本概念不清楚的人学习类似的应试技巧时,往往一头雾水,不得要领,应用这些技巧时,只能连蒙带猜,张冠李戴,听天由命,根本不可能考出好成绩。

3. 认真听课

认真听老师讲课是搞懂基本概念的捷径。老师作为过来人,深知什么是关键,会反复强调与讲解重点内容。老师积累了多年的教学经验,了解初学者可能会在什么地方产生错误理解,讲课时会有针对性地对各种似是而非的错误理解加以剖析。所有这些都是教科书上没有的,只有全神贯注地听老师讲解才能领会与掌握。

如果上课不注意听讲,课后自己独立地去看教科书,对于基本概念的理解往往停留在字面上,很难达到老师讲解的高度。这就是为什么很多同学听同样的老师讲课,课后花同样多的时间复习,但是收获差别很大的重要原因之一。认真听课事半功倍,不认真听课则事倍功半。

从中学到大学,我上课时精神高度集中听老师讲解,从来没有打过瞌睡,所以基本上能在课堂上理解所讲内容。课后复习时,可以集中精力深入钻研基本概念和做题。整个学习过程比较轻松,从来没有开过夜车。

4. 逐词逐句钻研

如何刻苦钻研基本概念呢?最基本的方法是多问几个为什么,逐词逐句钻研,做到"不可一词无来历,不可一词不讲究"。

首先从基本概念的名称和定义出发,一字一字地钻研,绝对不要满足于字面上的理解。

接受基本概念不是那么容易的。人类花了几千年、几百年或几年的时间才提出一个概念或总结出一种新方法,而老师在课堂上只用了几分钟或几小时就把它们传授给学生。学生不应该满足于字面上对于新概念或方法的理解，而应该深入思考学到的概念或方法。

除了上课认真听讲以外，课后复习要深入思考，多问几个为什么。例如，这个新概念或方法与已经学过的内容相比有什么区别，有什么优点，能解决哪些老的概念或方法不能解决或不好解决的问题，老师为什么这样讲而不那样讲等。

例如，对于频率的定义，学初中物理时定义为"每秒钟振动的次数"；高中时由于已经学习了三角，从简谐运动入手，引入角频率 $\omega=2\pi f$ 的概念；大学时学了微积分，引入了瞬时角频率的概念，其定义为 $\omega=\dfrac{\mathrm{d}\theta}{\mathrm{d}t}$。所有这些概念的引申，一步比一步准确与深刻。只有应用瞬时角频率的概念，才能理解通信系统中各种调制和原理。

又如三角函数的定义，刚学三角学时用锐角三角形定义，对边比斜边为正弦，角度用度数衡量。高中学习了直角坐标系以后，把正弦定义为 y/r，并不再局限于锐角，而且也引入了负角度的概念，同时也引入了弧度的概念。到了大学，学了无穷级数和欧拉公式以后，三角函数就用无穷级数定义了，其单位只能是弧度。如果思想始终停留在对边比斜边一类的初中概念上，就难以深入理解其深刻含义，再学高深的内容就很困难。例如难以真正理解当 $x\to0$ 时，$\sin x=x$、$\tan x=x$ 一类公式的真正含义，更谈不上实际工作中应用这些公式了。

又如理论物理中的达朗贝尔原理，从数学运算的角度讲非常简单，就是把牛顿第二定律的 $f=ma$ 改写为 $f-ma=0$，似乎没有深奥的内容，但是教科书上却说"它把动力学问题转换成静力学问题"。只有深入去思考这句话的含义,才能理解其奥妙,才能在解各种复杂的动力学问题时巧妙地应用它。

教科书对于基本概念的表述是很准确和严格的,必须逐词逐句钻研其含义。如果问他们"为什么磁铁会把针吸过来?",他们会很快回答说"因为磁铁有作用力作用在针上",如果问"为什么磁性鱼雷会向军舰冲去,而不是军舰向鱼雷冲去?"则会感到不好理解。

钻研基本概念时要注意把各科知识联系起来思考。例如大学普通物理考试时有如图 2-7 所示的一道题:

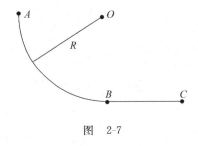

图　2-7

一个静止的物体从无摩擦的半径为 R 的半圆顶点 A 自由下滑,求到达切点 B 处时的加速度。

当我正打算先按照圆周运动的公式计算加速度时,忽又联想到微积分中不连续函数的左右极限概念,觉得此题中的 B 点既在圆周上又在直线上,此点的加速度是一个不连续函数。物体从半圆下滑,离开切点 B 后作匀速直线运动,加速度应该为零;反之,如果一个运动的物体从 C 点开始向左运动,到 B 点后爬上半圆弧,那么在 B 点的加速度则应按圆周运动的公式计算。我按照此思路写出了答案。老师后来讲评时,肯定了我的答案是全面的,并要求大家学习物理时要运用已经掌握的数学知识。

只要进行这样的积极思考,就一定会在学每一个新概念或新方法时感到思维能力有提高,从而也会更加懂得所学的概念或方法的精神实质。

5. 基本概念要"化"

刻苦钻研基本概念的最直接的收获就是一步一步熟练掌握基本概念,从"不懂"到"懂",到"熟",到"化"。

"懂":理解基本概念的字面意义,但是不深不透,能做出一般性习题,考试成绩 70 分上下。实际工作中碰到问题时,想不起来应该用哪个基本概念去分析和解决。等到别人解决了,讲给他们听,他们能听懂,而且觉得并不难,怪自己为什么没有想到。

"熟":这是从"懂"到"化"的过渡阶段。考试成绩 90 分上下,能解决部分实际工作中的问题。

"化":基本概念非常熟练,对其内在含义有深刻的理解,各种相关的基本概念融会贯通。用基础知识解决比较复杂的问题,而且思路简单明了。而基本功不"化"又学过高深知识的人,碰到问题时往往杀鸡用牛刀,运用高等数学去解决中学数学能解决的问题。

"化"以后的水平已经远远超出了卷面考试所能衡量的范围,不是考 100 分的人都具有"化"的水平的。"化"了以后,实际工作中碰到问题时,基本概念就能"招之即来"并运用自如。下面是几个例子。

例 2-1　美国数学家加德纳拟制了以下一道数学题,戏弄那些杀鸡用牛刀的人。

两个孩子相距 20km，骑自行车沿直线相向而行，两人前进的速度都是每小时 10km。在他们起步的一瞬间，孩子甲的车把上有一只苍蝇，以每小时 15km 的速度飞行，碰到乙的车把后立即转向飞，碰到甲后再转飞向乙，直到两辆车相遇为止。问苍蝇总共飞了多少 km？

　　一些基本概念不扎实的人试图计算苍蝇第一次路程、第二次路程、……，结果成了级数求和。

　　第一回：甲●-------------------20km------------------●乙

　　苍蝇与乙的距离为 20km，两者相向而行，合成速度为 $15+10=25(km/h)$，所以在 20/25h 后碰到乙，它飞过的路程为 300/25km。此时甲与乙都各自向前移动了 $200/25=8(km)$，中间只剩下 4km。

　　第二回：　　　　　甲●-----4km-----●乙

　　苍蝇与甲的距离为 4km，两者相向而行，合成速度为 $15+10=25(km/h)$，所以 4/25h 后碰到甲，它累计飞过的路程为 $300/25+60/25(km)$。此时甲与乙都各自向前移动了 $40/25=1.6(km)$，中间只剩下 0.8km。

　　　　　　　　　甲●---●乙　　（两人相距 0.8km）

　　苍蝇与乙的距离为 0.8km，在 8/250h 后碰到乙，飞过的路程为 12/25km。至此，它累计飞过的路程为 $300/25+60/25+12/25(km)$。

　　依此类推，结果成了一个数列。虽然可以算出来，但是相当繁杂，而且容易算错。

　　如果思路清晰，可以不考虑苍蝇，先算出两人相遇所需要的时间，即 $20/20=1(h)$ 后相遇，1h 内苍蝇共飞行 15km，原来就这么简单。

　　以下几个例子中的数学推导过程涉及一些高等数学知识和专业知

识,读者如不感兴趣,可略过不看,但只要比较一下两种推导过程的篇幅,还是可以领会作者要表达的思想。

例 2-2 证明负载电阻等于电源内阻时,输出到负载上的功率最大。电路连接情况如图 2-8 所示。

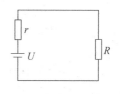

图 2-8

设电源的电压为 U,电源内阻为 r,负载为 R,输出到负载的功率为 P。则

$$P = \frac{U^2 R}{(R+r)^2}$$

使用微积分求极值的方法,可以进行以下推导:

令

$$\mathrm{d}P/\mathrm{d}R = 0$$

即

$$\frac{\mathrm{d}P}{\mathrm{d}R} = \frac{U^2 R \cdot 2(R+r) - (R+r)^2 U^2}{(R+r)^4}$$

$$\frac{\mathrm{d}P}{\mathrm{d}R} = \frac{2R^2 + 2Rr - (R^2 + 2Rr + r^2)}{(R+r)^4} U^2$$

令

$$\frac{\mathrm{d}P}{\mathrm{d}R} = 0$$

即

$$\frac{2R^2 + 2Rr - (R^2 + 2Rr + r^2)}{(R+r)^4} U^2 = 0$$

即

$$2R^2 + 2Rr - (R^2 + 2Rr + r^2) = 0$$

即

$$R^2 - r^2 = 0$$

其解为

$$R = r \quad 或 \quad R = -r$$

只有 $R=r$ 有物理意义。也就是说，负载等于电源内阻时输出到负载上的功率最大，其值为 $U^2/4R$。

以上推导虽然严密，但是无法让没有学过微积分的人理解。我看到一本中专教材，仅仅使用普通代数知识就推导出此结论。

由于 $P = \dfrac{U^2 R}{(R+r)^2}$，$U$ 是定值，若要 P 为最大，必须 $\dfrac{R}{(R+r)^2}$ 为最大。

$$\frac{R}{(R+r)^2} = \frac{1}{\dfrac{(R+r)^2}{R}} = \frac{1}{\dfrac{R^2 - 2Rr + r^2 + 4Rr}{R}}$$

$$= \frac{1}{\dfrac{(R-r)^2 + 4Rr}{R}} = \frac{1}{\dfrac{(R-r)^2}{R} + 4r}$$

当 $R=r$ 时，$\dfrac{(R-r)^2}{R} + 4r$ 为最小，输出到负载上的功率为最大，其值为 $\dfrac{U^2}{4R}$。

例 2-3　最短取水距离问题。假设某人住在 A 处 $(0,a)$，要去远处河流（x 轴）取水后送到 B 处 (b,c)，如图 2-9 所示，求最短距离的取水点在何处。

从 A 点到 P 点的距离为 $(x^2 + a^2)^{1/2}$，从 P 点到 B 点的距离为

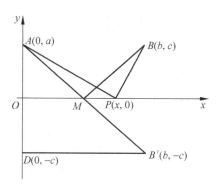

图 2-9

$$[(x-b)^2 + c^2]^{1/2}$$

设取水距离为 l，可得以下代数式：

$$l = (x^2 + a^2)^{1/2} + [(x-b)^2 + c^2]^{1/2}$$

对上式微分，可得以下表达式：

$$\frac{\mathrm{d}l}{\mathrm{d}x} = \frac{2x}{2(x^2 + a^2)^{1/2}} + \frac{2(x-b)}{2[(x-b)^2 + c^2]^{1/2}}$$

令 $\dfrac{\mathrm{d}l}{\mathrm{d}x} = 0$，即

$$\frac{2x}{2(x^2 + a^2)^{1/2}} + \frac{2(x-b)}{2[(x-b)^2 + c^2]^{1/2}} = 0$$

即

$$\frac{x}{(x^2 + a^2)^{1/2}} = \frac{(b-x)}{[(x-b)^2 + c^2]^{1/2}}$$

即

$$\frac{x^2}{(x^2 + a^2)} = \frac{(b-x)^2}{(x-b)^2 + c^2}$$

从代数比例式关系可知,如果$\dfrac{A}{B}=\dfrac{C}{D}$,则

$$\frac{A}{B-A}=\frac{C}{D-C}$$

据此可得

$$\frac{x^2}{x^2+a^2-x^2}=\frac{(b-x)^2}{(x-b)^2+c^2-(b-x)^2}$$

即

$$x^2c^2=a^2(b-x)^2$$

即

$$x=\frac{ab}{a+c}$$

所以最近的取水点 M 的坐标为 $\left(\dfrac{ab}{a+c},0\right)$,$AM=a^2\left[1+\left(\dfrac{b}{a+c}\right)^2\right]^{1/2}$,

$MB=\left[c^2+\left(b-\dfrac{ab}{a+c}\right)^2\right]^{1/2}$,最短的取水距离为以上两个数值之和。

其实应用初中平面几何中"两点之间直线最短"的公理和解析几何的直线方程,也可获得同样的结果,步骤如下:

(1) 从 A 出发到河边 P 点取水后返回 B 点,走过的路程是 APB。

(2) 找到 B 点在河对岸的投影 B',那么从 A 出发到河边 P 点取水后返回 B 点走过的路,就等于从 A 出发到河边 P 点取水后到 B' 点走过的路,即 $APB=APB'$。这样,上述问题就转换为从 A 点到 B' 点间的最短距离问题了。

(3) 很显然,AB' 间直线距离最短。AB' 与 x 轴的交点为 M,此点即为最短的取水点。

（4）AB' 直线的斜率为 $\dfrac{-(a+c)}{b}$，故其方程式为 $y=\dfrac{-(a+c)}{b}x+a$。

（5）它与 x 轴的交点 M 的坐标为 $x=\dfrac{ab}{a+c}$，与以上的结果一样。

思路明晰，计算简单。

例 2-4　20 世纪 70 年代我从事电缆载波工程建设时，碰到了多个放大器串联时二次和三次谐波信号累计的问题。国内外各种资料上的说法不一。有的说按电压相加，有的说按功率相加，但是都默认随着串接的放大器数目的增加，二次和三次谐波信号的功率都会随之增加。可是实测结果表明，有时随着串接的放大器数目的增加，二次和三次谐波信号的功率不增反降，成了工程建设中的一个疑难问题。后来一位大学老师经过反复推算，用级数求和的方法推导出了累计公式。

设单个放大器产生的二次谐波功率为 P_2，第 n 个放大器输出处的二次谐波总功率为 W_2。经过计算可以得到

$$W_2 = P_2\left[\left(\sum_{i=1}^{n}\cos i\varphi\right)^2 + \left(\sum_{i=1}^{n}\sin i\varphi\right)^2\right]$$

式中：φ 为常数。

得出此结论的推算过程非常繁杂，可以写满两页 A4 纸。

根据数学公式可知：

$$\sum_{i=1}^{n}\cos i\varphi = \sin\frac{1}{2}n\varphi\cos\frac{1}{2}(n+1)\varphi\,\frac{1}{\sin\frac{1}{2}\varphi}$$

$$\sum_{i=1}^{n}\sin i\varphi = \sin\frac{1}{2}n\varphi\sin\frac{1}{2}(n+1)\varphi\,\frac{1}{\sin\frac{1}{2}\varphi}$$

故

$$W_2 = P_2 \left[\left(\sum_{i=1}^{n} \cos i\varphi \right)^2 + \left(\sum_{i=1}^{n} \sin i\varphi \right)^2 \right]$$

$$= P_2 \frac{\sin^2 \frac{1}{2} n\varphi}{\sin^2 \frac{1}{2} \varphi}$$

以上推导过程虽然繁杂,而且使用了一些大学生没有学过的公式。但是总算解决了多年来困惑我国电缆载波工程界的一个难题,一时间传为美谈。我从内心敬佩推导出此公式的老师,佩服他的钻研精神和高等数学根底。

20世纪80年代的一天,我查阅瑞典杂志 *Ericson Review*,发现他们在20世纪60年代搞电缆载波工程时也碰到了类似问题,并用简单的平面几何和三角知识推导出了同样的公式,其概念之清晰与计算方法之巧妙,令人拍案叫绝。

正弦波信号可以用矢量表示,运用矢量合成求和的方法,可求出多个放大器处产生的二次谐波的总值。图2-10中的 AB、BC、CD、DE 等是第1个、第2个、第3个,……,第 n 个放大器产生的二次谐波电信号的电压矢量,它们大小相等,幅度为 U,前后两个放大器产生的二次谐波电压间的相位差为 φ。

在三角形 ABO 中,M 为 AB 的中点,$\angle AOB = \varphi$。通过几何和三角计算,可知圆的半径 $\overline{OA} = r = \dfrac{U/2}{\sin \dfrac{\varphi}{2}}$。

n 个放大器的二次谐波信号按照矢量相加的规律,其合成矢量的

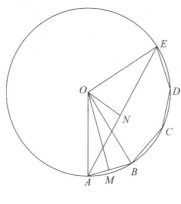

图 2-10

长度为 U_{2n}。对应的圆心角为 $n\varphi$,所以 n 个放大器的二次谐波信号按照矢量相加以后的幅度为

$$U_{2n} = \overline{AE} = 2\,\overline{NE} = 2\,\overline{OE}\sin\frac{n\varphi}{2} = 2\,\overline{OA}\sin\frac{n\varphi}{2} = 2r\sin\frac{n\varphi}{2}$$

$$= 2\,\frac{\dfrac{U}{2}}{\sin\dfrac{\varphi}{2}}\sin\frac{n\varphi}{2} = U\,\frac{\sin\dfrac{n\varphi}{2}}{\sin\dfrac{\varphi}{2}}$$

功率等于电压的平方除以阻抗,阻抗是个常数。假定每一个放大器产生的二次谐波的功率为 P_2,在第 n 个放大器处合成的总功率为 W_2,则

$$W_2 = P_2\,\frac{\sin^2\dfrac{1}{2}n\varphi}{\sin^2\dfrac{1}{2}\varphi}$$

与前面用繁杂的级数推导出来的公式完全一样。

其实对于高等数学也有"会"、"熟"、"化"的问题,下面是一个例子。

　　某信号发生器的输出电平与连接线长度有关,而连接线本身的衰减几乎是可以忽略不计的,一时成了难以理解的物理现象。后来我用介入衰减概念推算出电平变化与连接线长度之间的关系,计算过程如下:

$$b = k + \ln(1 - e^{-2al})$$

　　如果连接线长度由 l 增加到 $l + \Delta l$,α 是相移常数,由介入衰减的增量为

$$\Delta b = \ln \left| \frac{1 - e^{-j2\alpha(l+\Delta l)}}{1 - e^{-j2\alpha l}} \right|$$

根据欧拉公式 $e^{-j\theta} = \cos\theta - \sin\theta$,有

$$\Delta b = \frac{1}{2} \ln \frac{[1 - \cos 2\alpha(l+\Delta l)]^2 + \sin^2 2\alpha(l+\Delta l)}{[1 - \cos 2\alpha l]^2 + \sin^2 2\alpha l}$$

由于 $\sin^2\theta + \cos^2\theta = 1$,所以:

$$\Delta b = \frac{1}{2} \ln \frac{1 - \cos 2\alpha(l+\Delta l)}{1 - \cos 2\alpha l}$$

由于 $2\alpha l$ 和 $2\alpha(l+\Delta l)$ 值很小,可以用无穷级数展开,即

$$1 - \cos x = \frac{x^2}{2!} - \frac{x^4}{6!} + \frac{x^6}{8!} \cdots$$

忽略高次项,可得

$$\Delta b = \frac{1}{2} \ln \frac{\dfrac{[2\alpha(l+\Delta l)]^2}{2!}}{\dfrac{(2\alpha l)^2}{2!}} = \ln\left(1 + \frac{\Delta l}{l}\right)$$

　　当 $x \ll 1$ 时,有

$$\ln(1+x) = x$$

由于 $\frac{\Delta l}{l} \ll 1$，故

$$\Delta b = \frac{\Delta l}{l}$$

我把以上推算结果给父亲看，他看后没有立即对以上的推导过程说什么，而是问我"9＋9＋9＋9＋9＋9＋9＋9＝?"，我立即回答说"81"，他说"你该是用乘法口诀得出的吧！当然也可以用加法连续相加 8 次，如果运算不错，结果也是 81，但是比起乘法就逊色多了。你以上的推导过程，从最原始的求增量的方法去推算，为什么不直接从指数的微分公式一步到位呢？好像没有学过微积分一样"。寥寥数语，一针见血。其实我上大学时微积分学得不错，但是远远没有达到"化"的地步，碰到实际问题不能灵活运用。以下是用微分公式推导出来的结果，简单明了。

由于 $b = k + \ln(1 - \mathrm{e}^{-2\alpha l})$，所以：

$$\frac{\mathrm{d}b}{\mathrm{d}l} = \left| \frac{1}{1 - \mathrm{e}^{-\mathrm{j}2\alpha l}} 2\alpha \mathrm{e}^{-\mathrm{j}2\alpha l} \right| = \left| \frac{2\alpha}{1 - \cos 2\alpha l - \sin 2\alpha l} \right|$$

由于 $2\alpha l$ 很小，可得

$$1 - \cos 2\alpha l = 2\alpha l$$

$$\sin 2\alpha l = 0$$

所以：

$$\frac{\mathrm{d}b}{\mathrm{d}l} = \frac{2\alpha}{2\alpha l} = \frac{1}{l}$$

即

$$\mathrm{d}b = \frac{\mathrm{d}l}{l} \quad 或 \quad \Delta b = \frac{\Delta l}{l}$$

寥寥数行就得到了结论。

以上都是结合数理化内容分析的，其实对于以记忆为主的内容也

有"会"、"熟"、"化"的问题。对于某一项需要记住的知识，经过长时间思考或能找到相应资料能说出来"会"，稍加思考就能说出来就是"熟"，能脱口而出就是"化"。以下是刊物上介绍的有关钱钟书先生把知识"化"在大脑中的例子。

例 2-5　据报道，钱钟书先生参加翻译《毛泽东选集》英文版时，发现一篇文章中提到的"孙猴子变成蚊子钻进牛魔王的肚子"与《西游记》内容不符，孙猴子钻进了铁扇公主的肚子，而不是钻进牛魔王的肚子，查《西游记》，果然如此。此后《毛泽东选集》中的有关文字做了相应的修正。看过《毛泽东选集》和《西游记》的人多了，有多少人能发现这个差错？这里的关键是要记得深刻，要"化"，见到就反应。

例 2-6　黄永玉先生在《比我还老的老头》一书中提到，有一次黄老应某访日代表团之邀，画了一幅名为《凤凰涅槃》的画作为礼物。代表团团长要求写一些有关"凤凰涅槃"的背景材料。于是黄就找"凤凰涅槃"的出处，本来以为很简单，可是查遍各种资料，访遍北京寺院的和尚、方丈和民族学院、佛教协会等处的有关人士，都没有答案。情急之下，就给钱钟书先生打电话求救。钱先生马上回答说："凤凰涅槃不是古语，是郭沫若在他的诗里第一次造的这个词。但是这个故事传说是有记载的，在希腊就有凤凰浴火重生的故事，可能是从罗马或者中国传来的，可以查查中文版的《简明不列颠百科全书》，在第 3 册里能找到。"黄永玉照办，果然如此。

钱钟书的妻子杨绛女士提到，钱钟书本人具备这种能力是因为读书得法，肯下工夫认真阅读；不仅读一遍两遍，还会读三遍四遍，阅读时还要做笔记，同时在笔记上不断地添补。所以他读的书虽然很多，却不易遗忘。

6. 温故知新

对于学过的基本概念,要经常复习,以达到温故知新的目的。为什么温"故"会知"新"呢? 我们可以从以下两个方面去理解:一方面是指温"故"时领会了一些原来没有领会的含义。另一方面是指由于读者在后来去"温故"的时候,有了比以前更高的水平,在"温故"的时候能够从新的角度去理解,能够把不同的知识联系在一起考虑,从而悟出一些新的道理来;或许这个"新"是原来作者所没有阐述过的,在这一点上就比原作者前进了。

通过复习与综合思考,各种知识可以融会贯通,使大脑中的知识系统化和条理化,用的时候(考试或解决实际问题)能"招之即来"。如果不注意通过复习与综合思考去融会贯通各种知识,这些知识就是互相分离与杂乱无章的,用的时候很难找到头绪。有的人形象地把大脑里的各种知识形容为葡萄珠。对于已经融会贯通的人来说,这些葡萄珠是成串的,用的时候,需要哪颗,一提就出来;而对于没有融会贯通的人来说,这些葡萄珠是一颗一颗的,互相之间没有联系,用的时候只得一颗一颗地找,而且往往找不着。

2.7 更上一层楼

前面强调了基本概念的重要性,强调了钻研教科书的重要性。顾名思义,基本概念是知识的基础,但它不是知识的全部,对于学有余力的人来说,应该在深入掌握教科书内容的基础上,更上一层楼,以便从更高的层次上去理解已经学过的东西。

对于知识的追求不能低标准,不能被动凑合和应付,而应该主动追求高标准、严要求,只有这样才能享受到学习的乐趣。

1. 多与高水平的人交流

与水平高的人交流,可以看到自己的差距,进一步增强求知欲。有时他们的一句话可以使自己茅塞顿开,认识提高一个层次。

例如我上初中时,五六位教授在我家合伙吃饭,每天中午和傍晚,真是"群贤毕至","谈笑有鸿儒"。他们谈论的话题非常广泛,经常谈到大学生学习中的问题,例如有的高年级大学生不知道为什么交流电路可以用复数进行计算。我在一旁用心听,后来我上大学时,会经常回忆起他们的谈话,注意检查自己对于基本概念的掌握程度。

有时他们也会当面出题,检查我对于基本概念的掌握情况,例如一位教授出了以下一道题:"一个物体放在桌面上,与此物体有关的力有几个? 它们的大小、方向和作用点如何?"我回答说"物体受到地心引力,是地球作用于物体上,方向是向着地球中心。它的反作用力就是物体吸引地球的力,作用于地球的球心,方向是向着物体"。他接着问"除了这些力还有没有?"我回答不出,他说"还有物体与桌子之间的作用力与反作用力,物体的重力作用在桌子上,桌子产生反作用力作用于物体,使物体平衡……"随后他们开始了讨论,并说有的大学生对此类问题也理解得不深刻。

这些教授都是教理工的,基本功非常扎实,谈论数学和物理时,会像象棋高手下盲棋一样,完全用嘴说,根本不用画图。例如做几何证明题,就说从哪里到哪里加一条辅助线等。他们的这种能力使我感叹不已,希望有一天自己也能具备这样的能力。

上大学以后,学了无穷级数和傅里叶分析,可以分析出正弦波信号通过非线性元件时会产生整数倍的谐波信号。为什么没有非整数倍或低于基波频率的信号呢?怎样从物理概念上去理解这个现象呢?我就此请教清华大学无线电系的一位教授,他回答说:"这个问题提得好,我当时在美国哈佛大学读博士学位时,想以此作为博士论文的题目,但是指导教师认为做这个题目需要许多的固体物理知识,最后只好放弃。"

与高年级学生交流也非常有助于开窍。例如大学一年级时我学了普通物理,非常详细地学了质点直线运动与曲线运动,觉得比中学的内容深刻多了。一次与一位三年级的学生交谈,他问:"一根棒子,从高处一边旋转一边下降,何时触地?"我回答不出来,他说以后学复合运动时就懂了。

2. 多读课外读物

不要以为自己的父母、同事或师长的水平不高,所以无法使自己开窍。在传媒如此发达的今天,各种参考书和课外读物比比皆是。多读一些课外读物,也有助于开窍。例如我上初中时,阅读了苏联作家伊林著的《十万个为什么》,从中受到很大启发,初步树立起凡事都要问为什么的思维习惯。

上大学以后就更要系统地阅读参考书,以拓展思路,提高层次。例如学 LC 震荡器和阻容震荡器时,教材上都是用正反馈理论解释震荡的物理过程,并称震荡回路中必须要有一个有源器件(例如放大器)。学完以后,觉得解释得非常完整。

后来学充气放电管组成的锯齿波发生器,老师和教科书上只讲直流电源经由电阻向电容器充电,电容器两端的电压由低慢慢升高,达到一定数值时,并联在电容器两端的充气放电管突然放电,电压急剧下降到很低值。充气放电管停止放电。如此充电和放电不断重复,形成了锯齿波。

物理过程是清楚了,但是锯齿波震荡器中并没有放大元件? 应该如何理解此类震荡现象呢? 到底什么是震荡? 后来阅读一本物理系研究生教材,它把震荡定义为非线性系统的不稳定现象,可用非线性偏微分方程表达。书中举出了生活中常见的虹吸冲水水箱,说水箱中水位的高低变化曲线也是锯齿波,是一种震荡。我没有学过非线性微分方程,不可能再进一步深究,但对于震荡现象的理解已经比教科书上的内容要深刻得多了。

第3章

岗位成才

本章内容是在多次对大学毕业生讲话的基础上形成的,以受过高等教育的人为讲解对象,但其基本精神也适用于其他文化层次的人。

3.1 大学生出校以后

大学生走向工作岗位以后,在如何正确对待环境的问题上,大体上可以概括为"不以大学生自居"、"不忘记大学生的责任"和"大学生的水平远远不够,需要继续学习"三句话。这三句话是有机联系在一起的,不要截然分开。

1. 不以大学生自居

大学生刚出校门时,虽然满腹经纶,但是无论在思想作风和生活态度上,还是在理论联系实际上都存在很多不足,还有许多知识需要在实践中才能学到。所以一到工作岗位,不要把自己当成万事通,指手画脚地去指挥别人。

　　这一阶段最重要的是不要以大学生自居,而要清醒地认识自己是一个新兵,要与群众打成一片,尤其是要与文化程度不如自己高的人打成一片,以便尽快地被他们所认同。抱着求知的渴望,安心平凡工作,深入实际,向早已在同类工作岗位上工作多年的人学习,尽快掌握本岗位所需的基本技能。他们之中的许多人,不但具有大学以上文化程度,而且有丰富实践经验,是你学习的榜样。

　　这时,如果周围的人说你没有大学生的架子,就是对你的一种奖赏。反过来,如说你是大学生,和他们不一样,则很可能是一种讽刺了,需要引起自己的注意。

　　特别要注意与本单位的普通群众搞好关系,交上几个知心朋友,以便取得他们的帮助和支援。任何一个人总是需要别人在物质上和精神上给予帮助和支援,新到一个单位就更是如此。一个没有知心朋友的人会感到很孤独,会觉得在该单位工作没有意思。

2. 不忘记大学生的责任

　　在取得了群众的认同和掌握本岗位工作技能的同时,不要忘记自己是大学生,不忘记大学生的责任。要有意识地在平凡的工作中运用大学里学到的各种知识,别人解决不了的问题你应该能解决,能把本单位群众长期以来积累的工作经验上升到理论并加以推广。只要这样去做,群众就一定会欢迎你,并且会发自内心地说"他是大学生,大学生就是有水平"一类赞扬你的话语。

3. 大学生水平远远不够

不少大学生走上工作岗位以后,很好地实践了上面两句话,但是他们往往就此止步,满足于能解决工作中的一般问题,认识不到"大学生的水平远远不够,需要继续学习"。现在的客观形势发展很快。就拿科技来说,不说是一天一个样,至少可以说是一年一个样、几年一个样。一天不学或一年不学,似乎显不出什么不足来,但是总有一天会感到"落后了"。

一个人的知识有一个日积月累的过程,不要小看一天一天在岗继续学习的效果,时间久了就会见成效,长期坚持自学必见效果。例如不少 20 世纪 50—60 年代毕业的电子工程技术人员,他们在校学的都是电子管和半导体分立元件。到了 80—90 年代,各种设备中大量采用集成电路和微机,有的人不能适应,被时代淘汰,有的不但能适应,而且成了这些新领域的学术带头人,关键就在于是否坚持自学。

自学有时可能被人误解,但是只要自己是真诚的,总有一天会为群众所理解,这方面的例子很多。例如一位大学计算机专业本科毕业生分配到载波机务站从事柴油发电机的日常维护工作,业余时间很多。在业余时间,大部分人不是打牌就是下棋。他不随波逐流,而是抓紧时间自学英语。群众不理解,说他"学洋屁"。他不为这种一时的误解所动,有空总是学习不止,而且学出了成绩。一年下来,不但群众对他的看法改变了,而且不少人以他为榜样,业余时间不再打牌、下棋,而是组织起来复习中学的课程,后来有好几个人考上了大学专科。

4. 不怕改行

不少大学生走向工作岗位以后最怕专业不对口,去从事不是自己所学的专业工作。其实这种顾虑是不必要的,一个大学生,在校学习期间,不仅"学会"了一门一门功课,更重要的是通过一门一门功课的学习,培养出了一种"会学"的能力。只要"会学"了,改行就再学,向有实践经验的先行者学,向书本学,用不了多久,一定可以入门,再用心一些或许还可以深造。从积极意义上讲,改行的人比不改行的人多一种专业知识,两种专业知识结合在一起,可能会更快成才。

我是学有线电通信的,毕业以后最初搞的是无线电、导航、雷达等。在不对口的工作面前,采取积极主动的态度。碰到不懂的内容,就向有理论和实践经验的先行者学,向书本学,终于掌握了这些知识。

根据这个体会,我在与学电子通信的同学讨论毕业后"对口"与否的问题时曾提出"只要从事与电有关的工作,就应该认为是对口"的看法,受到了同学们的欢迎,帮助他们克服了毕业后工作"不对口"和"改行"中遇到的一些思想障碍。

不要过分强调对口不对口,受过高等教育的人不在于学过多少课,而在于学会了如何进行学习,即使不对口,也可以在岗位上自学。学习时除了学到某一门知识以外,特别要注意总结一下在思想方法与学习能力上的收获,通过学习一门一门的功课达到会学习其他新的知识。后者其实是更重要的,具备了这样的学习能力,就不怕"不对口"。

例如,一次我们与一位美籍华裔芯片设计专家座谈,他来自台湾,大学里学的是公路建设,到了美国以后才改行搞芯片设计。两者似乎风马牛不相及,但是他却很风趣地说:"设计公路是在地球上绘线,搞集成电路设计是在基片上绘线,两者是通的,是同一行。"

美国同行对他的能力称赞不已,说他"设计程序,只要想好了,一次就能成功"。对此,他的回答是"因为我在台湾高中珠算比赛中得过第一名"。

实际工作的门类很多,很多行业在学校里没有相应的课程,应该由谁来搞才算对口? 例如各类电子通信学校里只讲各种通信系统的工作原理,不讲这些通信系统应该如何安装与组织施工。而实际工作中如何安装与组织施工却是一个很大的问题。组织得好,一步到位,既省时省工,又能保证工程质量;组织得不好,不但费时费工,而且往往会由于返工而不能保证工程质量。老式设备的施工方法也许还有现成的施工规程可以遵循(且不论是否有改进的余地),新的系统研制出来后,应该由谁来制订施工规程和解决施工和维护中出现的问题呢? 不就应该由具有工作在第一线并受过高等教育的大学生来完成吗? 但是有的学通信的大学生往往认为让他们去从事此类工作是不对口,这种看法是不对的,受过高等教育的大学生应该勇敢当仁不让,积极投入。而只要这样去做,必然会有所发现,有所前进。例如,1970 年我国首次采用小同轴电缆,我们一群大学毕业生,深入施工现场,在解决各种技术难题的同时,对施工人员编成、施工方法、施工顺序等非技术问题进行了深入的观察和总结,对于小同轴电缆的施工方法作了多次重大改进,大大地提高了施工速度和质量,充分体现了大学生的价值。

5. 尽快熟悉情况

我们几乎可以在每一个单位里都会碰到一些对于该单位的情况（业务范围、工作规律、有关的法令法规、单位的历史变迁、现状、未来规划等）很熟悉的"活地图"或"活词典"，介绍情况侃侃而谈，有条有理，令人羡慕不已。大学生毕业到了新的工作单位以后，应该尽快熟悉所在单位的情况，努力使自己成为这样的"活地图"或"活词典"，以便在讨论本单位的各种问题时取得发言权，把学校里学到的理论与本地的实际结合起来。

熟悉一个单位的情况，免不了要记一些枯燥的数据（年代、经费和编制等）与情况（历史情况与现状）。有些刚从学校毕业的人认为这些东西没有什么价值而不加以重视。或者认为自己是新来者，没有亲身经历过该单位的发展过程，无法了解该单位的历史。或者认为自己是一个普通工作者，没有必要去了解现状和其他情况。有了这种甘当局外人和门外汉的思想以后，就不可能尽快熟悉情况，甚至几年过去了，仍然和刚来时差不多。

对于自己所在单位的情况不熟悉，就难以完全融入到本单位的工作和生活中去。久而久之，别人一定会得出"这个大学生没有什么本事"或"徒有其（大学生）名"的看法，而自己也会感到"大材小用"或"得不到重视"。这种情况如不能很快扭转，很可能导致不安心本职工作。

认为没有亲身经历过一个单位的发展过程就无法了解该单位的历史情况的看法是站不住脚的。难道我们能以没有亲身经历过几千年、几百年或几十年前的事件而拒绝学习中国历史吗？难道我们不是可以通过书本学到历史知识吗？一般比较大的单位的历史情况都有文字材料，只要把它当作历史书那样地去学、去记，用不了多久（几天或几个星期，绝不是几个月或几年）就可以熟记在心，成为该单位历史情况的"活词典"。如果该单位没有文字记载的历史，就应该在平时工作过程中注意了解，尤其可以通过访问老同事进行了解，然后加以整理，写出一份材料来。如能在了解历史情况的基础上，把现状和未来规划也熟记在心头，你就会成为该单位的"活地图"和"活词典"。

对此我有切身体会。1969年我国开始进行大规模实地试验一种新的通信系统，碰到很多技术难题，一时找不到解决的办法，试验处于停顿状态。1970年我也参加进去了，当时脑子里是空空的，从来没有接触过这种新的通信系统，在大学里也没有学过。对已经进行了一年的试验情况一无所知，开会听不懂别人的发言，更提不出自己的真知灼见了，难以介入到试验中去。

我首先从熟悉它的历史情况入手。当时没有人对一年来的情况进行过系统的文字总结，历史素材都散落在参加试验的人的脑子里和测试记录本里。我在详细阅读并摘记测试记录本的基础上，逐个请教参加过试验的人。请他们详细介绍一年来的试验过程、试验中发生过什么问题、什么问题是主要矛盾、有什么经验和教训、下一步应该怎么搞等。我边问边记，半个月下来，整整记了3大本，对于一年来的试验情况有了比较清楚的了解，脑子里不再是空空的了。有趣的是，由于我找所有参加试验的人了解情况并作了记录，详细掌握了一年来试验的各种情况，有时一些亲身参加过试验的人反过来向我了解他们当时试验时的情况和数据。

这样我很快取得了发言权,与其他参加试验的人一起,解决了碰到的各种难题,搞成功了20多项技术革新。回想起来,如果以别人试验了一年以后自己才介入为由,不主动去了解以往历史情况,是不可能取得这些成果的。

　　大学生走向工作岗位以后,会碰到很多在学校里没有学过而且也没有现成的书本可以学习的业务知识,诸如本单位的业务范围、与上下左右单位的隶属与协作关系、办事的规律和一般程序、有关的法令法规和政策等。不掌握这些业务知识,就会长期处于被动应付的状态。

　　学习此类知识的最好方法就是在干中学,"每事问"。每干一件事,每碰到一个问题,都用"打破沙锅问到底"的态度,向有经验的人请教。只要坚持这样,用不了多长时间,就可以熟悉工作情况和规律。如果在学习的同时还善于总结,说不定还可能有所改进和创新呢!

6. 保持心理平衡

　　在以下情况下要注意保持心理平衡:

　　(1) 感到自己受到不公正对待时。有的人看到不如自己的人在各方面得到比自己好的待遇而耿耿于怀,感叹自己的不幸。其实应该冷静想一想:别人是不是真的在各个方面都不如自己,很可能是自以为别人不如自己,而实际上是别人比自己强。

　　(2) 在各种涉及个人的可能变动面前沉得住气。有的人在涉及个人的可能变动面前(工作调动或职务升迁等)沉不住气。例如听说可能要调往自己向往的工作岗位的传闻后就信以为真,惶惶不可终日地等待着,度日如年。传闻的事情如果最后终于成为事实还好,如果不能成为事实,则可能会产生许多猜疑,从而陷入另一个恶性循环。猜疑是自己折磨自己,但它完全是自己造成的,谁也怪不着。所以作为一个有修养的人,即使听到对于自己有利的事情,也应当作没有一样。即使事情真正发生,也不要得意忘形,而要以平常心对待。反之,对于可能发生的不利事情,则要提前造舆论,使自己与别人都有思想准备,以免真正发生时感到突然。

(3) 耐得住寂寞。不少大学生走向工作岗位以后经常有"得不到重视"和"没有事干"的寂寞感。对此要沉得住气,要耐得住寂寞,相信"天生我材必有用",相信"谁笑到最后,谁笑得最好"。如能在寂寞的时候沉住气,并抓住寂寞所带来的有利条件(例如由于寂寞,公共活动少、参加会议少,因而学习时间比较多)充实自己,提高自己的文化和专业水平,为今后的奋起准备主观条件。这样,一旦客观条件具备了,不再寂寞了,需要自己发挥作用时,就不必再去准备。否则有了摆脱寂寞的机会,但主观上没有准备好,可能会错过机遇。

基于这样的认识,大学生工作以后,不论工作忙与闲都是好事。忙,有大量的工作可做,业务能力可以很快提高;闲,有大量的学习时间,正是充实自己的大好时机。

7. 养成良好的工作作风

从参加工作的第一天起,就要注意养成良好的工作作风。工作作风涉及的面很广,我体验比较深的有以下两点:

(1) 充分发挥记事本(板)的作用。把计划要办的事记载在记事本(板)上,每天上班时看看有哪些待办的事,下班时检查一下完成的情况并规划下一步工作。记事本中要有专页记载今后要办或想办的事,想到就记。

(2) 要抓紧。办任何事情只有抓得很紧才能办成。一件事情启动以后,要不断催促自己和有关人员,争取尽快完成。在抓紧的同时还要注意集中兵力打歼灭战,以便完成一件事情以后再启动另一件事情,切忌齐头并进和分散精力而久攻不克。

3.2　干一行钻一行爱一行

1. 平凡工作的不平凡意义

任何平凡的工作都是整个社会分工的一部分,总得有人去做。修公路和铁路的人没有好路走,盖房子的人住工棚,前人栽树后人乘凉。如果说从事平凡的工作是奉献,那么为什么你不能去奉献? 为什么只要求别人奉献? 一个人只要做了对于整个社会有益的事,就是实现了人生价值,就应该感到快慰。

从事平凡工作的人不要有低人一等的自卑感,如果连自己都看不起自己所从事的工作,怎么能要求别人看得起你呢? 要有广阔的胸怀,善于保持心理上的平衡。

平凡与不平凡是比较而存在的,任何不平凡的工作中都有大量的一般性的平凡工作,得有人开车、做饭、搞其他服务和保障工作。例如我大学毕业后分配到某尖端科研单位,在外人看来,可能是从事尖端技术的科研,可实际上所从事的是很平凡的通信保障,挖沟埋电缆、架电话等,没有任何尖端的内容,但它却是整个尖端科研的不可缺少的一部分。

其实即使是真正搞尖端科研的人,比方说是一个科研单位的总工程师吧,也要做大量的现场勘察、方案讨论、工作协调等没有尖端内容的一般性工作。尖端科研工作的突破,是在大量的平凡工作的基础上产生的,那种19世纪的一个人关门搞科研的时代早已经不存在了。

不少人在平凡工作岗位上工作,并不一定能自觉地认识到自己所从事的平凡工作中具有不平凡的意义。他们安心与否和工作劲头的大小往往取决于别人对他们的评价。如果能够得到别人的肯定和赞扬,就安心,劲头就大;如果得不到别人的肯定和赞扬,就感到"别人不理解自己",会说"工作中的困难再大也不怕,就怕别人不理解自己"。我们在平凡工作岗位上工作是为了我们的事业,并不是为了取得某些人的欢心,只要自己是努力的,就可以问心无愧。反过来也可以说,一个在平凡工作岗位上工作却又时刻期望得到别人肯定和赞扬的人,往往并没有真正明白自己所从事的平凡工作的不平凡意义。

2. 安心平凡工作的动力

安心平凡工作的动力来自多方面,例如:

(1)接受正确思想教育,安心平凡工作。安心平凡工作的思想不是自发产生的,而是在接受了正确的思想教育后才树立起来的。安心工作只有建立在正确思想基础上才是牢固的,才能经得起困难环境和时间的考验。

(2)受别人的启发和教育而安心平凡工作。我们每个人的周围,都有大量安心平凡工作的人和事,只要注意观察和思考,就可以从中受到教育,得到启发。我曾经在戈壁滩、青藏高原、海岛和很偏僻的山区工作过,见到过很多在平凡工作岗位上默默无闻、兢兢业业工作的人。例如,1968 年到西藏出差 7 个月,高山缺氧,自然条件恶劣,身体感到非常不适。可是不少在西藏工作的同志都是 1951 年进军西藏时一步一步走进去的。他们的资格比我老,贡献比我大,但是却没有上学的机会,而且由于西藏的工作范围所限,也没有我的级别提升快。但是他们为了建设西藏和保卫祖国边防,一直坚持在那里,没有听到过他们有什么抱怨。所有这一切,对我的教育很大。每当碰到一些生活上的困难,我总是想起比在西藏工作的同志条件好多了,起码氧气是足够的,为什么自己还不满意呢?

又如关于评高级职称,和自己同时参军的人,有的人因为工作需要没有上大学,而我却有机会上大学。到了评技术职称时,我是评委,而他们却是被评的。扪心自问,不正是因为有他们在这些不同的岗位上工作和战斗,我才有机会上大学吗?从这个意义上讲,我自己的知识就应该无条件地奉献给国家与人民,需要我干什么工作就应该安心去做。

(3) 体会到平凡工作的乐趣而安心平凡工作。接受正确思想教育与受别人启发而树立起来的安心平凡工作的思想以后,还有待在平凡工作实践中将其具体化,使其在自己的大脑中生根。只有这样,自己才会在一般理论认识的基础上获得亲身的体验。这些亲身体验,反过来又会使原来的正确思想更坚定。这种情况很像种树,从苗圃移植过来的树,如果不在本地生根,就难以经风雨,就可能枯死,即使勉强活下来,也不可能生机勃勃。只有扎根于本地的土壤,能从本地的土壤中吸取营养时,才会根深叶茂。

一个大学到了平凡的工作岗位上,由于有正确的思想作指导,可以安下心来从事平凡的工作,但是此时的认识还是不深刻的,容易受到外界各种思想的干扰而动摇。只有在平凡的工作中取得不平凡的成绩,取得别人所没有取得的成果,从而看到自己的价值时,才会深深地爱上自己所从事的工作。

3. 干一行钻一行爱一行

任何平凡的工作都是社会分工的一部分,都是社会所需要的,都要有人去做,所以就有不平凡的意义,所以我们应该"干一行爱一行"。

在这种思想指导下,不少人在平凡的工作岗位上,默默无闻地工作着、奉献着。但是如果仅仅实践"干一行爱一行"这句话,而没有上升到"行行出状元"这个层次,也还不能充分体现出自身的价值。

例如,我1962年路过新疆与甘肃交界处的一个架空明线维护哨,驻地有一名军官、三位战士,这名军官受过高等教育。他们的任务是维护几十公里的架空明线线路,该通信线路位于戈壁滩,条件非常艰苦。在这名军官到来之前,也曾有受过高等教育的军官在此工作,由于不安心被调走了。他到来以后很安心,日复一日地在戈壁滩上巡查通信线路,与三个战士的关系也很融洽。由于安心艰苦工作,多次受奖,墙上挂满了各种奖状。

应该说他能做到这个程度是很不简单的。但是他却不注意学习,对工作钻研也不够,所以没有创造性,对于新的科技知识,几乎一无所知,把自己等同于一个没有受过高等教育的人,自身的价值没有得到充分体现。从这个例子，我也体会到只是"干一行爱一行"还是不够的，应该提倡"干一行爱一行钻一行"，以体现自身的价值。

"行行出状元"是说平凡工作的背后有不平凡的内涵，任何一个从事平凡工作的人，应该努力挖掘出这个不平凡的内涵。为了做到这一点，就不能满足于"干一行爱一行"，而应该再进一步发展到"干一行钻一行"。因为"干一行爱一行"的人不一定"干一行钻一行"，而能"干一行钻一行"的人必然是"干一行爱一行"。只有爱上并钻研某一平凡工作的人，才能全身心投入到该项平凡工作中去，不厌其烦地、日复一日地去做那些重复的、似乎毫无创造性可言的平凡工作，并且细心观察和用心思考，从中发现和总结出别人没有发现和总结出来的不平凡的内容。

"钻一行"就要对工作中碰到的实际问题有浓厚的兴趣。例如，某项工程的远距离供电回路中使用了一个理论含量较高的磁放大器，不少从事施工维护的人把注意力集中在磁放大器的设计和原理上，而对于由按钮开关和继电器组成的直流控制回路却不重视，因为它的工作原理很简单。我则相反，从整个系统入手，把加电过程中每个按钮开关和每个继电器的动作顺序搞到了"化"的地步，不看图纸也能思考和分析问题，结果搞成功多项革新。

这种情况很像写文章。我们经常讲"嬉笑怒骂皆文章"，它的意思并不是说"嬉、笑、怒、骂"就是文章，而是说其中有可以写成文章的素材，但是要把它们写出来，还是要靠作者的本事。能写小说的人，可以把一件小事写成一篇很好的小说；但是对于没有写作本事的人来说，虽然亲身经历过的比"嬉、笑、怒、骂"这些生活琐事要轰轰烈烈得多的事件,但是却写不出来。

"钻一行"而有所成就时,你才会真正感到自身的价值和生活的乐趣,才会更加热爱自己的工作,觉得它确实能充分发挥自己的聪明才智,是值得你献身的。同时也会感到知识的不足,从而激发出更大的学习欲望和热情。就会感到有干不完的事和学不完的东西,今天刚干完这件事,就会想到明天应该去干那件事;今天学会了这个知识,明天还要去学那个知识等。就不会感到是大材小用,而会感到是小材大用,自然也就安心自己的工作了,自己也会从平凡工作的不平凡意义中得到安慰。必然会感到度年如日,不但搞好了工作,而且有利于身心健康。有了这样的心情,才能真正体会到人生的价值,才不会产生眼下许多人挂在嘴边的"活得很累"等悲观情绪。

长年累月的平凡工作就像一块磨刀石,可以把诸如感情冲动、粗暴浮躁、没有耐心等缺点磨个精光,把自己锻炼成一个有决心、有毅力的人。反之,如果在从事某一件工作时认为太平凡,没有意思,是大材小用,就不可能去钻研,因而也不会有成就感和满足感。这样,就会不安心,感到度日如年,如不能及时纠正,可能会发展到不可收拾的地步。

4. 成就感与自我满足

有不同人生观的人对于成就与满足的理解也不一样。正如人们对于什么是享受的理解不同一样,有的人以花天酒地为自己最大的追求和幸福,以赚取更多的金钱作为自己的追求和满足。另一种人则是以在事业上取得成绩作为自己的追求和满足。很显然,对于一个积极向上的人而言,我们应该取后一种态度。而一旦树立了这种以事业上的成就为满足的幸福观以后，反过来又会使你更进一步去努力学习和工作，以取得更大的成绩。

事业上的成就感与自我满足是任何其他方面的享受所无法比拟的，也是无法与别人分享的。

3.3 正确对待环境

岗位成才的关键是如何正确对待当地的环境。社会分工千万种，各地条件千差万别。每个工作岗位和每一个具体环境都是一分为二的，既有有利的一面，也有不利的一面，有利与不利是相对的，是可以互相转化的。对当地的环境，我们应该抱积极的态度，适应它，热爱它，千方百计地改善它；而不要抱消极态度，埋怨它，厌恶它，千方百计地摆脱和逃离它。

1. 适应环境

从广义上讲，适者生存，只能是个人适应环境，而不能要求环境适应个人。一个人所处的具体环境，不论你喜欢不喜欢，它都不会为了适应你的口味而随之变化。

在适应环境上我们可以看到两种截然不同的态度。

一种是抱积极态度的人，他们不怨天尤人，而是冷静地分析环境，找出最佳因素加以充分的利用，找出不利因素加以防止。他们不强调客观条件，而是充分发挥自己的主观能动性，有了这样的态度，就会心情舒畅。

　　另一种是抱消极态度的人，他们不善于对环境作具体的分析，而笼统地认为自己所处的环境不好，对于环境已经具有的有利因素视而不见，当然也就更谈不上利用了。对于不利的一面却分析得头头是道，并以此作为自己不努力和没有取得成绩的主要理由。抱这样态度的人，就一定会感到度日如年，多呆一天都感到难以忍受。他们感到周围的环境每处都是"刺"，刺得自己难以在这样的单位工作下去，其实正是他们自己浑身都是"刺"。

　　下面举两个例子。一位学计算机的大学生毕业以后分到了塞北某载波机务站去管柴油发电机。不但专业不对口，而且位于山坡上的柴油发电站的生活条件艰苦，冬天没有暖气，需要自己挑冰化水。怎么对待这样恶劣的环境？从组织上说，应该承认这样的安排学非所用，浪费了人才，需要调整。但是调整需要时间，短期内落实不了，怎么办？这位同学采取了积极的态度，一方面努力把本职工作搞好，同时抓紧时间学习英语，把一本英语书全部背了下来，英语水平大为提高，一点也不比毕业后留校读硕士的同学差。他自己事后回想起来，觉得在那样艰苦的环境下，自己没有得过且过，而是充分利用其有利条件，各个方面的收获都很大。

　　与此形成鲜明对照，有些学无线电通信的同学分配到偏僻的机务站去搞有线电通信，就认为"专业不对口，我干不了"，因而不热爱那个环境，以早日摆脱那个环境作为自己的近期奋斗目标。有了这样的思想，就不可能主动地去熟悉环境和适应环境。而现实是无情的，你不适应它，就必然被它所淘汰。至于说到对口与否，其实都是通信，在大的方面是对口的。如果说小的方面有点不对口，难道还能比学计算机的人去搞柴油发电机更不对口吗？

　　在不利的客观条件面前不能无所作为和消极等待，而应该积极创造条件和改造条件。学习某门课和干某件事就好像是要到某一个地方去，当然最好是有现代化的交通工具，比方说坐汽车去。但不能由此产生没有汽车就去不了的依赖思想，而应该树立没有汽车就骑自行车去，没有自行车就走着去的积极态度。

　　要与条件好的人比高低。就拿学英语口语来说吧，有人认为只有出国才能学会口语，在国内不行，可是他目前又没有机会出国，所以不学。其实现在的视听设备非常发达，不是可以自己制造出一个天天与外国人在一起的环境吗？所以要下决心在本职岗位上学，在国内学会，而且要下决心学得不比出国的人差。

　　无数事实说明，只有坚信自己身上蕴藏着巨大力量的人，选定目标后必定完成的人，能避开苦恼、妒忌、怀疑的人，把自己的目光投向创造和奉献的人，热爱生活的人，才有可能成才。

　　只有不计较个人得失，才能发挥出自己的聪明才智。对生活抱积极态度的人心里只想着进取和实现既定的目标和愿望，因为并不是别人要他们这样去做的，所以也无需别人评价，也用不着炫耀于人。同时也只有不患得患失，才能紧紧抓住每一个机会，全身心投入其中。心里常常怀有不满和不安情绪的人，精力必然分散到不满和不安的事情上，因而常常与成功无缘。

　　不少心理学家认为，每个人的命运受自己思考方式的支配。大量事实证明，两个具有大体相同能力和体力的人，由于生活态度的不同会走上截然不同的发展道路。人的能力和精力差距并非很大，只不过生活态度有积极和消极之别。生活态度消极的人,常常是"做什么事都不起劲"和"不知道该干什么"。

我曾经听到过两位歌唱演员成长的故事,很有启发。某文工团里有两位歌唱演员,一位水平高,一位水平低。水平高的留在了大城市的文工团里。由于她毕竟还不是歌星,所以并没有更多的舞台实践机会,只是充当报幕一类的工作。另一位水平比她差的演员到了基层演出队去了。虽然在基层不如在大城市里见得多,学得多,但是她几乎天天要演出,有大量的实践机会。加之她是一个对待普通工作很认真的人,对于平日的每一场演出都认真对待,从不应付。就这样,经过一段时间的锻炼,无论是在舞台实践与歌唱技巧方面都不比留在大城市的那一位差,后来在一次全国性的电视歌曲大奖赛中一举成名,而那位原来水平比较高的演员却始终没有取得更大的成就。

世上本没有路,路是人走出来的。不少人看到别人成功了,就认为别人所处的条件好,应该成功,而自己则处于逆境,没有取得成功也是应该的。好像各种成功的条件只为别人准备,各种不利的条件都汇集到了自己的身上。

2. 改善环境

如果大环境确实不太理想,可以从改善小环境入手。不少人只是埋怨自己所处的大环境不好,而没有在改善小环境上采取积极的态度,从而放弃一切成才的努力。

对于大环境和小环境的关系,我们可以从挂蚊帐这件司空见惯的事情中得到一些启示。夏日蚊虫袭人实在是一件非常令人苦恼的事,要想解决这个问题,最彻底的方法就是搞好大环境,消灭蚊虫于滋生地。但是即使在最发达的国家,目前也还很难做到这一点。也就是说,在防蚊虫这个问题上,难以从大环境入手去解决。于是人们纷纷改善小环境,装纱窗、挂蚊帐或在室内喷洒杀虫剂,不是也很有效地解决了蚊虫叮咬问题吗?

又如严寒的冬季,冰天雪地,室外无法种植蔬菜,可是在温室里,蔬菜却照样生长。

对于不尽人意的环境,要尽自己的力量去影响,去改善。例如有的大学生走向工作岗位以后,看到不少年轻人业余时间沉溺于打牌、打麻将,觉得自己有空就学习就会脱离群众。这种顾虑是完全不必要的,因为绝大多数年轻人是要求上进的,他们的内心并不甘于一天到晚无所事事、有空就打牌打麻将那样的生活。他们羡慕那些能抓紧时间刻苦学习的人,也想以他们为榜样,只不过没有人去鼓励和组织罢了。在这种环境下,你的一句鼓励话,以身作则的一个积极上进的行动,往往会对他们产生出意想不到的好效果。

要在思想上树立起这样的信念,能用自己的正确言论和行动影响一个人,多一个人热爱环境和安心平凡工作,就是多一份力量。只要自己的思想和行动是积极向上的,就一定会影响别人。

南京地区到了 12 月底,路旁法国梧桐的叶子早已脱落了,但是一日我偶然发现一盏几十瓦路灯下面的树叶却仍然是绿的,再看看其他路灯底下的树叶,无一例外的都是绿的。在自由空间下,几十瓦的灯泡居然能有这么大的作用,由此可以想到,一个人的力量虽然有限,但是如能正面发挥出来,也会产生可观的作用。

3. 充分利用现有条件

在正确对待环境问题上要特别注意充分利用现有条件。例如,我国 1981 年决定引进国外的小同轴电缆 3600 路载波通信设备,该项设备在当时来说是世界先进水平。我本人也只接触过国产的 300 路,与 3600 路相比,差距很大。国内不但没有类似的设备,而且参考资料也很少。

面对这种情况,很容易采取消极等待的思想,认为只有等到外国专家来介绍和出国考察以后才能进行技术准备。如果采取积极的态度,可以在外国专家来华和我们出国考察之前,先把公开发表的文章收集起来进行分析。由于我平时注意阅读国外书刊,知道在什么杂志里可以找到有关的文章,很快就收集到了公开发表的几篇介绍 3600 路的文章,并逐篇进行了研究,对于该设备的大体情况已经有了一定的了解。

对于国内具备的这种有利条件,我没有满足于一般的利用,而是最大限度地加以利用。用同样的方法,找来了有关文章 50 多篇,覆盖了国外各公司从 20 世纪 60 年代研制的 300 路,20 世纪 70 年代研制的 960 路、2700 路、10 800 路以及 20 世纪 80 年代初研制的 3600 路通信系统。然后一篇一篇、逐字逐句加以推敲,每篇文章后面列出的参考文献也不放过,一篇一篇地找来看。就这样,搞懂了许多新标准和新概念。

有了这样的准备,外国专家来华讲解和出国考察时,收效就比较好。与外国人讨论起来也有共同语言,能说到点子上,能吃透各个公司产品的优缺点。正是在这样准备的基础上,我们放弃了原订的全套引进的方案,拟订了一个混合方案,即数量大、耗资多的300路以下设备全部使用国产设备,300路以上的终端设备用甲公司产品,增音设备用乙公司的设备。

方案提出后,不少人担心各国设备接在一起以后,机械和电气接口出问题。甲、乙两公司出于希望整套出口各自公司的设备的考虑,也对我们的综合方案表示疑虑。但是因为我们吃透了各种设备的性能,坚持采用混合方案。后来全线开通,一切正常,证明综合方案是成功的。

由于逐字逐句地阅读了各公司20年来发表的文章,对他们产品发展过程有了全面的了解,知道了每一项设备的研制过程(线路试验中发现的主要问题、解决过程以及在世界各地实际使用情况)。从一定意义上讲,不就相当于参加了他们20年来载波通信科研工作的全过程了吗?后来在执行合同过程中双方技术人员讨论问题时,经常出现他们的技术人员问我他们设备里所采用的一些具体措施的道理,一般我都能讲出"为什么"。

这样的情况重复多了,该公司研究所所长有一次对我说:"在我们公司里,我们老一代技术人员研制出了设备,解决了线路试验中碰到的各种问题后设备才定型生产,对于后来进公司的人来说,似乎一切都是理所当然的,只要照着套就行了,很少有人问为什么,也很少有人去阅读有关文章与书籍。现在老的人大都退休了,了解我公司小同轴电缆20年来发展过程和各种技术措施演变过程的人不多了,没有想到你们中国人从来没有参加过我们设备的研制,却这样了解我们过去的历史。"他问我是如何掌握这些知识的,我用汽车司机打了一个比方,说:"中国比较穷,不是所有的人都有机会学开车,一旦有机会学开车,大部分人会很努力。中国司机学开车时用的大都是杂牌车,出师以后实际驾驶的又可能是各式各样的车,路况也比较差。在这样的条件下,必然会练就一身过硬的本领。而在发达国家,大部分人都有机会学开车,他们学习时用的是好车,出师以后开的也是好车,路的状况又很好,因此他们应变的能力一般不如中国的司机大。"他听了点头称是。

由此看来,很多先进技术产生与成熟于外国,所以总的说来,外国的科技人员的水平比我们强。但是也不要自暴自弃,无所作为。要在思想上牢牢地树立起这样的信心:在传播媒介如此发达的今天,在一定条件下,有可能做到"秀才不出门,全知天下事"。

4. 正确对待逆境

在人的一生中,无论是生活、学习和工作,都会有不如意的时候。正如古话所说的:"人生不如意,十之八九"。不如意就是逆境。

处于逆境时,首先要分析自己所处的环境是不是真正的逆境。有的人所谓的逆境其实并不是逆境,而是顺境,只是因为自己的人生态度不正确、不积极,把顺境当作逆境罢了。

对于真正的逆境,要有精神准备,泰然处之。漫漫的人生道路,如果以为会一帆风顺,只不过是一种幼稚的幻想。实际上,工作、学习与生活中总会有各种各样的障碍,有意想不到的困难和压力,有痛苦和烦恼。在这种情况下,如果你没有精神准备,不能泰然处之,就会一天到晚处于不满、愤怒、怨恨与苦恼之中,而且与日俱增,这种消极情绪,不但无助于问题的解决,也非常有害自己的身心健康。

对待工作和生活中的压力也应该有一个正确的态度。压力使人紧张,令人烦恼,一件事没有干完另一件事情又来了,令人目不暇接,似乎没有喘息的机会,使人感到"活得很累"。

当然,过度的压力是有害的,但是适度的压力还是有益的,它可以使人兴奋起来,使人觉得有事可干,有目标,有意义。试想一下,对于学生来说,如果没有考试这个压力,不知道会埋没掉多少人才。

对于在压力下生活惯了的人来说,一旦没有了压力,就会感到一种可怕的清闲。紧张与宽松,压力与轻松,烦恼与愉快,是相反相成的。适度的压力并不可怕,要欢迎它,利用它。没有外来压力时还应该自己给自己加压力,主动寻找压力。有了这种主动寻找压力的态度,真正的压力来了,会觉得没有什么,一切都很正常。

最可怕的是懒散和松垮,懒散和松垮惯了,就会丧失上进心,就会什么都不想干,就会成为一个没有目标的人。

5. 逆境胜似顺境

如能正确对待逆境,逆境就胜似顺境。因为:

(1) 逆境使人奋起

如果确实身处逆境,就应该把逆境看成是新的奋起的起点。有了这样的思想,就能发挥出主观能动性,变不利为有利,变困难和挫折为新的进步的起点。即使是后天无法改变的生理上的缺陷也应该用这样的积极态度去对待,全国十佳少年之一的南京市女孩周婷婷就是最好的例子。

周婷婷生下来就是深度的耳聋,当她还不是很懂事的时候,她的父母很着急,千方百计地开发她的智力。在她8岁的时候背会了圆周率

1000位,完成了一般孩子没有做到的事情。从此她的自信心大增,在各方面都表现很好,成为品学兼优的三好学生,1991年被评为全国第二届"十佳少先队员",1993年获得"肯德基杯残疾儿童成才奖",并与她父亲一起作为中国残疾人代表团的成员赴日本访问,她像正常人一样于2000年完成大学本科学业后赴美留学。

又如1959年我从北京出差到西北戈壁滩,负责维护一部引导飞机用的归航电台。当时我刚大学毕业,抱着在各方面锻炼自己的思想积极地投入到工作中去。戈壁滩的自然环境非常恶劣,寸草不生,经常狂风大作,对面不见人,饮用水每天用压力抽水机提取。与我一起的是三位战士,其中一位负责炊事,一位负责柴油机发电,一位负责到5km以外的沙漠里去看一个无源接收机,以确认归航电台工作正常。这部归航电台工作非常稳定,每天早晨开机以后几乎整天没有事,很是枯燥无味,加之恶劣的自然环境,也许可以说是逆境了。在这样的逆境中怎么生活?由于有在各方面锻炼自己的渴望,我就积极地在逆境中寻找锻炼自己的机会。

我首先用自学俄语来打发大量的空余时间,把一本俄语书从头到尾背下来,俄语水平有了很大的提高,一年后俄国专家到来时我就可以当口语翻译了。

在自己学习的同时,我还把三位只有小学文化程度的战士组织起来学习代数。我写信请家里寄来了初中代数书。一课一课给他们讲,给他们改作业。我大学毕业,给战士讲代数似乎是轻而易举的。其实完全不是这样,要让文化程度低的人听明白什么是代数不是一件易事,要费很多口舌,只有用他们熟悉的事例和语言,他们才能明白。

在这样做的过程中,我学到不少把复杂问题用通俗语言讲出来的打比方的方法,在教学法上也学到了不少东西,对后来自己从事的工作很有帮助。

　　我同时也利用恶劣的自然条件锻炼自己,除了积极地参加压水和做饭以外,还主动提出来要与战士一起到 5km 外去查看仪表。他劝我不要去了,因为在沙漠里行走 5km 不是一件易事,我抱着锻炼的目的坚持要去。一日早晨我调好了机器以后就背着两壶水、一支冲锋枪与他一起出发了。在沙漠里行走非常费劲,每走一步,脚就深陷沙中,淹没到脚踝。但是那位战士,在沙漠里行走如同在普通的地上走一样,我也咬着牙走到底,晚上躺在床上真是累极了。但是第二天还是与他一起去看仪表,一直坚持到离开这个站为止。

　　北京派到这里出差的人,一般以 6 个月为期限,过了 6 个月,北京来电话让我回京。但是当时的任务还没有完成,我主动要求留下。6 个月后我又再次主动留下,直到完成任务后才返回北京。这样,我在这个戈壁滩上一直工作了 15 个月。

　　这一段艰苦的生活经历对我毅力和意志的锻炼是很大的,以后每当碰到不好的自然环境和工作条件时,我总是想“比沙漠里好多了”,从而能以主动的心情去迎接艰苦条件的考验,所以可以说是“一分艰苦,一分精神财富”。

　　(2) 逆境是一所难得的学校

　　逆境固然是不利的,但是如能正确对待,却可以把它变成一所难得的学校,从中学到很多在顺利与正常的环境中很难学到的本领,在逆境下成长的人的知识和本领不是顺境条件下成长起来的人所能比拟的。

对此我有切身的体会。1970 年我从农村下放点被调到某项通信设备的野外试验场,去协助解决试验中碰到的一些技术难题。由于当时极"左"政策的影响,不许我进入装有这种机器的房间,只让我看技术资料。但参加试验的人有了问题却要我在电话里帮助分析和解决。在这种情况下,我处于非常尴尬的境地。

怎么办?可以有以下三种态度:一种是有怨气,发牢骚:"既然要用我,为什么又不让我进机房?"、"你们面对机器都不知道故障原因,我见不到机器怎么会知道?"并以此为理由,不介入;另一种是得过且过,有了问题来问我,就回答说"不知道",时间久了他们自然会觉得我这个人没有什么用而把我调回北京;再一种是在可能的条件下积极介入。

很显然,我应该采取积极介入的态度。我把该机器的方框图贴在墙上,向在第一线的人详细了解各种故障和表面现象,和他们一起在图上分析可能的原因和排除的方法。事后再详细地了解故障的真正原因和排除经过。我把所有间接了解到的情况全部记录在本子上,并就一个个故障的排除过程进行分类总结。分析判断对了有什么经验,分析判断错了有什么教训,今后如何防止等。我这样做时,只以图纸为依据,而不与实际机器接触。也就是说我是远距离对故障进行分析和判断的。

久而久之,我对于这种机器的总体方框图就非常熟悉了,比一天到晚与机器接触的人还要熟悉。更有意义的是我远距离判断能力有了极大的提高,并总结出了一系列远距离判断故障的方法,后来写成书在全国推广,并以此为内容与国外同行交流,深得好评。外国同行惊奇地问我"是从什么资料里看到的"。我回答说:"除了在我写的书里有以外,还没有看到别的书里有类似的论述。"

　　每当同事问起我是如何总结出那么多远距离判断故障方法时,我总是玩笑说:"多亏你们不信任我,不让我进机房"。这话虽然是玩笑,但也还有一定的道理。试想我如果有机会面对机器分析故障,哪里还会动那么多脑筋去琢磨远距离判断故障呢? 生活的辩证法就是这样与人们捉着迷藏,开着玩笑,如果不能审时度势和正确把握自己,就会迷失前进的方向。

6. 最佳环境

　　世界上的事物千差万别,每个人所处的主客观环境都不一样,而且往往是自己不能自由选择的。对于自己所处的环境,尤其是处在已被一般人认为是一个极平凡和恶劣的环境里时,要抱积极的态度去努力挖掘一般人看不到的有利条件。环境的好坏是相对的,不是绝对的,而且是可以互相转化的。在好环境里不一定成才,在逆境中不一定不成才。

　　一个环境的有利条件是客观存在的,但是有时却是隐含着的,并不是粗略地看一下就可以看得到的,需要采取积极的态度,进行科学的分析后才能看得到。如果采取消极的人云亦云的态度,粗略地看一下就下结论,而不进行深入分析,往往看不到隐含着的有利的条件。对于已经看到的有利条件,要充分加以利用,使其得到最大限度的发挥。

　　不少人已经处于有利环境中,但是却认为自己所处环境不好。例如有的人在研究所里从事电子技术方面的工作。在别人看来,电子技术是当代的尖端，又是搞科研，实在是太好了，令人向往和羡慕。但是他本人却可能认为自己的才能很高，所从事的工作太简单，是大材小用。这种情况就像《围城》一书所描述的："在外面的人想进去，在里面的人想出来"。这种见异思迁的人是搞不出什么成绩的。

在生活的舞台上，从整体上看，也许你所从事的工作是配角，但是就配角工作范围而言，你就是主角，不要看不起自己的工作。有人把成功与失败归之于命运，其实命运在一定程度上是由你自己决定的。美国一位心理学家明确地提出了"谁妨碍你成才?"这个问题，并认为最主要因素还是自己内心的错误观念，是你自己妨碍你成才。

有了这样的态度，你就会把自己所处的环境看成是有利环境，并进而引申出最佳环境论，即自己所上的学校是最佳学校，自己所从事的专业是最佳专业，自己的家庭是最佳家庭，自己的工作岗位是最佳工作岗位等。

树立起最佳环境的认识，就会产生自豪感，为自己处于最佳环境而感到自豪，为能从事某项工作而自豪，为能在某个单位工作而自豪，为自己与本单位所取得的成绩而自豪。有了最佳环境论，就会觉得一切都是为你设计的，天时地利人和。

有的人过分强调客观条件与他人的行为对自己的影响。例如不少在岗的大学毕业生在谈起为什么毕业多年外语水平没有提高反而倒退时，往往把原因归结为没有机会出国与领导不重视上，而很少从主观上找原因。

现在国内学习外语的条件非常好，可以说"国内就是国外"，没有机会出国不是外语水平下降的理由。

把自己水平下降归结为领导不重视则是为自己的懒惰开脱。即使退一步说,你不幸碰到了一个妒贤嫉能的领导,反对你学习外语。但是一般情况下,他的作用范围也只能是从星期一到星期五的每天 8 个小时上班时间内,总不可能跑到你家里去阻止你业余时间进行学习吧?所以关键还是在自己。如果心胸狭窄,每天晚上与双休日都对工作中的"不平"耿耿于怀而不能自制,根本不可能有心思去学习。如果心胸开阔,每天晚上与节假日能置工作中的"不平"于度外,一头扎到学习里,不但可以摆脱烦恼而有利于自己的身心健康,而且也可以为日后得到公正对待时充分发挥自己的聪明才智积蓄力量。

7. 都是最佳环境

我 1951 年入伍以后,工作调动频繁,其中不乏单调的工作和艰苦的环境。由于逐步学会用辩证的观点看待一切困难,所以感到自己总是处于最佳环境之中,好像一切都是按照预先计划进行似的,该出现的时候就会出现。例如:

(1)上大学时被分配学有线电通信。不少同学认为自己的水平较高,应该学无线电通信或雷达。我没有受这种思想的影响,集中全力学习,尤其是抓住基础课不放。到了工作岗位上以后发现,学有线电通信的人在某些方面比学无线电通信的人学得深,四端网络就是一例。我用四端网络理论,发现与解决了苏联国家标准中的错误、引线长度对于遥测信号电平的影响等问题。就这两个问题的解决而言,不是"多亏学了有线电通信吗?"

(2)1969—1983 年,一个人单身在外。与家人分开,当然会给本人和家庭带来很多困难。可是也正因为单身,没有家务负担,业余时间很多,是自学成才的最佳环境。我抓住了这个最佳环境,单身在沈阳期间学会了英语口语。

(3) 1976 年从西安调到沈阳,在长达 14 个月的时间里,由于没有下达我的任职命令,因而没有具体工作岗位和工作任务。日常开会或听报告等活动也没有人通知我。在这种情况下,我没有消极等待,除了抓紧时间学习外,还抓紧时间总结工作经验,写书写文章,第一次在国内刊物上发表了题为《仪表指针摆动与载频同步》(电信技术,1979(3):1~3)的文章,第一次出版了名为《小同轴电缆 300 路无人站的调测与故障分析》(中国人民解放军战士出版社,1982)一书,为以后的写作活动开了一个头。

(4) 1983 年到北京工作,与家人团聚,可以互相照顾,当然是最佳环境。但更有幸的是当时的领导对电脑应用非常重视,正是在此期间我学会了电脑。英语加电脑,使自己的业务能力大幅度提高,好像换了一个人一样。

(5) 1990 年我 55 岁时再次与家人分开,单独一人去南京通信工程学院工作,无论是家庭和个人都面临许多困难。但是我却发现又是最佳环境。因为:

① 再也不用像在北京工作时那样,每天花两个多小时乘公共汽车往返于办公室与家之间了,可以有更多的时间用于学习。

② 学校里的老师大都是硕士、博士,学有专长,自学中碰到问题可以向他们请教。学校里有大量青年学生和教师,可以与他们交朋友,共同切磋各种问题。正是因为有以上这些好条件,我才总结出英语学习

逆向法。

③ 有实验室可以及时实现一些革新的想法。例如学习外语用的电脑语言学习机,去南京工作以前就绘制出了方框图,但始终没有能做出实物。到了南京,与青年教师合作,不到半年就做出实物并获得了专利。

④ 学校图书馆藏书丰富,借阅方便,为自学创造了非常好的条件。例如我 57 岁时萌发出研究记忆的念头以后,从图书馆里找到十几册有关记忆的书,用一个暑假的时间进行系统的学习,极大地提高了记忆力,写出了《记忆的窍门》(清华大学出版社,1997)一书。

正是因为抱着这种积极的态度去学习,去工作,独身一人到南京通信工程学院去工作开始了我人生三阶段中的第三个阶段,以鼓动他人努力学习为主要内容。这是一个不要领导任命就可连续进行的工作,我退休以后所从事的各项活动就是这个阶段的延续。

(6) 1995 年退休回到北京,从此结束了长达 20 多年的外地漂泊,再次全家团聚,共享天伦之乐,当然是最佳环境。就宣传逆向法而言,退休以后也是最佳环境。例如:

① 摆脱了公务,时间完全由自己支配,完全可以按照自己的意愿去生活和学习,干自己愿意干的事。就拿写作来说吧,退休前虽然有许多内容可以写,但由于各种原因,只写出了十几本书,1995 年退休后,10 多年来写作和翻译了 60 多本书,其中包括音像和多媒体出版物。

又如宣传逆向法,1995 年以来,先后到全国各地做报告 1300 余场,中国教育电视台和中央人民广播电台连续播出了我主讲的《踏踏实实学英语》和《学习成功的乐趣》节目,使逆向法的宣传进入了一个新阶段。2000 年以后,建立了专门宣传逆向法的网站,以适应网络时代的需要。所有这一切,退休以前是无法实现的。

② 北京是全国政治、经济和文化中心,信息灵、渠道多、机会多。正因为我在北京,才便于与清华大学出版社进行全面和深入的合作,出版系列读物;才便于与多个单位合作推广逆向法;才便于成立钟道隆文化中心和逆向英语学校。

8. 恰当应付各种情况

有了最佳环境的认识,就能恰当地应付各种情况。例如:

(1) 升学考试没有考好(尤其是自以为没有发挥好而考得不好),上了自己不太愿意上的学校或专业时,应该面对现实,热爱所上的学校与专业,而不要"身在曹营心在汉",认为"就自己的水平而言,应该上更好的学校(或学别的专业)"。其实好学校里有差学生,差学校里有很好的学生。只要自己努力,完全可以学得不比重点学校学生差。例如我曾工作过的一所大学,学生高考入学的成绩比起全国重点大学差一个档次,但是他们在 CET-4 与 CET-6 全国大学英语统考中考出了非常优异的成绩,不比国内任何一所大学差。

(2) 专业对口或不对口都是最佳环境。专业对口时,工作起来得心应手,可以很快成为业务骨干,必然心情舒畅,当然应该算最佳环境。而专业不对口时,逼得你边工作边学习,使你产生获取新知识的愿望与动力。只要善于学习,善于用心,不对口的专业入门也不难,深造也是办得到的,用不了多久就能掌握新的专业知识并胜任新的工作,成为骨干。原来学的专业知识与新掌握的知识结合在一起,知识面就会比对口的人宽一些,这就为在工作中有所创造提供了可能。

(3)工作任务重与轻都是最佳环境。任务重可以得到充分的锻炼,业务能力提高得快,当然是最佳环境;任务轻,比较闲,可以有充分时间进行工作总结与学习,因而也是最佳环境。

(4)工作与学习顺利与不顺利都是最佳环境。顺利时可以取得一个接一个的成绩,当然是最佳环境。不顺利时可以锻炼自己的毅力与性格,也是最佳环境,而且可能是顺利时的最佳环境所无法比拟的另一种最佳环境。

9. 正确对待风言风语

任何一个生活在现实环境中的人,当你取得成绩时,在受到正面的称赞和羡慕的同时,一定也会听到(直接的和间接的,主要是间接的)各种风言风语。不少人被各种各样的风言风语所折磨,从而放松、甚至放弃自己的追求。他们往往认为"再苦再累都不怕,就怕别人不理解自己"。对于这些风言风语,应该区分情况,分别对待。

首先要分清这些风言风语是正面的还是负面的。如果是正面的意见,虚心检查自己存在的问题并切实加以改进,以实际行动去取得他人的理解。

如果确实是出于妒忌等原因而产生的负面议论,也还是应该再进一步分析。我们从现实生活中可以看到,不少人总喜欢对取得成就的人说三道四。他们这样做,在很大程度上是一种自我开脱,自我解嘲,并不一定是针对取得成就的具体某个人的。因为他们的各方面条件与你差不多,他们也想取得与你一样的成绩,可是又不肯花工夫去努力,因而在他人面前,显出了差距,从而需要自我开脱、自我解嘲。往往就是这些风言风语说你的人,可能又会在另外一些人面前,以赞赏和羡慕的口吻介绍你取得的成果呢!

对于出于此种心态而发的风言风语,应该充分加以谅解,不要计较,并在力所能及的范围内帮助他们提高水平,而且在适当的场合你也应该替他们说些开脱的话,以求得他们心理上的平衡。

有些间接地传到自己耳中的风言风语显然是出于妒忌而发的,此时心情要平静,就当没有听见。如果是亲自听到和看到的,只要不是原则性的问题,也不要去计较。对于风言风语不可太认真,更不要生气。报纸上曾经刊登过一首很风趣的《不气歌》,现转抄如下,供听到风言风语以后心理失衡的人参考。

"他人气我我不气,我本无心他来气。倘若生气中他计,气出病来无人替。请来医生将病治,反说气病治非易。气之为害太可惧,诚恐因气将命废。我今尝过气中味,不气不气真不气。"

我们应以积极的态度去对待出于妒忌而来的讽刺挖苦,以开阔的心胸泰然处之,不但不辩解,而且把它们"换向"180°,视风言风语为鼓励与赞扬,变成刺激自己进一步"发愤"的动力。制造风言风语的人,不就是因为你取得成就而妒忌你吗?那你就做出更大的成绩,用行动去证明你没有受他们风言风语的影响。

从生活的经验看,并不是所有的人都会因为取得成绩而遭受别人的风言风语。反过来说,如果你在做某件事时总是希望得到别人的肯定,得到别人的好评和赞扬,听到一点风言风语和讽刺挖苦就感到很委屈,说明你干这件事的决心还不大,克服困难(别人的风言风语和讽刺挖苦就是一种困难)的思想准备还不充分,同时也说明你还没有真正明白自己所从事的事情的价值。

妒忌是对于才能、名誉、地位和境遇比自己好的人心怀怨恨的一种心理现象,它不仅影响社会的改革与发展,恶化人际关系,而且由于妒忌之火的煎熬,妒忌者本人的身心健康也会受到摧残。

妒忌者会由于妒忌,或愤怒,或忧郁,或消沉。由于妒忌而愤怒者,常常会无事生非,诽谤攻击别人,自己也会因此而性格异常,情绪暴躁。由于妒忌而忧郁者,常常患得患失,甚至不顾知识、经济、身体等条件,硬与别人明争暗斗,结果使自己活得很累。

由于妒忌而消沉者,怨天尤人,消极怠工,整天愁眉苦脸。妒忌会导致疾病,而疾病则会导致短命。所以应该善于保持心理平衡,不要妒忌才能、名誉、地位和境遇比自己好的人,以便使自己活得轻松、愉快一些。

10. 正确对待挫折

人生在世,谁不企望能在学习和工作上取得成功? 但是客观事物的发展是曲折前进的,需要经过艰苦奋斗、甚至屡遭失败后才能最后取得成功。所以正确对待失败是人生道路上很重要的一个课题。"事非经过不知难",大凡在学习和工作上取得成绩的人都会有失败的记录,都知道失败的可贵。

例如令世人赞不绝口的美国大发明家爱迪生一生发明多达 1000 多项,多数发明是经过几百次试验失败以后才最后成功的,1000 多项需要经过几十万次试验和失败。这该是一个多么艰苦的摸索和失败过程呀！所以他才说："失败也是我所需要的,它和成功一样对我有价值。只有在我知道了一切不好的方法以后,我才知道做好一件工作的方法是什么。"

用这样的积极思想对待学习和工作,就会把学习和工作中的问题和困难看成是引导走向成功的向导,从而欢迎这些困难和问题的出现。例如在提高英语听力的过程中碰到了听好几遍都听不懂的情况时,应该感到高兴。因为你的听力不足在这里暴露无遗,再也不会自我欺骗了,而且把一个个听不懂的地方都听懂了,可以收到"立竿见影"的效果。又如研制设备中出现了意料之外的问题,也应该以积极的态度欢迎它出现,因为它是客观存在,不管你主观上愿意与否。它表现出来了,不就是引导你入门的向导吗?顺着它所指引的方向搞下去,一定会通向成功。

又如在 CET 考试中,有的人得 59 分,不及格,从而灰心丧气;有的人得 61 分,及格了,兴高采烈。其实 59 分与 61 分在水平上到底有多少差别是很难说的,一个选择题"蒙"对了可能就是 61,"蒙"错了可能就是 59。每逢碰到这种情况,我总是用"从真正提高自己的英语水平出发,考 61 分还不如考 59"的说法去鼓励那些只差一分就及格的人,要求他们认真准备,争取在下一次考试中考出好成绩。事实上也真有不少人在第二次考试时取得高于 70 分的成绩,而那些以一分之差侥幸过关的人往往就不再学习了,英语水平再也得不到提高。

与正确对待失败的问题相联系,在平时的工作与学习中,要有应付最坏情况的思想准备,并要适当地造舆论,使自己和周围的人对于可能出现的最坏情况有所准备。但是在实际行动上却一点也不要放松,力争出现最好的结果。而且即使成功已经在望，但在还没有成为事实的情况下，也一定不要放松努力，以免功亏一篑，前功尽弃，使自己处于被动的境地。

青年学生常常碰到考试落榜的问题，对此要树立起"榜上无名，脚下有路"的信念。人生路千万条，每一条都要靠自己去走、去争取、去创造，不能"一卷定终身"。历史和现实中不乏此类的实例。如宋朝的苏洵，两次科场失利，但是他不气馁，刻苦自学，成为"唐宋八大家"之一；三次落榜的李时珍，下决心从医，一生精心研究，走遍了黄河和长江流域，经过 27 年的辛勤劳动，参考了八百多种医书，写出了不朽之作《本草纲目》；四次落榜的蒲松龄，深入民间采风，写出了著名的《聊斋志异》。

除了失败以外，有时也会受到一些不但说不出、而且无处可以申诉的不公正待遇，因而心中感到非常愤怒和不满。在这种情况下，应该把愤怒和不满情绪转移到学习和工作上去，尤其是转移到学习上。因为在工作方面，或许你仍然要受到那些制造不公正待遇的人的制约；而在学习上，则完全是你自己可以掌握的，是那些给你制造了不公正待遇的人无法左右的。

要学会做自己的思想工作。对于自己在学习和工作中可能碰到的失败与挫折，除了不断向别人宣传外，也要向自己宣传。自己向自己宣传多了，就会在思想上有所准备，等到真正的失败和挫折到来时，就不会措手不及。

取得成功的时候，要不断地告诫自己，不要骄傲，要虚心，把已经取得的成绩看成是新的出发点。

3.4　一分准备一分机遇

有的人认为"成才的机遇对于每一个人都是一样的"。他们说这番话的目的可能是为了鼓励人们从主观上去努力。回到现实生活中去看,机遇对于每一个人也许是不平等的,偏僻的农村里的孩子怎么可以和大城市里的孩子比呢? 但是至少可以说,情况大体上相同的人的机遇大体上是相同的,关键就看你准备好了没有,抓不抓得住。

成功者并不一定都是才能出众的人,而往往是那些不错过每一个机遇,而在平时进行了认真准备的人。正是从这个意义上,可以说"成功等于准备加机遇"。不是所有准备好的人都能碰到机遇的,但是只有准备的人才能抓住碰到的机遇并取得成功。

为了抓住随时可能出现的机遇,要对自己的主观条件和所处的环境进行认真的分析,找到突破口,选定明确的目标,制定达到目标的措施和完成时限,给自己施加压力。只有这样才能振奋起精神,才能有紧迫感,才能抓紧时间,日子才能过得有意义。

有的哲学家认为"机遇只偏爱有准备的人。"这话不无道理,从不少事例中我们可以看出: 机遇与个人努力成正比,越是努力的人越有机遇。说自己没有机遇的人,由于主观上缺乏准备,往往是机遇就在面前也不知道是机遇,更谈不上去抓住它了,他们在一生中不知错过了多少机遇。

例如,有的人看到别人在学习和工作上取得了成绩,就认为所有的好机遇都让别人碰到了,而自己则没有那种好运气。其实可能各种各样的机遇不断地在他们面前晃过,但是他们看不到这些就是机遇,只有当别人抓住了他们才发现原来那就是机遇;或者虽然看到了是机遇,但是由于平时没有准备好而无法被机遇选中。

这方面最明显的例子就是学习英语，不少人认为自己没有出国的机遇，所以学不会英语是理所当然的，"不是大多数人都不会吗？不会不是一样评高级职称吗？"因而心安理得。实际上他们已经错过了很多学习英语的机遇。但由于认识不到那就是机遇，所以也不惋惜错过了机会，而是消极地等待着某个想象中的学习英语的大好机遇的降临。有时真的大好机遇降临（出国或晋升技术职称等），但是由于平时没有战略眼光，没有进行艰苦的学习和准备，通不过英语考核而被淘汰。出现这种情况以后又往往把原因推到客观条件上，认为"领导上没有给自己创造学习条件"、"工作忙没有时间学习"等。

我曾经碰到过在某大城市郊区工作的一位外语翻译，大学时英语成绩不错，毕业多年来一起从事口译工作，被认为是该区的首席翻译。时间长了，觉得每天的工作都是老一套。希望能换换环境，到大城市去工作，以求更大的发展。后来机会果然来了，2003 年非典期间参加了该市的口语翻译选拔考试。口试有一道题是"非典 SARS 的英语全称是什么？"由于她大学毕业以后，基本上不再学习英语，满足于靠学校里学到的"老本"去应付工作，所以不知道 SARS 是 Severe Acute Respiratory Syndrome 的缩写，结果落选了，错过了一次很好的机会。

错过了一次机遇以后如能发奋，"亡羊补牢犹未晚"，下一次机遇再来时就能抓住。但是有的人"亡羊不补牢"，并不因错过机遇而发奋，在埋怨了一阵子客观条件以后依然故我，不抓紧时间学习。

作为一种积极的人生态度，要在自己脑子里牢牢地树立起"一分准备一分机遇"的思想。

第 **4** 章

知识就是力量

我在大学里学的是通信工程专业,毕业后从事的也都是通信工程,因此对于知识就是力量的体会,大都与通信专业知识有关。为了使不熟悉此类内容的读者了解我的基本观点,特收入从编杯子套说起、两项专利和通用知识的应用等3节。

4.1 留心处处皆学问

俗话说得好"留心处处皆学问"。这里所说的"留心",就是对于生活和工作中碰到的任何问题都要抓住不放,用心思考,直到搞清楚为止。"学问"就是知识,"处处皆学问"有两层含义:一方面是说"处处"可以应用知识,另一方面是说"处处"可以总结出新的知识。

根据我的体会,把握好以下几点,有利于"处处"应用和发展"学问"。

(1) 深入实际。只有深入实际,才有可能发现问题与解决问题。只有书本知识的人,水平再高,也只能纸上谈兵,人云亦云,根本不知道哪里有问题和如何解决这些问题。

（2）抓住问题不放。对于工作中碰到的任何问题,要抓住不放,有空就思考,有了设想就试验,直到搞清楚为止。

（3）作出理论分析。把书本知识运用到实际中去,必须要有理论联系实际的能力。如果不具备这种能力,书本知识再多,理论水平再高,也难以与实际联系起来,因而也难以发挥理论的作用。这种能力是不可能从书本里学到的,也不可能是从他人那里听来的,只能不断地在实践过程中去锻炼、去提高。

坚持对各种问题进行理论分析,是锻炼和提高理论联系实际的能力的非常有效的方法。问题不论大小,也不论与专业工作是否有关,只要有可能,都要运用书本知识进行理论分析,并写出书面材料。如果不能做到这一点,实践的经验再多,也始终停留在感性认识的层面上。

本章下面所介绍的全部内容,都是我抓住生活和工作中碰到的各种问题不放,并在解决后进行理论分析基础上总结出来的。

4.2　从编杯子套说起

编织杯子套,与编织毛衣一样,是很普通的一种手艺,文盲都可以掌握,谈不上有什么技术性和知识性。但是我却把初中、高中和大学里学到的知识应用到编织上,提高了编织速度和知识含量。

1. 简要经过

1974 年我在湖北山区施工,住在老乡家里,碰到连雨天,整天呆在屋里,无事可做,无处可去。看到当地的女孩子,嘴咬着塑料线编织杯子套,我萌发出学一学的念头。看她们一边说笑,一边编织,似乎并不难掌握。但真正动手去编时,却发现并不容易。尽管我全神贯注,还是差错百出。不是左右线错位必须返工,就是用力不匀而引起各种问题。用力大了会断线,用力小了会松松垮垮,编织出来的套子东倒西歪,不成型。就这样,编了拆,拆了编,编织了十来个以后才基本掌握。

2. 改进编织方法

编织了十几个积累了一定的实践经验以后,我开始改进编织方法。

(1)按照原来的编织方法,断线时用火柴把两根塑料线烧接在一起,连接处留下一个大黑点,很不美观。我借鉴通信电缆线路施工中使用的芯线插接法,改断线时的火柴烧接为插接,连接处不留下任何痕迹,非常美观。

(2)用嘴咬着进行编织,不但不方便,也不卫生。我改用在椅子靠背上捆一个宽口文件夹子代替嘴,降低了劳动强度,提高了编织速度。

(3)编织塑料线杯子套最难处理的是收底。处理得不好,套到杯子上不服帖,不能稳稳地站立在桌子上。为解决这个问题,我调整了工序,改为先套杯子后收底,以杯子的底部形状为依托,一圈一圈地收缩,使套子底部与杯子的底部完全吻合,可以稳稳地站立在桌子上。

(4)改齐头并进为三角形推进。原来编织杯子套时,都用72根长度约为90cm的塑料线,两根打成一个蝴蝶结,共36个结。每两个结的左右连接在一起成为一个圆圈,然后一圈一圈地齐头并进。由于这个圆圈的直径很小,不便于编织。首先将36个结一字排开,不再围成一个圆圈；随后一层一层地前进，每前进一层减少一个结，最后成为一个 36 层的三角形，其顶点只有一个结；此时再把最后的一个结连接在一起，成为一个圆圈，然后继续编织，直到达到需要的高度为止。由于有一个层数为 36 的三角形作基础，所以形状稳定，操作方便，编织的速度也加快了许多。

3. 等差级数的应用

收底时是从最外层的圆周开始向圆心收缩，向圆心每前进一圈，圆周的长度也缩短一些，此时必须剪掉一些塑料线，否则编织下一圈时容纳不下。底部的圈数是 12，开始收底时是 72 根线，到达圆心时一根线都没有了，所以每前进一圈就要剪掉 6 根线，即每 12 根中要均匀地剪掉一根。一个套子编织下来，地上就有 72 根塑料线头，长短不一，长的可达 20cm 多。

由于圆周长度与半径成正比，每向圆心前进一圈，圆周长度缩短的量是个常数，所以 72 根线的长度是一个等差级数。用尺子在已经编织好的杯子套上量一下，就可以得知每一根线需要多长，据此可以把 72 根塑料线的长度按等差级数剪裁。

到此为止，编织一个杯子套时的塑料线最佳长度问题算是解决了。按这个思路编织，剪落在地上塑料线头数量并没有减少，只不过都是一些 5cm 左右的短线头了罢了。因为即使是下一圈要退出编织的塑料线，在上一圈编织时还要用手拉，必须得有 5cm 左右的长度；否则手抓不住，无法编织。

如果要编织两个套子，情况就不一样了。编织上一个套子时塑料线可以足够长,剪下来的线供下一个套子使用。这样,编上一个套子时,一点线头都没有,只有第二个套子结束时,才剪下 72 根长度为 5cm 左右的塑料线头。

如果要编织多个套子,编织第一个套子时用的 72 根塑料线越长越好,以便于编织为准。编织第一个时剪下来的用来编织第二个,编织第二个时剪下来的用来编织第三个……如果余线不够长,采用插接方法接上就是了。

4. 转动法线和切线

一日,我看到一只非常好看的螺旋红、蓝、黄 3 色玻璃杯,于是就琢磨如何编织出类似的杯子套。

按照普通编织方法,每一个蝴蝶结有 4 根线:一根线水平向左(下称"水左"),两根线垂直向下(下称"中左"与"中右"),另一根线水平向右(下称"水右")。编织下一层时,某个结的"中右"、"水右"与相邻结的"水左"及"中左"等 4 根线编织成新的结。在新的结中,"水右"转换成了"中左","中右"转换成了"水左";"水左"转换成了"中右","中左"转换成了"水右"。再编织下一层时,4 根线又恢复原位。由此可见。编织进程中,任何一个结的 4 根线的活动范围只有 2 个结,即某个结以及左边半个结和右边半个结。

用 3 种颜色的塑料线各 24 根,可以编织出了一个普通的杯子套,每一种颜色占 120°,直上直下。

如何才能使直上直下的不同颜色的塑料线形成螺旋呢?经过反复思考与试验,发现只要把某个结的水平切线与垂直法线方向扭转 45°,

即可编织出螺旋线。方法步骤如下：

（1）先用常规方法编织 3 层。

（2）编织完第 4 层的红色最右边的那个结后，取其"中右"、"水右"与上一层相邻蓝色结中的"水左"及"中左"4 根线编织一个结。由于红颜色的线向右移动半个结，其余线也依次向右移动半个结。

（3）新结的颜色右边一半红色，左边一半是蓝色。它的"中右"、"水右"、"水左"及"中左"等 4 根线的方向与原来结之间的夹角为 45°。

（4）按照以上方法，每编织一层，所有颜色的线都向右移动了半个结，如此不断编织，就形成了顺时针旋转的 3 色螺旋线了。

（5）如果编织完第 4 层红色最靠左边的那个结后，取其"中左"、"水左"与上一层相邻黄色结中的"水右"及"中右"4 根线编织一个结，就会形成了逆时针的 3 色螺旋线。

5. 编熊猫图案

（1）受刺绣启发

为了把某画家画的熊猫图编织到套子上，我应用电视扫描的方法，先把熊猫图中的黑、白、绿 3 种颜色扫描到米格纸上，设计出了编织图案。受刺绣的启发，经过多次试验，决定采用经纬线的编织方法。用淡颜色的线作经线，用黑、白、绿 3 种颜色的线作纬线。纬线缠绕在经线上，熊猫扫描图案中的每一个格子相当于缠绕两圈。严格照着图纸，在不同的位置使用不同颜色的纬线，顺利地编织出了熊猫图案。

（2）"预失真"解决变形问题

为了使套子与杯子能紧密结合，一般都把编好的套子浸泡在开水里,变软后快速套在杯子上。此时套子的水平方向会拉长,垂直方向会缩短。对于用常规打结方法编织的套子而言,水平方向的拉长和垂直方向的缩短并不影响套子的美观。但是对于采用经纬线方法编织出来的熊猫图案而言,就会使熊猫图形又矮又胖,严重失真,很不美观。

通信工程中采用"预失真"方法补偿信号传输过程中产生的失真。受此启发,测量出熊猫图案水平方向与垂直方向失真的大体比例,然后按此比例对扫描图案进行了"预失真",即水平方向适当缩小,垂直方向适当加长,重新得到一个新编织图案。按此图案编织出的熊猫图案,没有套到杯子上以前,略显瘦长,不太美观,但是套到杯子上以后正合适。

(3) 法线变切线加快编织速度

一圈一圈在经线上缠绕纬线,速度很缓慢。为了加快编织速度,我仔细分析了熊猫编织图案,发现一圈 360°内只有 200°左右的范围内有图案,其余 160°都是一个颜色的,完全可以使用普通的空心结,以加快编织速度。

每 4 根塑料线编织出一个普通的结,而缠绕时只用一根线。两种编织方法的结合部处理成了难题。通过反复试验,采用将法线转切线的方法,顺利地将两种编织方法很美观地结合在一起。

部队驻地附近的女孩子们对于以上一整套编织杯子套的方法很感兴趣,要求我教她们。她们很快学会了具体的编织方法,但是对于其中道理的理解则取决于文化程度。具有初中文化程度的人学过代数,很快能理解了收底时为什么每前进一圈要剪掉 6 根和为什么连续编织两个套子时可以长短互补的道理;上过高中的人懂得切线主法线,能理解编织三色螺旋套子时需要扭转 45°的道理,但是搞不懂编织熊猫图案时所用的扫描与"预失真"等道理。我从这些事例当中,体会到爱因斯坦说的"数学乃一切创造之源"这句话是有道理的。

对于我的以上做法,有的人开玩笑说:"你费这么多脑筋也创造不了多少经济价值,何苦呢?!"我不这么认为。能提出72根线的长度是等差级数、编两个套子用的塑料线的长度可以互补、应用几何与专业知识编织出螺旋与熊猫图案等,是理论联系实际,是认识上的飞跃,是一件很愉快的事。

4.3　两项专利

1. 不漏水抽水马桶

在20世纪80年代,马桶漏水是一个老大难问题。1987年我休假在家,每次冲水以后几乎都要漏水,不得不打开水箱盖,压紧出水口的橡皮圈,非常麻烦。这种情况重复多了,就下决心解决它。在反复试验的基础上,利用初中物理里学过的虹吸原理,解决了漏水问题,还是利用虹吸原理,即时调节出水量,解决节水问题。后与他人合作,做出了实物模型,并于1988年获得了专利(气控式冲水厕所节水水箱,专利号:88217175.5)。

2. 复读机

我学习英语时,用的是普通机电式录音机,为了提高听力,不断地进带倒带使机器很容易磨损,用坏了17部(次)收录机。我常以此为例说明英语学习的艰苦性。一次，一位同学对我开玩笑说："要学好英语还必须要有钱，否则怎么可能买得起那么多的收录机！"他的玩笑话引起了我的思考，在反复琢磨与试验的基础上，与他人合作，利用数码技术，设计出了复读机并获得了专利（电脑语言学习机，专利号：91220122.3），中国科学院机关报《科学时报》1999 年 7 月 5 日发表了题为《谁是复读机的最先发明者——钟道隆》的专题报道。

4.4　通用知识的应用

前面介绍了编杯子套过程中如何应用了等差级数、切线和法线等知识。如果留心，中学和大学里学的通用知识在工作中更有广泛的用途，以下是几个实例。

例 4-1　长短互补，节省电缆。某通信电源机房里有 21 块配电板，每块宽 150cm，设有 a、b、c、0 共 4 个接线端子，分别接三相电源的 3 根火线与地线，如图 4-1 所示。两块之间对应的端子用很粗的三相四芯电缆连接在一起。

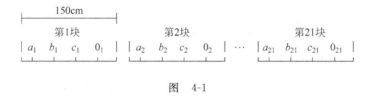

图　4-1

每一条四芯的复接电缆的制作要求和连接位置如图 4-2 所示。图中的 ab、bc、$c0$ 间的距离都为 30cm。

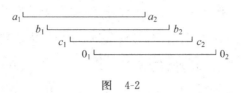

图　4-2

按照常规,制作复接电缆的步骤如下(以第 1 块与第 2 块之间复接为例):

(1) 剪下一段长约 3000cm 的电缆(因为从 a_1 到 0_2 之间的长度约为 300cm);

(2) 把两端的绝缘层开剥掉 100cm;

(3) 把接 a 相的芯线的一端剪掉 100cm,另一端不剪,真正有用的长度 a_1a_2 为 200cm(得到一段长度为 100cm 的粗铜芯线);

(4) 把接 b 相的芯线的一端剪掉 35cm,另一端剪掉 65cm,真正有用的长度 b_1b_2 为 200cm(得到两段长度分别为 35cm 和 65cm 的粗铜芯线);

(5) 把接 c 相的芯线的一端剪掉 65cm,另一端剪掉 35cm,真正有用的长度 c_1c_2 为 200cm(得到两段长度分别为 65cm 和 35cm 的粗铜芯线);

(6) 把接地的芯线的一端剪掉 100cm,另一端不剪,真正有用的长度 0_10_2 为 200cm(得到一段长度为 100cm 的粗铜芯线)。

每制作一条复接电缆,产生的工程余料为两段长为 100cm、两段长为 35cm、两段长为 65cm 的粗铜芯线,共 6 根,总长度为 400cm。21 块配电板需要 20 条复接电缆,共产生工程余料 120 根,总长度为 8000cm。

粗铜芯电缆价格昂贵,而工程余料的电缆线头一般只能作为废品回收,两者价位相关很大。

仔细观察各个线段的长度,可以发现,每一条芯线的长度是相同的,起始于远处的必终止于近处,可以像编塑料线杯子套一样,相邻复接电缆可以长短互补,第 1 块与第 2 块之间的复接电缆的制作步骤如下:

(1) 从整盘电缆的一端开始,以 200cm 处为中心,左右各开剥 50cm;

(2) 先剪 $a_1 a_2$,开始处不剪,另一端在 150cm 处剪断;

(3) 再剪 $b_1 b_2$,开始处剪掉 35cm,另一端在 185cm 处剪断;

(4) 再剪 $c_1 c_2$,开始处剪掉 65cm,另一端在 215cm 处剪断;

(5) 再剪 $0_1 0_2$,开始处剪掉 100cm,另一端在 250cm 处剪断;

(6) 制作结束时电缆长度如图 4-3 所示,图中一段复接电缆 $a_1 a_2$、$b_1 b_2$、$c_1 c_2$、$0_1 0_2$ 供第 1 块与第 2 块间复接用;

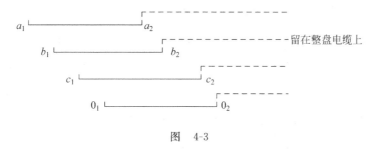

图　4-3

(7) 只在刚开始时剪下了 3 段电缆头,长度分别为 35cm、65cm 和 100cm。此时电缆盘的电缆是长短不一的,正好符合下一根子复接电缆的要求。

再制作第 2 块与第 3 块之间的复接电缆时重复以上步骤,工程余料几乎为零,每制作一条复接电缆少剪100cm电缆,节约效果极为明显。

例4-2　欧姆定律的应用。欧姆定律 $IR=U$,它是电路中最简单的知识,一般初中生都懂,但是它的应用范围却极广泛,我应用它解决了不少技术难题,进行了一些革新。

(1)直流电源系统的设计的改进。有时客观情况已经发生了变化,但是由于种种原因而设计规范或标准却没有及时调整。例如通信用的直流供电系统就是这样。直流供电系统有国家标准,多少伏、多少块电池、馈电线路压降多少等都有规程,根据每一个工程的实际情况照套即可。所用的数学计算很简单,加减乘除,只要有中专文化程度即可胜任。但是仍然有发挥大学生知识的广泛余地。

例如,-24V 与-21.3V 的矛盾。参照苏联的国家标准,我国20世纪60年代的载波机供电电压为-21.3V,而专门供载波用的整流设备和电源系统的标准电压却都是-24V,比实际需要的多出2.7V,安装时用一个瓦数很大的电阻把这个多余的2.7V消耗掉。

两个标准之间的矛盾这么明显,但是只能一个工程接着一个工程地照此办理,因为都是国家标准。为什么会产生如此大的矛盾呢?我就打破沙锅问到底,到处请教,得到的回答都是"从苏联的国家标准套来的"。于是我查阅了大量俄文书刊,尤其是制订此标准时的俄文期刊,最后终于搞清楚-21.3V的来龙去脉。

原来20世纪50年代,苏联电子管通信设备稳定性差,适应不了典型的直流供电设备10%的电压起伏。于是只得在直流供电设备与通信设备之间加一个碳阻自动调压器,经过这个调压器以后,变化10%的-24V就成了变化为3%的-21.3V了。

　　搞清楚−21.3V的来历以后,就有了行动自由。既然是由于电子管的设备稳定性不高而制定的,采用固定电阻降压的方法并没有缩小电压的变化范围。我们用的半导体设备稳定性好,可以直接用−24V。

　　这样,不但在实际工程设计中不再串接降压电阻,而且通信机器厂家也根据我的建议,把电压改为−24V了,既省事又省钱。

　　(2)二线制与四线制。大型直流供电系统都采用四线组合制,从配电室的整流器出发,用截面很大的铜排连接到电池上(距离一般为数十米),然后再从电池处用截面很大的铜排连接到位于整流器旁边的配电盘上。国内的大型电源供电系统都是这样设计的,而且运行正常,从来没有人提出过疑问。但是只要用最普通的电路知识去分析一下便可看出,整流器输出、电池组输出以及配电盘两端的电压是等位的。既然等位,为什么要经过几十米的距离去绕一个大弯,耗费价格昂贵的铜排,而不直接从整流器连接到配电盘上(距离只有几十厘米)呢? 得到的回答仍然是"仿照苏联的设计"。

　　我不以此种答复为满足,就到处找有关直流电源系统的俄文书刊来看,最后终于找到了答案。原来是20世纪50年代初期,大型换流设备(交流变换为直流)都采用电动机,它的波纹电压很大,必须采用四线制,以提高电池对波纹电压的滤波效果。可是到了20世纪60年代,电动机已经完全被固态整流设备所代替。后者的波纹电压比电动机小一个数量级,即使采用二线制也完全可以满足要求。搞明白道理以后,就去掉从电池到配电盘的铜排,改为直接从整流器连接到配电盘上,一个工程即可节约铜排几吨,运行后一直很正常。

　　(3)某通信站设有＋60V和−60V两套容量极大的直流电源系

统,按照以往的设计惯例,每个系统的地线的截面计算按各自分配给馈电线路的电压降设计。实际上正负电源系统的地线是公用的,而其电流相反,正负电流在地线上产生的压降互相抵消,所以公用的地线的截面应该比单独一个系统时小。

例 4-3　应用中学学过的代数公式 $\ln AB = \ln A + \ln B$ 推翻一个公式。国内外配置架空明线十二路载波通信系统增音站时,都要用一个设计规范中规定的公式计算"最低允许接收电平",它是通信距离与增音站数目的函数,大学教科书和工程手册中都有这个公式。我上大学时学过该公式,从事实际通信工程的初期也反复用它计算过。计算次数多了,发现该公式不仅计算繁杂,而且概念上似乎模棱两可,对其正确性产生了怀疑。有了疑问就找来资料,从头到尾把那个公式的推导过程检查了一遍。结果竟发现只要应用中学代数里的 $\ln AB = \ln A + \ln B$ 公式,即可证明"最低允许接收电平"是一个常数,与通信距离和站数无关,根本用不着计算。

我把证明结果告诉国内制定规范的人,得到的回答是"这个公式是从某国的规范中套来的,恐怕不会有错"。后来我把整个推导过程写成文章,以《明线十二路载波最佳增音段长度》为题发表于 1978 年 5 月的《邮电设计情报》上,获得国内同行的肯定。

例 4-4　三角与物理知识的应用。我曾应用中学的三角和物理知识解决了多项技术难题,进行了多项技术革新。

(1) 解决长波电台的干扰问题。20 世纪 70 年代,某通信设备受到国外长波电台的严重干扰,试验了许多方法都没有解决,一时间成了技术难题。我采用人工引入一个与干扰信号同频率、相位差 180°而幅度大体相等的信号,去抵消那个固定的干扰信号,顺利解决了此难题。

（2）用"拍"解决引进设备遥测距离不够的问题。某年我国引进了欧洲某公司的先进通信设备。该系统的遥测系统只能监视 1000km 左右，我们要求监视 2000km。为此，在合同中规定由该公司专门为我国研制一套新的遥测系统，研制费用为 5 万美元左右。在合同生效后的一次技术会谈中，我想起了中学物理课上，老师演示过两个标称频率相同的音叉同时敲响后产生的"拍"现象，提出把 2000km 分为两个 1000km，在每个 1000km 内配置标准的遥测系统，利用"拍"进行判断，因而不需要专门为中国研制新的遥测系统。对方被我说服，当即起草会谈纪要，取消了合同规定的研制项目，归还了研制费 5 万多美元。现在按我的建议改进的遥测系统已经正常工作十几年了。

（3）按照国家标准规定的方法，测试音频通路失真度时，发现仪表指针摆动，在国内外书刊上找不到相应的解释，许多人认为是反常现象。其实它又是一种"拍"现象。我在反复观察与试验的基础上，作出了理论分析，推导出了摆动周期的计算公式。随后把试验结果与理论分析写成文章发表，指出测试频响和失真度时仪表的指针的慢速微小摆动是由于载频不同步引起的，不是反常现象，而且可以用来进行远程载频同步，比现行的同步方法简单易行（见钟道隆. 仪表指针摆动与载频同步. 电信技术，1979(3)：1～3）。

4.5　专业知识的应用

我大学毕业以后，长期从事通信工程设计与施工，接触到的都是现成的普通通信设备，有些设备还相当落后。所谓设计，无非就是根据通信要求选择设备,统计各种设备的用电量和选择供电设备,根据设备的尺寸提出机房土建条件和把各种现成的设备用电缆连接起来。无论是设计和施工,都有正式颁布的规程,只要照着做就行了。不少大学生感到大学毕业搞通信工程设计是"屈才",认为"具有初中文化程度就可以搞通信工程设计"。

难道大学学的各种知识在通信工程设计与施工中就用不上吗？不是的。我在实践碰到的大量问题,只有运用大学知识才能解决。在应用大学知识解决通信工程设计和施工中碰到的问题的过程中,一定会感到自己知识的不足,从而激发起进一步学习知识的积极性,根本不可能感到"屈才"。

4.4节着重介绍了通用知识的应用,既然通用知识都有这么广泛的用途,专业知识的应用范围应该更广泛。

1. 解决技术难题

有些大学生认为:实际工作用不着更多的理论,更用不上高深的理论。其实不然,只要深入实际,认真钻研,理论知识大有用武之地。下面是一些应用大学专业知识解决问题的例子。

例 4-5 耦合互感线圈接反。1959年夏,为了执行一项紧急任务,安装了一台大功率无线发射机。不知什么原因,机器不能正常工作。在场的多位无线工程技术人员都有丰富的实践经验,他们反复检查后确认功率放大器以前是正常的,但输出不到天线上。

功率放大器与天线之间只有一个密封的空芯耦合线圈。我虽然是学有线的,从来没有接触过此类机器。根据电工原理知识可知,互感可正可负,取决于耦合线圈的接法。互感为正时,初级回路的等效电感数值就高,输出到天线上去的信号就强;互感为负时,初级回路的等效电感数值就低,输出到天线上去的信号就弱。我怀疑耦合线圈可能接反了。要改变耦合线圈的接线,必须打开写有"严禁打开"字样的密封线圈。当时我初出茅庐,大学刚毕业一年,又是学有线的,所以不少人怀疑我的分析。但当时任务紧迫,经上级批准,打开了密封线圈一看,果然接反了,更正后一切正常。

例4-6　磁放大器反馈线圈接反。1971年参加某项设备的安装和开通,该项设备通过了各种鉴定,已经在全国很大范围内使用。它的电源系统采用了负反馈磁放大器作为自动控制单元,试验中发现该系统很不稳定,经常跳闸断电,严重影响该系统的正常使用。制造该项设备的工厂设计人员说工厂车间调整时就有此问题,一直没有找到原因。

从理论上讲,负反馈系统应该是很稳定的。怎么理论与实际会有这么大的差距呢?该系统是通信的骨干设备,它电源系统不稳定会严重影响通信质量,一定要找到问题的原因并加以解决。我决心从源头上找,逐张核对工厂车间的安装图纸,结果设计图纸把反馈线圈的两根子线颜色标反了,负反馈成了正反馈。从理论可知,正反馈必然不稳定。改正以后非常稳定。据此,工厂修改了图纸,并通知所有在用的单位改变接线。

例4-7　四端网络知识的应用。通信电源系统的杂音电压是一项很重要的指标,工程竣工时都要进行验收测试,测试的方法沿用苏联国家标准5237—59。奇怪的是,同一个系统,今天测试合格,明天再测可能不合格,施工方和接收方往往因此争执不休。这到底是怎么一回事呢?

为了彻底解决这个谜,必须详细阅读有关的苏联资料。该标准是1959年发布的,于是我到北京国家图书馆详细查找1958—1960年的俄文通信期刊,果然找到了解释该标准的一篇文章,详细阅读后发现,由于他们没有注意阻抗不匹配引起的反射,所规定的测试方法是不对的。运用四端网络理论,只要在原测试图上加上一个600Ω的匹配阻抗,电源系统的杂音电压就是很稳定的。

无独有偶,1970年试验小同轴电缆300路的遥测系统时又碰到了类似的问题。该系统的地下无人站有4个远距离供电的放大器,工作正常与否用遥测信号进行监测,4个放大器的遥测信号来自同一个遥测震荡器。

很显然,作为判断依据的遥测信号应该是非常均匀和稳定的。工厂车间测试时,遥测震荡器的4路输出信号非常均匀和稳定,但是安装到实际机箱内时,4个信号间却有较大的偏差,有的高,有的低,相差2dB左右。经过反复摸索,发现是连接线的长度不同所致,引线长的信号低,短的信号高。

但是4根引线中最长的1.2m,最短的0.6m,两者相差只有60cm,其衰减差只有0.01dB,为什么实际却相差2dB呢?由于没有能从理论上分析出引起偏差的原因,因而也没有找到根治的方法,工厂出厂时只得将4根引线都搞成1.2m长,以使信号大小保持一致。很显然这是一种治标不治本的解决方法。

在反复确认了这个现象以后,我运用四端网络理论知识,分析出遥测信号幅度的偏差是由于原设计电路两端都采用高阻抗引起的。运用微积分,推导出了引线长度对遥测信号大小影响的计算公式,准确地解释了实验中测得的各种数据。原因找到了,根治的方法也就有了,只要去掉一端的高阻抗即可。

以上两个难题,一个发生在很低的频率,一个发生在很高的频率,但是它们产生的原因却是相同的。1987 年我把它们归纳在一起,写成了《"非长线"情况下全反射的后果》一文,发表在《军事通信技术》上;1994 年又写成了 *The consequences of two consecutive total reflections in lumped—circuits* 一文,被收入 1994 年上海国际通信会议(ICCT'94 Shanghai)论文集中。

例 4-8　用微积分计算出"卡壳尺寸"。1968 年参加施工,抬着庞大的机器铁架进坑道,碰到拐弯处进不去,只得把铁架锯开,抬进去以后再焊接起来。面对这种情况,参加施工的人都会得出"今后应该根据机架尺寸提出坑道土建条件,免得施工时锯开机架"。但是机架形状各异,坑道断面的几何形状多种多样,怎么根据机架尺寸提出坑道土建条件是一个比较复杂的数学问题。我应用平面几何与微积分知识,归纳出各种情况下"卡壳尺寸"的作图法与计算法,并计算机编程算出了常用形状的"卡壳尺寸",写了一篇名为《"卡壳尺寸"及其计算》的文章,发表在《通信工程》杂志 1988 年第 4 期上。

从以上的例子可以看出,感觉只解决现象问题,理论才解决本质问题。

例 4-9　解决严重的无线广播干扰。小同轴电缆通信系统在试验过程中受到 200 多个无线广播信号的干扰,有的国外电台远在几千公里以外,严重影响使用。国产小同轴电缆是按照 CCITT(国际电报电话咨询委员会)建议的标准研制的,与国外的电缆性能差不多。是什么原因产生如此严重的无线广播干扰呢?

由于没有现成的资料可查,于是只得在基本理论指导下进行试验。把小同轴电缆放到了大功率无线广播电台的发射铁塔脚下的地面上,每连接一盘就测试一次,一个环节一个环节地查明引起严重无线广播干扰的途径,摸索解决办法。终于发现严重的无线广播干扰是在两盘电缆的铝护套连接不良情况下引起的。改善铝护套的连接方法以后彻底解决。

2. 改进施工方法

1) 无人站开通方法的创新

我是主管设计工作的,施工组织与开通方法并不是自己分内的事,但是也积极主动参与,并从中学到不少书本上没有的东西,总结出一些具有自己特色的开通与施工方法。

施工初期,采用常规的"带表法"测试无人站的各项指标。由于仪表数量多,体积大,施工进度缓慢。施工人员在实践中提出并初步试验成功了"交直流折返法",彻底甩掉了仪表。但是有的人认为此种方法测试的准确性不够,只能在应急情况下使用,正式开通测试时仍然应该用"带表法"。

我根据有线传输原理,论证出"交直流折返法"具有"简"、"准"、"快"、"省"的优点,为这种方法提供了理论依据,推广后极大地提高了施工进度。随着施工经验的积累,又试验成功了"交流跨接折返法"、"交流终端折返法"以及"提高电平折返法",形成了一套完整的无人站开通测试方法。随着设备质量的提高,又提出并试验成功了"遥测法",再也不用一个无人站一个无人站地进行折返测试了,而是一次开通160km 的有人段,不但施工进度快,而且工程质量高。

在施工方法方面,我每次参加施工都很注意总结经验教训,每年施工结束时都主动写一份当年总结,提出改进施工方法的建议。连续五年参加施工,多次改进施工方法。例如改无人机与尾巴电缆分开作业为联合作业,改逐站安装逐站加电测试为全线一起安装一次打通,极大地提高了施工速度和质量。

以上无人站开通与测试方法都被收入拙作《小同轴电缆 300 路无人站的调测和故障分析》一书,并在全国推广。

2) 远距离供电加电方法的改进

有人站采用磁放大器作为电压调节元件,向 20 个无人站放大器恒流供电,开通时无人站数目由少到多,远供电压由低到高。机器说明书建议开通靠近有人站的几个无人站时,在有人站远供电压输出端子上串入假负载。随着开通站数的增多,不断减少假负载。这种方法不但麻烦,而且远供电压高达 750V 左右,操作时必须十分小心。

既然是恒流,能不能不加假负载,不论无人站的数目多少就直接加电呢? 实地试验了一下,没有出现问题。是不是在所有的情况下都可行呢?

要回答这个问题必须要从理论入手。过去在学校里没有学过磁放大器原理,我找来了磁放大器权威 Storm 的著作 *Magnetic Amplifier*,逐字逐句学习,搞清楚其工作原理后证明耗在磁放大器上的功率与无人站数目无关。

但是耗在远供设备功率三极管上的功率是不是与无人站数目有关系呢？于是又参考了半导体器件方面的书籍，证明与无人站数目关系不大。到此，就很有把握地甩掉了开通时加在有人站远供设备后面的一串假负载，直接向无人站供电，大大地简化了操作。这种方法后被收入拙作《小同轴电缆 300 路无人站的调测和故障分析》一书中，并在全国推广。

3) 精确测量电缆长度方法的探索

设备安装时需要知道已经埋在地下的电缆到底有多长，这个问题初看起来似乎很简单，但深入分析起来却不然：

(1) 从竣工资料里查长度。竣工资料上的长度是根据每一盘电缆的制造长度累加得来的，误差大。

(2) 根据电缆路由标桩在地面上测量其长度。由于电缆在接头处留有余线，所以用这种方法测出来的长度误差也很大。

(3) 测量直流电阻后换算出长度。这种方法的准确性与所用的单位长途电阻值以及电缆温度有关。要获得准确的单位长途电阻值与电缆温度，需要有非常复杂的恒温水池与精确的测量设备，国外学术刊物上有专门文章讨论这种方法。

说到电缆温度，一个增音段长度 8km，地形各异，向阳背阴，地温差别很大，而且实际各处电缆埋设深度也不一样。所以即使有准确的测量方法，但是 8km 范围的平均温度到底是多少仍然是个问题，国外刊物上有大量的文章讨论类似的问题。

(4) 用脉冲测试仪测量长度。这种方法的准确性基本上与直流电阻法差不多，不能满足实用要求。

(5) 用谐振法测试相位后换算出长度。这种方法精度比较高，苏联的刊物《电信》上有专门论文介绍这种方法。

由此可见,只要深入进去,平凡工作中的技术问题还是很多的,都很值得钻研,有的可能也是国外同行关心的问题,多高的文化程度都有用武之地。

3. 革新创造

(1) 差频法与分流法

电缆无人增音机都埋在地下,全程非线性失真严重时,到无人站以后,必须用正常的放大器替换下有疑问的放大器才能压缩出故障点的位置,非常费时费事。尤其是在交通不便的山区,排除一次此类故障往往需要一天。如何准确判断此类故障点成了当时施工与维护中必须解决的问题。

怎么办?我又去查阅外国杂志,看看他们是如何解决此类问题的。最后在苏联的《邮电通报》上看到他们的无人机里有两个遥测震荡器,在有人站测试两者差频的电平以判断哪个无人机放大器非线性不好。我们的无人机上只有一个遥测震荡器,不能照搬他们的方法。但是这篇文章开阔了我的思路:不是可以从有人站送一个信号去与无人站的遥测震荡器信号进行差频吗?立即动手进行了试验,只要有人站送出去的信号的频率与电平选得合适,完全可以用这种方法准确地判断出哪个无人站的放大器的非线性不好,这样就产生了差频法。

一个通信系统长达数千公里,发生非线性不好的故障后,首先要求每一个有人段(160km)之间进行对测,以断定哪个有人段有问题,然后再用差频法判断出哪个无人机放大器有问题,非常费事和费时。为解决此问题,我根据大学微积分中无穷级数和高中三角学中的倍角半角公式,提出并试验成功了分流法,只插一个电阻就可以压缩出故障点的有人段位置,非常简便易行。

差频法与分流法后收入拙著《小同轴电缆 300 路无人站的调测和故障分析》一书,在全国推广。

(2)电压法

这套电缆载波通信设备的直流远距离供电回路长达 80km,中间串接有 10 个无人增音站。无人增音站发生接地故障时,由于中间串接有许多单向导电的二极管,无法用传统的电桥法或脉冲法测定故障点位置。压缩故障点时,先在 40km 处断开,看看故障在哪边,然后再在 20km 及 10km 断开,非常费事费时,成了施工与维护中的一大难题,我冥思苦想也找不到办法。

一日,我从医生量体温与号脉诊断疾病得到启发。几十公里的埋在地下的电缆与无人维护增音站相当于看不见摸不着的体内器官,有人站相当于体外部分,能不能如同诊断疾病时从体外测量体温与脉搏一样,从有人站测量远距离供电电压与电流入手,判断出埋在地下的无人站处的接地故障呢?该远供系统是直流电,$I=U/R$,学过初中物理的人都懂。我从系统回路入手,分析清楚电流 I 从什么地方流进去、什么地方流出来,电压 U 应该在哪两点之间测量,电阻 R 由什么组成的,发生故障时有人站送出去的电流与电压有什么变化等,提出并试验成功用测量电压的方法判断接地故障点的方法。这种方法不但操作简单,而且准确性极高,不仅能判断出几十公里以外的哪个无人维护增音站有故障,还能判断出故障发生在机器的哪个端子上,大大地缩短了排除故障的时间。这种方法除了收入拙著《小同轴电缆 300 路无人站的调测和故障分析》一书并在全国推广外，我还以 *An new voltage approach for fault location of grounding in power feeding line of wire communications* 为名发表论文，并被收入 1994 年上海国际通信会议(ICCT'94 Shanghai)论文集中。

随后又提出并试验成功了判断电缆绝缘下降故障点位置的剩余电压法与瞬时电压法。

（3）并联量电流法

测量增音机远供电流时必须先在有人站切断远供电流，拆下插头，串入电流表，有人站再次加电以后才能测出电流值。一个人两只手只能把电流表的一根接线串入远供回路，接两个端子必须要两个人。无人站空间狭小，进去两个人非常拥挤，很不便于操作，迫切需要改进。但是学过初中物理的人都知道，量电流时电流表要串联在被测回路中，量电压时电压表要并联在被测回路两端。教科书中是这么说的，实际工作中人们都是这么做的，天经地义，好像没有改进的可能性。

一日，我在有人站指挥无人站的人操作，时而要他们测量远供回路的电流，时而测量电压，通过电话，他们把测试结果告诉我。有一次测量电流以后我发现其数值比正常值略低，就在电话里询问是否仪表有什么问题。出乎意料的是，对方一语不发，在我的再三追问下，对方回答说刚才接线有误，所报数据作废，随之告诉我正确的数据。

事情到此似乎已经可以告一段落了。但是我打破沙锅问到底，非要对方说清楚"接线有误"的具体情况。原来他们把电流表并联接在被测回路两端去测电流，所以数据比正常值小一点。根据电工知识可以知道，如果把电流表并联在被测回路两端去测电流，应该烧坏电流表，可是他们说电流表没有烧坏。我感到非常奇怪，立即乘车到 20km 以外的无人站去看个究竟。

我反复把电流表并联在被测回路两端测电流，电流表就是不烧，使我这个大学生目瞪口呆。面对这种奇怪现象，有的人认为"不烧电流表就是万幸，告诉大家今后注意就是了"。但我却抓住这个偶然现象不放，既然电流表没有烧坏，其中必有原因，一定要找出原因。

经过反复分析，终于搞清楚在这种情况下不烧电表是必然的。在远距离供电的情况下，在某一个无人站并联测量时，由于有人站电源设备的内阻与电缆芯线电阻串联以后比负载电阻大得多，所以可以把远距离供电设备等效成为一个恒流源，所以不论是否用电流表把某个负载短路，其输出电流基本上是不变的。

从理论上搞清楚以后，我就把这种"错误操作"上升为技术革新，总结出一种非常简便的并联测量远供电流的方法，并把它收入了拙作《小同轴电缆 300 路无人站的调测和故障分析》一书在全国推广。

（4）"故障可能后退一个站"规律的发现

利用遥测电平判断无人站故障时，一般说来，有遥测信号的站没有故障，没有遥测信号的站有故障。教材里是这么说的，我们也是这么做的。一次无人站发生故障，我根据这个判断法则指挥人员到没有遥测的无人站去排除。该站位于交通不便的山区，而且时值隆冬大雪之后，人员行动非常不便，20km 多的路走了六个多小时。结果发现故障并不在该站，而在下一个站。

对此，有的人用"下回判断时注意"一句话概括。但是注意什么？

这一次判断时并没有什么粗心大意之处,为什么根据遥测信号判断的故障还不准确呢? 我抓住这次故障现象不放,详细解剖了有故障的无人机放大器,用高等数学中的双曲线函数进行计算分析,发现这种现象是必然的,并由此得出了"有遥测信号的站不一定没有故障,没有遥测信号的站不一定有故障,故障可能后退一个站"的判断故障的新要领,成为综合判断故障方法中最重要的一条。这种方法后来收入拙作《小同轴电缆300路无人站的调测和故障分析》一书,并在全国推广。

4. 运用之妙,存乎一心

"运用之妙,存乎一心",是说在学习和运用各种知识过程中,要注意掌握它的精神实质,活学活用。只要学习中注意从具体的科目中抽象出普遍适用的原则来,就一定会在其他方面获得运用。下面是两个例子。

例 4-10 某战术电台,它一共有 6 个电子管,分别起高频放大、本地震荡、混频、中频放大、音频放大和功率放大等功能。按照书本知识,高频放大、本地震荡、混频、中频放大、音频放大和功率放大等应该使用不同型号的电子管。这样至少需要五六种型号,考虑到该战术电台使用于连一级,为了简化备件的种类,6 个电子管使用了同一型号。老师在讲课时反复强调这样的设计在技术上不是最佳的,但是非常适合战场的情况。

例 4-11 某种冲锋枪,结构简单,只有十几个零件,故障少,而且一物多用,熟练了以后即使蒙着眼睛也能拆装,非常适用军用。而另一个国家的卡宾枪,零件多达 100 多个,故障多,装拆也非常不便。

这两个例子给我留下了非常深刻的印象,运用在以后的工作中,就会有所前进。

例如运用例 4-10 的思路,我对小通信站的电源电缆的设计作了改进。设计手册规定,要根据通电流的大小计算出电缆截面并选择电缆型号。由于电源种类有＋220V、－24V、＋60V、－60V、交流 220V 以及 16Hz 铃流等 6 种,因而也就需要选择 6 种不种截面的电缆,即使截面相近的合并,也至少需要 3～4 种。这样做在理论上是完全无可非议的,但是运用在小通信站上就产生了一些实际问题。电缆型号多,可每一种只需要十几米,不便于备料。施工结束时,每一种电缆的工程余料长度只有一两米,无法再利用。如果为各种不同用途的电源设计了同一种或两种电缆,备料时把一盘或两盘电缆运到工地,每一种电源实际需要多长就从电缆盘上截取多长,一点工程余料都没有,留下的电缆盘上的电缆即可运到下一个站施工,效果很好。

小同轴电缆 300 路的遥测系统是参照国外的设备制定的,每一个地下无人维护增音站一个频率,一个有人维护通信段内有 20 个无人增音站,需要用 20 个间隔只为 500Hz 的不同品种的遥测震荡器。由于频率间隔小,测量时需用专门仪表;由于品种多,生产、施工与抢修必须对号入座,比较麻烦,迫切需要改进。受例 4-11 的思路的启发,我萌发出简化该系统遥测震荡器的品种的念头。

如何才能减少遥测震荡器的品种呢?我决定看看国外是如何解决这些问题的。于是找来了苏联杂志《邮电通报》,详细阅读介绍同类设备的多篇文章,了解到他们的无人维护增音站全部采用同一频率,哪个遥测震荡器工作由有人站通过远程控制系统完成。他们的这个解决办法给了我启发,根据我国遥测系统供电情况,我提出并试验成功了分段加电的方法把遥测震荡器的品种由 20 种减少到 10 种,后又提出并试验成功了正负加电的办法,把遥测震荡器的品种再由 10 种减少到 5 种,频率间隔由原来设计的 500Hz 扩大到 2000Hz,方便了生产、施工与维护,也可用普通仪表测试遥测信号。这项革新被国家鉴定会采纳,在全国推广,从而大大地方便了制造、施工和维护。

运用同样的思路,我成功地将从某国引进的遥测震荡器品种减半,节省了费用。

4.6 军事知识的应用

在军校学习了许多军事知识,这些知识在通信工程的组织与施工中大有用武之地。例如 20 世纪 70 年代组织与指挥电缆载波系统的施工,成千上万的施工人员展开在上千公里的线路上,犹如部队作战一样。我将各种军事知识应用于施工计划的制订与人员编成、展开、转移、协同等方面,收到了非常好的效果,极大地提高了工效。下面以两则重视天候为例作些说明。

例 4-12 1968 年 12 月接受一项紧急任务,要求在一个月内在某地区参若干条新建成的坑道内安装一系列通信设备,我负责一个坑道的安装。新建成的坑道非常潮湿,安装通信设备以前必须排潮,当时通用的方法是使用红外线灯烘烤,因而需要大量的电力。而当地没有电,只能靠柴油发电机发电,夜以继日的发电需要大量的柴油。为了保证按时完成此项紧急任务,上级提供了充分的人力与物力。其余几条坑道无例外地都采取了红外线烘烤的方法,我们也做好用红外线烘烤排潮的一切准备。

天候对军事行动有重要的影响,所以我在组织和领导施工时,都指定专门参谋负责收听电台的长期和短期天气预报。正当我们准备开工的前夕,参谋报告说"一周后将有寒流来袭,气温要下降10℃"。我听后立即召开会议进行研究,决定利用寒流排潮。在寒流到来之前的数天里,集中力量搞好人员训练与其他各项施工准备工作。4天后寒流如约到来,我们把坑道的所有出入口都打开,让寒冷干燥的空气贯穿整个坑道。不到两天,坑道里的湿度就达到了要求,由于人员培训与各项准备工作做得充分,整个安装工作很顺利,不但提前一个星期完成了任务,而且节省了不少柴油,受到了上级的表扬。

例4-13　1975年6月初,参加西安到陕北的同轴电缆无人机的安装与开通。当时组织了两支施工部队,我所在的部队负责从陕北到南泥湾,另一支负责从西安到南泥湾。经过近一个多月的在山区的紧张施工,6月底我们推进到了延长县,住在一个石油矿区,各方面的条件较好,我们准备在此休整一个星期。宿营后当天晚上召开了碰头会,专门研究如何组织部队在7月1日参观革命圣地延安。但在会议上,一参谋报告说"电台中长期天气预报说半个月内延安地区将有特大暴雨"。按计划,半个月后我们正好推进到南泥湾地区。该地区的非主干公路到了雨季基本上就不通汽车。按原计划推进,我们岂不是要陷在南泥湾了?经过反复研究,决定调整施工计划,第二天就展开施工,力争在大暴雨到来之前完成任务,然后把部队撤到延安附近休整并参观延安。经过动员,全体施工人员热情高涨,节假日都不休息,连续奋战,终于在 7 月 10 日完成任务。留下一个联络小组于预定的结合部附近，并给他们留下了足够一个月供应物质以后，部队撤到了延安附近休整，第二天优哉游哉地参观了延安。第四天，大暴雨就来了，南泥湾地区的交通基本上瘫痪了。而另一支从西安出发的部队，由于没有注意天气的影响，按部就班施工，7 月 6 日左右才开进到南泥湾地区，结果被大暴雨困在山沟里，由于不通汽车，只能靠人背马驮供应粮食，直到 8 月底公路修通以后才摆脱困境。

4.7　外语的应用

1. 大学生的标志之一

外语水平高低是大学与中专教育的区别之一，到了工作岗位上，能不能发挥外语的作用，更是大学毕业生区别于中专生的标志之一。

不少大学生在学校里为了通过考试而学外语，考试及格就意味着外语学习的结束。到了工作岗位以后，尤其是到了非科研或非教学的工作岗位以后，似乎感到外语没有什么用，会不会无所谓。于是有的人就片面地认为只有出国、搞尖端技术、搞科研才需要外语。其实这是一个很大的误解。

产生这种误解的原因主要有两个：一是因为外语水平低，离用英语所需要的水平还有相当的距离，还需要继续学习才行。但是由于他们在校期间终日为外语学习所累，好不容易到了不再有英语考试的工作岗位，哪里还会自讨苦吃再去学习外语呢？二是对外语在普通工作中的用途认识不够,认为一般性的技术都是很成熟的,看看国内现成的中文资料就足够了,用不着去参考国外的原文资料。

我在二十多年平凡的工程设计和施工中一直坚持用外语,深感收获很大。能在工作中用外语,就相当于多了一双眼睛,一定意义上相当于"参加"过国外的同类设计与施工,思路要比不能参考国外资料的人开阔得多。

2. 直接应用

有些工程技术问题可以直接应用外文期刊上介绍的方法。例如20 世纪 70 年代初,我们在小同轴电缆线路的施工前,按照国家标准规定的测试方法,一盘一盘地测试国产小同轴电缆的串音衰减,结果发现大量电缆不合格。不合格的电缆能不能用? 下一步怎么办? 一时间成了工程进展的难题。

国产小同轴电缆是按照国际电话电报咨询委员会建议的标准研制的,国家规定的测试标准与苏联的标准一样。我们碰到的这个问题,或许苏联的技术人员也碰到过并解决了。于是我就找来了苏联研制小同轴电缆时期(1968—1971 年)的全部《邮电通报》与《电信》,从中找到两篇很有针对性的文章,详细介绍同一种现象,并用测试曲线说明把单盘串音不合格的电缆连接成 4km 时,串音完全符合要求。有了这样的结论,我们试着把单盘测试时发现串音不合格的电缆埋在地下,连接成8km 后进行全程测试,果然串音指标全部合格。

又如,无人站放大器上的一些接线端子的外导体对地是绝缘的,不但增加了设备的成本,也给施工与维护带来了许多不便。为什么这些端子对地要绝缘？请教工厂技术人员，得到的回答是"参照国外的资料设计的，试制时间紧，来不及搞清楚为什么，用绝缘端子以后未发现有异常现象，所以是可行的。"我不满足于这样的回答，就到处查阅国外资料，最后找到一篇专门论述此问题的文章。国外某公司曾花巨资，进行电气化铁路强电干扰下外导体绝缘与否对设备与人员安全的专题试验，得出什么情况下应该绝缘和什么情况下可以不绝缘的一般性结论。在搞清楚外导体绝缘要求的来龙去脉以后，返回去看我们的设备，发现有的绝缘必须有，有的则是多余的，建议工厂取消，工厂采纳了我的建议。

在解决这些问题过程中，我们没有进行过任何一次试验，完全是在看了国外的资料以后找到答案的。

3. 启发思路

从外文书刊中受启发的例子很多，热敏电阻位置与人井保温就是一例。为了尽量反映地下电缆的温度，该系统的无人增音机把自动调节放大器增益的热敏电阻放在机器的壳子内侧，而没有直接放在放大器里面。由于连接环节增多，连接线比较长，故障比较多。

与热敏电阻位置有联系的是人井保温措施问题。为了免除外界气温骤变对人井内部温度的影响，国外在人井顶部与四周贴泡沫塑料，造价比较高。

能不能去掉连接线把热敏电阻直接放在放大器上？能不能用在人井顶部覆土的方法解决人井的保温问题？所有这些问题的解决都不能凭主观想象，必须详细阅读资料。

自己动手去测试人井内部的温度分布不是一件简单的事情,更谈不上对测试结果进行严格的数学分析了。于是逐期查阅国外有关刊物,最后终于在日本某杂志上找到两篇专门讨论无人增音机箱内与安装无人增音机的人井空间内温度分布的试验结果,并附有详细的数学分析。他们的试验结果与理论分析表明,人井温度与机器内部的温度的差值为一固定数值,所以就变化量而言,可以认为两者是等效的。文章同时也详细介绍了人井顶部覆盖不同厚度的土层时的保温特性,指出只要有 40cm 以上的土层,就可以免除外界气候骤变对人井内部温度的影响。

受这两篇文章的启发,我们把热敏电阻直接放在放大器上,去掉了长达 1m 左右的连接线,既降低了造价,又减少了故障。既然可以用覆盖足够厚度的土层来解决人井保温问题,也就用不着去耗费昂贵的泡沫塑料了。

在解决这两个问题过程中,我们既没有自己动手去测试温度,更没有去进行计算机模拟与公式计算,但是很好地达到了目的。

4. 获得理论分析

有许多工程问题虽然找到了解决办法,但由于水平所限,往往难以作出理论分析。阅读外文资料有时可以获得详尽的理论分析资料。

例如我国的小同轴电缆载波系统,参考国外机器的体制,在 160km 电缆中间接有一个外导体对地绝缘的 1∶1 变压器,试验中发现此变压器对于串音有很大的影响,去掉对地的绝缘则串音消失。为什么要接这个变压器?从原理上讲,1∶1 的变压器对于信号传输没有影响,但是为什么对串音有很大的影响?既然是参照国外机器设计的,可能会有文章发表,最后果真在某国的杂志上找到解释此变压器作用的文章。同时也找到了一篇论文,详细分析了接入此变压器后,纵向电流经由寄生参数形成串音,列出了串音衰减的计算公式。

正因为在工作中我深切体会到外语太有用了,所以就喜欢学外语。除了在大学里学习时掌握了俄语,一到工作岗位上就可以顺利阅读俄语资料外,还在工作之余自学日语,达到了能阅读专业书刊的水平。而且学了就有用,我参加小同轴电缆300路试验与施工中所发现与解决的许多问题,就是在参考了日文资料以后得到启发的。

基于切身体验,所以我才大力鼓励别人努力学习外语,并在《逆向法巧学英语》(清华大学出版社,1997)一书中明确提出"不出国需要外语"、"不搞高科技需要外语"、"不从事科研工作需要外语"、"中国文化走向世界需要外语"和"不闹笑话需要外语"等观点。

5. 其他

阅读外文期刊,除了可以在技术上开阔眼界外,也可以在工作方法上获得启发。例如英国研制10800路60MHz同轴电缆系统时的线路试验方案就很有启发。该系统的无人维护增音段长达几十公里,中间有几十台远距离供电的无人增音机。要想获得全面试验结果,必须要有全段长距离的实测数据。建设一个几十公里长的电缆线路以及数十个地下无人增音站,不但需要耗费大量的人力物力,而且试验的调测散布在几十公里的距离上,出了问题分析判断都很不方便。为解决这些问题,他们在距离机房约一公里处建了一个地下人井。机房与人井之间建了一段电缆管道。管道内布放了几十条多管同轴电缆,串成了几十公里的一个标准增音段。由于所有的无人维护增音机都在一公里外的人井里,试验中发现问题时,分析与解决起来非常方便。受他们这种试验方法的启发,我在随后的各种试验中,只要有可能,都采用环路试验方法。在多次实践的基础上,写出《环路试验的优点》(军事通信技术,1992(1):72~75)一文。

4.8　乐在应用知识中

学习各种知识的目的在于把它们应用到实际中。如果在实际工作中应用了某个书本上的知识,成功地解决了妨碍工作进展的某个难题时,一定会感到无比的欢乐与快慰,感受到知识的价值与自身的价值。

学习过程中可以体验到从不知到知的求知乐趣,但是此时还难以体会到知识的巨大应用价值。只有把所学的书本知识成功地应用于实践时,才能深切地感受到书本知识是何等有用。

例如,我在中学三角学中学了余弦定理,做过许多习题,当时觉得它不过是一个很普通的公式罢了。说到它的应用,老师也仅仅说以后学高等数学和专业课时要用到。在这个阶段,学得再深再透,对它的理解和体验始终停留在从书本到书本的层次上。

后来在工作中应用这个公式解决了长波导航台信号对架空明线12路载波的严重干扰、换相180°解决小同轴电缆低频串音、利用差拍将引进的3600路遥测距离加倍以及提出差频法以后,对于它的巨大应用价值才有了深切的体验。

　　这么一个简单的基本数学公式都有如此巨大的应用价值,更不用说其他专业知识了。

　　在理论联系实际的过程中,必然会进一步激发起更高的求知欲和主动参加实践的自觉性。例如我的本职工作是通信工程设计,只要把图纸设计出来就行了,顶多参加一两次施工,检验一下设计图纸是否正确就行了,并不一定每次施工都必须参加。但是由于在参加施工过程中亲身感受到了成功地应用理论于实践的乐趣,所以1970—1975年期间,每年都主动参加施工并从中学到了许多新知识,进行了一些技术革新,其中大部分被国家级鉴定会议肯定并在全国推广。

　　求知有乐趣,应用更有乐趣。从一定意义上,从书本到书本的求知乐趣是不完整的,因为它不能完整体现知识的价值。只有把书本知识成功地应用到实际中,求知的乐趣才延伸到应用的乐趣,才能完整地感受到知识的价值。

　　在体验知识的巨大应用价值的同时,必然能感受到自身的价值,感到“有幸接受高等教育”与“十年寒窗苦没有白受”。

4.9　进一步学习理论

　　为了说明理论联系实际的重要性,前面所举的例子基本上都是中学和大学里所学的理论。但在实际工作中,单单有大学里学的理论知识还是远远不够的,要想把工作中碰到的问题从理论上搞清楚并加以解决,必须要进一步学习理论。

　　例如工作中经常碰到电磁干扰和接地问题,为了防止干扰,有的规程要求一点接地,而有的规程则要求多点接地,互相矛盾,工作中往往无所适从。为了搞清楚接地与抗干扰之间的关系,我系统地学习了多本专著,搞懂了电磁干扰的机制、为什么要接地、地在哪里等问题。正是在这些理论知识的指导下,解决了工作中碰到的各种电磁干扰问题,以下是几个实例。

例 4-14 一点接地彻底解决音频干扰。某通信机研制过程中发现有一个固定频率的干扰,超过标准 20dB 左右,接入了一个专门抑制这个频率的滤波器,其阻带衰耗大于 40dB,但是实际效果只有 8dB,与理论值相差 30dB。即使串接 3 个抑制滤波器,指标也才勉强合格。

为什么滤波器阻带衰耗的理论值与实际效果会有这么大的差别? 难道滤波器的理论不对? 不可能,因为此类滤波器是非常典型的通用器件。

面对这种情况,我想起了曾经看过的一本名为《长途通信器件设计》的书,其中专门有一节讨论不对称回路的一点接地与多点接地的问题,明确指出"不对称回路多点接地可能引起干扰",并以实际例子用补偿定理推算出可能引起的干扰数值。据此,我提出发信和收信回路都只保留一个接地点。把多余的接地点统统去掉以后,固定音频干扰就彻底消失了,根本用不着加任何抑制滤波器。

例 4-15 解决电磁干扰。在通信工程教科书中所介绍的各种电子电路里,各种条件都是理想化和形象化的,一个个元器件清清楚楚地画在纸上,按照设计要求起作用,因而比较好理解。而电磁干扰则是原设计中没有的,而且是由图纸上没有的元件(例如寄生电容和电感等)引起的。只有书本知识的人碰到干扰问题时往往一筹莫展,往往东动动、西晃晃,希望在漫无目的乱摸乱撞中干扰自然消失。有时在胡乱的晃动中干扰突然消失了,他们就会说"就这样,不要再动了",以为这样就算把干扰解决了。

由于真正原因没有找到,日后干扰一定会再出现。这种情况重复多了,就会产生"理论解决不了实际问题"的片面认识。其实任何干扰都是符合电磁学的基本定律的。工作中我经常阅读一本著名的有关电磁干扰和屏蔽的英文书,该书作者在扉页的第一行写了以下的话:"1mA 电流在 1Ω 电阻上的电压降为 $1mV$。"并在前言中说"解决电磁干扰的关键是找到引入干扰的途径并把它画在图纸上。一旦做到了这一点,解决干扰问题就成了一道再普通不过的电磁学方面的习题,任何干扰问题最后都可归纳为欧姆定律。"这些话语言简意赅,说出了"理论才解决本质问题"的深刻道理,每当工作中解决一个电磁干扰问题,我都会想起这些话。

在总结解决各种干扰的基础上,我写出了《通信系统的屏蔽与接地》一书,1997 年由国防工业出版社出版。

例 4-16　我国的小同轴载波系统的同轴管外导体采用一端接地体制,即在有人站处接地。为什么要这样做?研制这套设备的工厂技术人员说是参照某个国家的同类系统的,不清楚什么道理,国内现成的通信专业书里也没有答案。

带着这个问题,我花费了 3 个月时间,逐期查阅了北京国家图书馆里 1960—1971 年的国外通信期刊,终于搞明白同轴管外导体的接地方式有全程绝缘、一端接地和两端接地 3 种,各有利弊。全程绝缘利于抗电气化铁道的强电感应,不利于防止同轴管之间的低频串音;两端接地利于防止同轴管之间的低频串音,不利于抗电气化铁道的强电感应;一端接地则介于两者之间。

　　刊物中仅仅列出了这些结论,要想知道为什么,必须阅读有关文章后面列出的参考文献。我就这样一篇一篇穷追不舍,直到搞清楚为止。

　　又如设计与施工中所遵循的国际、国家或部门颁布的各种标准中,有的可能有疏漏或欠缺,或随着技术的发展,有的需要修正等。发现与修正这些欠缺,是每一个从事通信工程设计人员的责任,尤其是受过大学教育的人员的责任。别人制定标准,你可以照搬照套,为什么你就不能补充与修正一些标准,让别人去照搬照套呢?

第5章

坚持自学

5.1 概述

1. 必要性

现在社会处在全球化的信息时代,发展很快,要想跟上时代的发展步伐,必须坚持自学。我们经常可以看到一些同时从学校毕业并从事同样工作的人,在校期间学习成绩差不多,有的离开学校后坚持自学,有的吃老本,基本上不学习。一个月下来似乎看不出两者有什么差别;但是一年下来,就会有差别;三年五年下来就会有明显的差别;十几年下来,他们的知识水平和工作能力可能就相差很大了。

2. 只争朝夕

"光阴似箭,日月如梭",人的一生是很短暂的,用在学习上的时间就更短暂。所以一定要珍惜时间,以只争朝夕的精神抓紧时间。

正确对待"昨天"、"今天"和"明天"是抓紧时间中很重要的一个问题。下面以学习英语为例作些讨论。

有的人在萌发出学英语的念头以后,总是后悔自己"昨天"为什么没有抓紧时间学,从而感慨万分,认为如果"昨天"要是学了,"今天"的英语水平就很高了,可以很顺利地阅读和听说英语了。但是"今天"怎么办呢? 往往认为"今天"的事情太多了(或本职工作太忙,或家务负担太重……),抽不出时间来学,因而没有就从"今天"学起的决心和紧迫感,盼望"明天"出现了学习英语的大好时机以后再学。

如果说"今天"的工作任务很重,家务劳动也不少。但"明天"是不是一定就能比"今天"轻松些呢? 不一定,说不定"明天"比"今天"还要忙。"机不可失,时不再来",一晃就是一两年。正如你"今天"后悔为什么"昨天"没有抓紧时间学一样,"明天"你也会后悔"今天"没有抓紧的。

与其不断地后悔,不如"千里之行,始于足下"。决心一下,立即动手,"今天"就学。这里所说的"今天"不是泛指目前的一段时间,而是指你萌发出要学习英语的那一天,不要等到有了什么"黄道吉日"的"明天"再开始。

一年 365 天,一天 24 小时,对谁都是平等的,对于善于利用时间的人来说,工作再忙、家务劳动再多,总还是有空隙的。抓住这些空隙,不后悔"昨天",不虚度"今天",不坐等"明天",是我们在对待时间问题上应有的态度。

正如有的人很形象地说:昨天是一张作废的支票,明天是一张远水不解近渴的期票,只有今天才是你唯一拥有的现金。

3. 决心大就有时间

在利用时间的问题上要注意"挤"。鲁迅说"时间像海绵里的水一样,只要你愿意挤,总还是有的"。"挤"出来的时间,不一定很完整,但是长期下来的积分效应却很可观。

不少在岗人员学习外语,平时工作忙,每天只能学习一个小时,虽然水平提高不快,但总是在学,在进步(起码不退步,或者说退步得少一些)。他们经常挂在嘴边的一句话是"要是每天有更多的时间学习就好了"。过去每周工作 6 天时他们这么说,改为双休日以后还是这么说。其实只要能以单休日的工作姿态利用双休日中的一日进行学习,一年下来,按每天学习 8 小时计算,学习时间就高达 400 多小时,可以学习很多东西。但是有多少人这样做了呢?而且每当与他们谈起学习时,他们还是感叹没有时间。

从一定意义上讲,时间与决心成正比,只要真正认识到学习的重要性,就一定能找到时间去学;反之,如果觉得可学可不学,即使在别人看来很有时间学习的人,也会觉得没有时间学。

我在辅导在岗人员学习英语过程中发现一个非常有趣的现象,即每逢大的节假日连续放假数天后再次上课时,很多人的英语水平明显下降,需要"热身"一两次以后才能恢复到节前的水平。

例如,我曾辅导某单位工程技术人员练习英语听力,每周两个晚上,共计 4 小时。很显然,这点时间是远远不够的。每次下课前,我总是要求他们课后要抓紧时间听写录音,每天起码 1 小时。但是大部分人都做不到,理由是"工作忙,家务事多,没有时间"。对此我也不好说什么，因为毕竟学不学是他们自己的事。某年国庆节前最后一课，我提出"国庆放假七天，能不能抽出三四天时间学学英语?"可是节后再次上课时，我发现他们的听力不但没有提高，反而倒退了。不少人上课时，昏昏欲睡。原来他们中的大多数人利用长假期到海南岛旅游去了，一点英语都没有学。对此有的人还开玩笑说："年轻时候不玩，以后要后悔的!"我也开玩笑地说："为什么不想想年轻时不抓紧时间学习以后要后悔呢? 机不可失，时不再来。而海南岛并不会消失，等学会英语以后再去也来得及。我们应该放眼世界，学好英语，到世界各地去旅游!"

在利用时间的问题上要特别注意抓住生活和工作中的各种过渡期。生活和工作的环境发生变化时，很多因素不确定，不熟悉。在这种情况下，很容易采取等待和观望的态度，白白地浪费了大好的学习时间。

例如大学或研究生毕业前夕，所有的功课都考过了，学位也拿到了，等待着走向未知的工作岗位。本来这是一个很好的学习机会，因为此时不但没有功课和考试的压力，而且别的活动也比较少。但是不少人却安不下心来。劝他们学习，他们的回答则往往是"现在工作去向不定，哪里有心思学习，等到了工作岗位以后再说吧"。

其实他们的这种说法只不过是一种自我安慰的托词罢了。真正到了工作岗位以后，环境不熟悉或不如意，说不定会牢骚满腹。或者虽然工作岗位还满意，但是随着年龄的增长，要谈恋爱，仍然没有时间学习。此时他们安慰自己的话是"等结婚以后再安下心来学习"。等到结了婚，住房和子女问题又出现了，他们又会说"等有了房子或孩子大了以后再学吧"。不少人就是这样一拖再拖，直到过了而立之年，始终没有好好地进行过自学。我经常开玩笑地对他们说："恐怕只有等到退休以后才可能有时间学习了。"

其实只要思想上重视，有强烈的求知欲，时间还是有的。如果不想学，各人情况不同，什么样的借口找不到？

4. 要有计划

"凡事预则立，不预则废"。自学必须要有明确的计划。下决心学习任何一种需要比较长的时间才能完成的知识时，应该制订长期、中期和短期目标以及实施计划。长期目标和实施计划可以订得粗一些，中期与短期目标和实施计划要订得比较具体。尤其是短期的目标和实施计划，必须是切实可行的，不能订得太笼统。仍以学习英语来说吧，长期目标是准备用三五年的时间达到能听能说的水平，中期计划则是一年内达到基本上能听懂慢速英语广播，短期目标和实施计划则是每天（或某几天节假日内）学多少个小时、听写多少页等。

在确定长期、中期目标和实施计划时，要审时度势，宁肯把目标订得低一些，切忌好高骛远，把期望值订得太高。确定短期目标和实施计划，则应尽可能向自己提出高要求，并强迫自己实施。没有经验的情况下所订的计划可能不一定符合实际情况，要注意在实施过程中及时反馈和修正，高的目标降下来，低的目标提上来。

一般人容易犯的毛病是把长期和中期计划订得很高，很具体，而短期目标和实施计划却订得又低又不具体。很显然，这样的目标和计划是很难实现的。

例如有的人想学五笔字型，一上来就订下每分钟输入 100 多字的学习目标。其实对于非录入人员而言,每分钟只要能输入 20 多个字也就可以了。如果有人把这个看法说给他听,他就觉得这个要求太低。可是又不肯刻苦去学,结果学了一阵子,每分钟也不一定能输入 20 多个字。

有了目标和实施计划,学习和工作就会有方向,就能调动起积极性,忙的时候不会顾此失彼,闲的时候不会无所事事。这样就能更有效地利用时间,而有效地利用时间则等于延长了自己的工作寿命。

在制订长、中、短期目标和计划时要有现代化的时间观念。现代信息社会的特点是快节奏,要求人们要有与之相适应的现代化时间观念。现代化时间观念至少表现在以下 3 个方面:

(1) 要有争分夺秒的时间紧迫感。作为现代社会主要特征之一的高科技,其一大特点就是快速。交通工具是亚音速甚至是超音速的飞机,洲际航行成为很平常的事;信息传递是卫星通信和全球直拨电话;信息交换是全球计算机成网,弹指间即可获得万里以外的各种信息,真正做到了"远在千里,近在身边"。

(2) 在规划未来行动时,要有准确的计时单位,隔年隔月的日程安排要精确到日,已经确定日期的日程安排要精确到时和分。

(3) 执行计划时要严格遵守时间。遵守时间,既能节约自己和别人的时间,也是尊重别人的一种表现。

大家都遵守时间,准时开会,准时开车,一切都按预定的程序或习惯进行,犹如一个准确的钟表在运行,免得大家在互相等待中浪费时间。遵守时间也是社会协作的前提,它要求在某一个时刻干某件事或干完某一件事。在一个分工协作严密的社会里,个人活动的社会性极大地增强了,每一个人的活动都与别人发生联系,一人不遵守时间可能造成多人的时间损失。

人们的时间观念和遵守时间习惯与一个国家的发达程度有关系,越是发达的国家越珍惜时间,越遵守时间。遵守时间看起来是一件小事,但它的背后有着深刻的社会和经济原因。

我国长时期处于封闭或半封闭状态,经济不发达,人们习惯于缓慢的生活节奏,因而没有紧迫的时间观念。缓慢的生活节奏形成的计算时间的单位必然是模糊和粗略的。人们习惯于用今年、明年,上半年、下半年,上旬、中旬、下旬,上午、下午、晚上等来规划未来的行动。因而没有争分夺秒的紧迫感,行动起来必然也是不遵守时间和不准时的。

随着改革开放的进展,客观形势已经发生了很大的变化,生活节奏大大地加快了,但是老的时间观念仍然时时可见。仍有不少人用上半年、下半年,上、中、下旬等作为规划未来行动的计时单位。因而,不能充分和有效地利用时间。例如,1993 年某日我同时接到两封信,一封来自国外,通知将于 1994 年 10 月 6 日在德国某地举行一个学术会议;另一封来自国内某学术团体,通知 4 个月后的下旬将在某地举行一次学术会议,准确日期提前 10 天通知。看了信以后,感想万千,一个是世界范围的隔年会议,尚能把会议日期准确到月和日,一个是仅隔 4 个月的国内会议,却只能准确到旬。这个例子难道不是表明我们时间计量单位观念落后于外国 10 倍吗?

只有把未来的行动日期准确地固定下来,才能使各项活动协调前进,才能不为日后随意更改日期留下任何空隙,才能节约时间。而以旬为单位来规划未来行动,则在客观上为一些人随意更改日程提供了可能性,从而浪费大量的时间。例如北京某单位某年初时就规划 5 月上旬在郑州、5 月中旬在西安分别召开两个会议,也知道本单位的不少人两个会议都要参加。但是由于时间的精度是旬,没有把两个会议的日期准确地衔接起来。结果是郑州会议结束 5 天以后西安的会议才开始。使得身在郑州需要去西安开会的人进退两难,回北京吧,呆不了几天又得路经郑州去西安,留在郑州或提前去西安吧,无事可干。就这样,四五天时间慢慢地在等待中无形地消失了。

　　由于缺乏现代时间观念,人们约会时习惯用上午、下午、晚上来区分时间。例如约定下午去拜访某人,而不说定是几点几分。得知这样约会以后,主人一过中午就处于等待状态,既不能外出,也不能休息,只能干一些随时可以放下的零碎事情。很可能客人下午四五点钟才来,四五个小时的宝贵时间就在这种模糊的、粗糙的时间约定中消失了。所以双方约定某项活动的时间时,如果一方没有提出准确的时间,另一方应该主动地用提问或建议的方式加以确定。例如在电话中有朋友说明天下午来访,但没有明确是几点钟,此时主人就可以建议说:"几点?"或说,"下午 5 点以前我有别的事,5 点来怎样?"等。另外,在电话通信日益发达的今天,互相拜访,只要有可能,都应该事先用电话约定,而不要做那种唐突的"闯入者",以免打乱别人事先安排好的学习或工作计划。

　　制订了某项计划以后应该进行倒计时。采用倒计时,过一天少一天,不知不觉地会有一种紧迫感;反之则容易感到来日方长,时间有的是,慢慢地来。

　　制订学习计划实际上也是要锻炼的能力之一。只有自己最了解自己,只有自己制订计划才能最大限度地调动自己的学习积极性。

5. 力争有人指导

自学时要力争找一位指导老师,在自学的全过程接受他们的指导,包括:

(1) 征求对学习目标和计划的意见。由于老师是过来人,知道什么是重点和难点,征求他们的意见有助于防止好高骛远与急于求成的倾向。

(2) 解答学习过程中碰到的难题,以加快学习进程。有些难题完全靠自己一个人去钻研可能太费时间,请教老师则可快速获得解答。但是"师傅领进门,修行在个人",再好的老师也不能替代自己的努力。只有自己确实努力钻研以后仍然搞不懂时才向老师请教,切忌一不懂就问老师。

(3) 完成阶段学习任务后请老师检查学习效果,看看学得是不是扎实。只有真正掌握了前面的内容才学新的内容。

这里所说的老师是广义的,泛指能帮助自己解决学习中某个疑难问题的人。"三人行必有吾师",要特别注意向年轻人请教。例如我在南京通信工程学院工作时和退休回到北京以后,在学习和使用电脑过程中碰到问题时,都是从计算机专业的大学生那里得到帮助和解答的。

6. 脚踏实地

脚踏实地就是不要赶时髦,不要受宣传媒体人为制造出来的各种

"热"的影响。不要随大流,看到别人学什么,自己就学什么。任何一门知识,都是通过一个概念一个概念地反复学习才能掌握的,是一个艰苦的脑力劳动过程,绝不是三分钟热度所能解决的。有的单位一次又一次掀起英语热和电脑热等,企图在短期内提高外语水平和普及电脑,但结果却一次又一次地半途而废,很少有人能坚持到底。不少单位办过多次在岗英语学习班,一开始参加的人很多,但是越学人越少,最后不了了之。

脚踏实地就是制订学习目标时要从自己的实际水平出发,不要好高骛远。不少人制订学习目标时,往往过高估计自己的水平,订出不切实际的学习目标。例如有的人初中英语都没有学好,连基本的语音知识都没有很好的掌握,却订下了"考研"的计划并付诸实施,结果学不了几天就会泄气。

7. 慢些,慢些,再慢些

我们所学的各种知识,都是几千年来人类知识的积累,学习和掌握它们是需要花气力的,需要有脚踏实地的学习态度和长期艰苦努力的思想准备。

为什么在校学习容易成功而自学却不易成功呢?急于求成是其中一个很重要的原因。在校学习有科学的教学计划制约着学习进度,有不时进行的各种考试检查学习效果;而自学,进度由自己掌握,学得好坏也凭自我感觉,往往容易产生自我满足感。所以如果不时时注意防止急于求成,自学很容易半途而废。

企图通过短期突击速成的人,短时间内也许学习的劲头很大,有时甚至到了废寝忘食的狂热地步。短期速成的目标必然采用"倾盆大雨"的学习方法，企图在几天、甚至几小时内把在校学习需要几个月、几年才能掌握的内容全部学完。而"倾盆大雨"的结果也必然是"径流而走"，真正领会和掌握的并不多。过上一段时间，几个星期或一两个月以后，自觉收获不大，就会从废寝忘食的狂热转化为灰心丧气，最后放弃学习。例如，不少人学英语，一开始怀着满腔热情参加各种口语速成班，企图在短期内达到能听能说的高水平。但是速而不成，时间过去了，水平提高不大。速成班结束之日，也是自己屡攻英语不下的历程中又多了一次失败记录之时。这就是有的人很形象地说的参加英语速成班是"笑着进来哭着出去"的原因所在。

为了防止急于求成，要时时提醒自己"慢些，慢些，再慢些"。

8. 贵在坚持

自学贵在坚持。自学的效果可能会在几年甚至几十年以后体现出来。例如平时看国外的书刊，一般只是泛读，是随便翻翻，看看各种消息，当时并不一定会有什么立竿见影的用途。但这是一种积累，日后会有用。

例如，1960年我看苏联的《邮电通报》的一篇文章，介绍如何巧妙地利用二极管正负加电的方法，在一对电话线上接两部不同号码的电话机。当时并没有感到有什么直接的用途，不过文章介绍的思路已经在我的脑子里留下了印象，15年以后参加某项通信设备试验，把这个概念应用在减少遥测频率品种上，把国内外通用的20种频率减少到5种，大大地方便了生产、施工与维护。

5.2　学习目标

在职学习目标可以分为短期与长期两种。有的学习目标是需要通过长期或中期的艰苦努力才能达到的,有的则是短期内很容易达到的,不要混为一谈。

例如,有的人提出"重新学说话(学英语)、学写字(学电脑)和学走路(学开车)是当代青年人三大本领"的说法,其实这三者的难易程度与重要性相差很大,不能相提并论。

开车最容易学,任何具有初小文化程度的人,花上几千元学费,几个星期就学会了。它的含金量就是"初小、几千元、几个星期"。所以只要把它当作一项临时学习任务就行了,没有必要一天到晚挂在心上。

学电脑,一般指的是会使用相关软件处理汉字和会上网。任何具有初中文化程度的人,参加一个电脑短训班,花上数个星期和数千元,即可掌握。所以它的含金量就是"初中、数千元、几个星期"。所以也只要把它当作一项临时学习任务就行了,下了决心,很快就能实现。这里必须指出,如果要想学会使用高级软件,碰到的主要问题就是英语水平了,因为很多高级软件的使用说明,尤其是在线帮助的说明,几乎都是英语。如果英语水平高,一步一步照着屏幕上出现的提示操作即可,一点也不会感到有多么难;但是如果英语水平低,需要边查词典边操作,就会感到吃力,就很难坚持下去,因而也就难以学会。

学英语则远比学开车和学电脑要困难得多。很多人在中学、大学和在工作岗位上连续不断地学习了十几年,不可谓不努力,但是学习效果仍然不尽人意。所以年轻人如果有精力与财力，应该努力学习英语，并根据自己的实际情况，制订出短期、中期和长期学习计划。

学习目标要可望又可及，经过努力，学习目标一般都能实现，不但对当前工作有所助益，而且也会有成就感，从而进一步提高自学的决心和信心，久而久之也会养成自学的习惯。例如，1970 年前后在小同轴电缆载波通信系统综合试验中碰到大量技术难题，需要参考一些日文资料。于是我就下决心学日文，以"阅读"为目标。这个目标并不高，但是我也全力以赴，几乎把所有的业余时间都花在日语上。同时也很注意学习方法。在熟练掌握 50 音图的基础上，重点学习格助词，逐个逐个抠。学习过程凡是碰到与汉语意思完全不同的词汇，我就记录下来，例如"手纸"是"信函"，"中中"是"非常"，"打合"是"联系"，"出张"是"出差"等。由于熟练掌握了 50 音图，看到日文中的外来语，可以很快找到对应的英语，减少了阅读中的拦路虎。经过半年的努力，基本上达到了目标，借助于词典，在《电气实用化报告》和《施设》等日文杂志中找到很多文章，对于解决工作中碰到的难题很有参考作用，有的几乎可以直接套用它们的结论，例如人井温度分布、纵向线圈对干扰的影响以及防止无线广播干扰等。

反之，如果制订了好高骛远的学习目标，即使付出了努力也不一定能实现，结果必然越学越没有信心，最后必然以放弃而告终。例如有的人自学英语，把"说一口流利的、地道的美国口语"作为学习目标。应该说，这个目标是很高的，对于不是从小生活在美国的人来说，完全依靠自学是难以实现的。其实对于一般的自学者来说，通过努力，达到能够与外国人用英语进行交流的水平就相当不错了，哪里谈得上什么流利和地道。

5.3 45岁自学英语口语

1."哑巴英语"的尴尬

我在浙江省浦江县农村上中学时没有学过音标,跟着教师念单词,对不对不得而知。有时会闹出笑话,例如 dining-room 中的第一个 i,不发[i],而发[ai],但是教师读成[i],我们也就跟着读错了,后来才纠正过来。上大学以后改学俄语,毕业后自学过一些英语,能阅读有关的专业书籍。但是从来没有学过听和说,基本上是"哑巴英语"。

1979 年,45 岁时第一次随团去法国和德国参观。当时我能阅读英语专业书刊,算是代表团中水平比较高的。但是除了一般的问候语以外几乎都听不懂,说不了。一到巴黎,翻译要求所有不会说外语的人随身带一张卡片,上写"我住在×××旅馆,现在迷路了,请把我送回去"。

由于听不懂又说不了,除了参观中听不懂技术讲解影响收获外,生活中也经常碰到非常尴尬的局面。例如,一天晚上代表团请外国朋友吃饭,团长让我站在门口欢迎客人,每见一位客人就问候一声"Good evening"。一位外国朋友在听了我的问候以后,以为我会说英语,就对我说起英语来。他说得非常快,我根本听不懂,只得像哑巴一样,一句话也不回答,并本能地向后退。结果我退一步,他就进一步,并继续滔滔不绝地说,直到我退到墙边无路可退为止。

我当时是某通信工程设计所的总工程师,是高工,面对这样局面,心里有一种说不出的尴尬:"我这个中国高级工程师和总工程师只有这样的水平,与文盲差不多,外国人怎么会看得起我们?"

以上经历使我深深地认识到:改革开放以后,要直接学习外国的先进技术,自己的英语水平已经远远不能适应时代发展的需要了。要想赶上时代的发展,必须发奋学习英语,着力提高口语能力。

学英语听和说最好的方法是生活在英语环境中,天天听英语,说英语。但是我没有这样的条件。没有条件可以创造条件,在半导体收录机如此普及的今天,听英语录音就是一个切实可行的办法。

2. 苦学一年当翻译

我当时学习的劲头很大,学过不少书和录音带。对着书看,似乎没有不明白的地方。但一年左右下来,花的工夫不少,收获却不大,英语水平(听、说和快速阅读能力等)并没有明显的提高,好像碰到了一个很不容易逾越的壁垒。

在这种情况下,我很苦闷和彷徨:进一步学习提高吧,好像困难重重,难以取得突破性的进展;但是放下不学吧,工作中确实需要,而且单身一人在沈阳,业余时间无事可做,所以还是想学英语。

怎么学呢?请教一位专职英语翻译,他说:"我们在外语学院专门学了好几年,也不是都能听懂,你已经45岁了,恐怕困难更多。"听了他的这番话,使我认识到学习英语的艰巨性,打消了急于求成的思想,做好了长期学习的准备。

一天,我突然回想起我听懂京戏唱词的过程:1948年从南方到了北京以后,觉得京戏很好听,可是听不懂,不知道哼哼呀呀唱些什么。1962年我与一位京戏迷住在一起,他有很多京戏唱片。我问他怎样才能听懂京戏,他说京戏很程式化,只要一字一字地听懂几出就行了。此后只要一放唱片,他就一句一句地告诉我唱的是什么词。就这样,我慢慢地听懂了几出戏,此后再去听别的果然也能听懂了。我不是也可以用这种方法学习英语吗?

从哪里起步呢?我的听力很差,语速稍快一点的根本听不懂,只能去听专门为初学英语者设计的慢速英语。说干就干,当晚就开始一词一词、一句一句听写慢速英语。这一天是 1980 年 1 月 31 日,是很值得我回忆的,因为从此我走上了踏踏实实学习英语的成功之路,而且从未中断。

刚开始听写时,虽然我已经认得不少词,但由于不会念,听到这些词也觉得是生词,很难继续学下去。如何解决这个问题?我果断地停止了听写录音带,改为跟学电台的"初级广播英语"。从最基础的英语发音学起,足足学了 5 个月,把英语语音知识彻底重新学习了一遍。真是"磨刀不误砍柴工",此后再去听慢速英语录音就觉得不是很困难了。

现在回想起来,这一步是很值得的,如果没有这 5 个月的学习,就不可能有我今天的英语水平。

听写慢速英语,经历了起步、巩固和提高三个阶段,用了一年半左右的时间。结果英语水平有了一定的提高,可以完成技术讲解中的口译任务。到此我并没有停步,而是继续听写各种各样题材的 Standard English,尤其是利用车祸后卧床不起的 3 个月时间进行系统的听写,听力得到了明显的提高。

对于英语水平比较高的人来说,慢速英语实在是太容易了。比如有的书的作者说"只要每天听上5分钟,就可以听懂",或者认为"只要会1500个最基本的英语单词就可以听懂"。"会者不难,难者不会"。我刚开始听写时却困难重重,不但一条新闻听不到底,连一句话也听不到底。不知道一句话里有多少个词,每个词都是什么音,由什么字母拼写而成。所以只得一边听一边把听懂了的词写出来,听写不出来就先空着,用红铅笔标出来。这样,10分钟的国际新闻,花十几个小时都不一定能听写出来。

当时的苦闷是难以形容的:面对录音机,一连几个小时,翻来覆去地进带倒带,十几遍也不一定能听得懂一个词一句话,实在是枯燥极了!有时真想把收录机砸了,不听了!但一想到"水滴石穿"、"只要功夫深,铁杵磨成针"和"锲而不舍,金石可镂"等古训,就又重新鼓起学习劲头,坚持了下来。

现在回想起来,如果当时知难而退,半途而废,是不可能取得成功的。俗话说"不怕慢,就怕站"。只要坚持学习,水平就会一步一步提高。而水平有了提高,又会反过来激励自己学下去。

由于英语水平的提高,技术讲座中翻译译得对不对我也能作出判断了。有时翻译与我的理解不一致,在场的外籍华人一般情况下都说我的理解对(当然这里起主要作用的是我懂专业,其实专业翻译们的英语水平比我高多了)。

这种情况重复多了,1981年初随团访问德国前,领导指定让我当翻译。能承担口译任务以后我仍然一点也不放松,每天仍坚持学习英语,以做到曲不离口、常学常新。

有的人认为我之所以能坚持下来,是因为对英语有特殊的兴趣。

现在我对英语确实有特别浓厚的兴趣,深深地感到学习英语是一种享受。但在刚开始学习的时候却完全相反,感到学习英语是一种沉重的负担。有时别人问我:"你已经会说会听了,就行了,为什么还花这么多时间学英语?"我只有回答说:"我喜欢英语。"这也是真的,比方说春节的时候,家里别的人看春节联欢晚会一直到半夜一两点,我就一直学习到半夜一两点。

3. 词词皆辛苦

有人只看到我现在的英语水平比较高,不了解是通过怎样的艰苦努力才达到的。于是就认为我聪明,记忆力特别好,所以学会了英语。

其实别人说我聪明不是一件很光彩的事吗? 为什么我不顺着说下去:"是呀! 对我来说学习英语是一件很容易的事,有空的时候听听录音带,写一写,不知不觉就学会了",从而使别人更认为自己确实是够聪明的呢? 因为事实不是那么一回事。

为了学会英语,我下的工夫是很大的。下面举几个具体的例子:进入巩固阶段以后,坚持每天听写 A4 的纸 20 页,不达目的绝不罢休,缺了就在星期天补。1980 年 1 月 31 日—1983 年 2 月,3 年内写了一柜子的听写记录,用了一把圆珠笔芯,听坏电子管录音机 9 部(次),半导体收录机 4 部,单放机 4 部,翻坏词典两本(因为我不断地在上面写和画)。所以我经常对别人说:"谁知脑中词,词词皆辛苦。"这是我发自内心的话,并不是什么夸大之词。

学习英语要花大量的时间,必须要见缝插针,有空就学。只要真正下决心学英语,时间总是可以挤出来的。下面简单介绍一下不同情况下我是如何见缝插针,挤时间学习英语的。

1980—1982 年,在沈阳工作时,单身一人,没有家务负担,比较有利于学习。刚开始的起步阶段,必须"大剂量"地学,用的时间比较多。一般我提前一个多小时起床,早饭前学两个小时左右,中午听一小时录音,晚上再学三四个小时,这样每天至少可以学五六个小时。星期日照常提前起床,从 5 点学到 8 点 30 分吃第一顿饭,共 3 个小时;饭后洗澡,10 点开始,一直学到下午 4 点 30 分吃第二顿饭为止;饭后活动一个多小时,7 点左右开始,学到 11 点。这样总计可以学习十几个小时。其他节假日放几天假就学几天。

每个人的具体情况和想要达到的英语水平不同,并不一定非得每天学这么长时间。不过学习的收获与你付出的劳动成正比,尤其是在起步阶段,每天起码要学 3 个小时以上,以期尽快地登上一个台阶。

见缝插针还要能自适应。1983—1990 年在北京工作,从家到办公室,单程需乘 70 分钟左右的公共汽车,来去约需 3 小时,业务工作又比在沈阳时忙多了。怎么办?我很快就自适应了,找到了学习英语的时间。早晨 5 点 20 分起床后,洗漱、做早饭、吃早饭时都听录音,路上还是听录音。提前一小时到办公室以后,立即查路上没有听明白的词,并把听懂的内容输入电脑。我把这段时间听写的结果命名为"额外一小时的收获"。这样从起床到上班的两个半小时内,一直没有离开过英语。下班回来路上还是听录音,吃了晚饭以后从 8 点到 10 点 30 分再学两个半小时,这样一天可以学 3 个小时以上。节假日与在沈阳单身时一样,学十几个小时。

1990—1994 年单身在南京工作,又有了学习英语的大好条件。在近 4 年时间里,把大部分业余时间用在自学和辅导别人学习英语上,既提高了英语水平,又积累了一定的教学经验。

1995 年退休以后,学习英语的时间更多了,每天早晨先听一小时的英语广播并录音,大体上记下生词或感兴趣的部分,随后再花两个小时左右进行听写,逐词逐句地抠。晚上手持收音机,边散步边听英语广播,至少 1 小时。这样平均每天与英语打交道的时间不少于 3 小时。不但巩固和提高了英语水平,开阔了眼界,也为退休生活增加了不少乐趣。

见缝插针,就是要把一般人看不起眼的无所事事的零碎时间都利用起来。例如等车、开会、排队购物或等待某人到来前的几分钟或十几分钟。根据记忆心理学的原理,对于外语等以机械记忆为主的内容,及时地利用零碎时间进行复习,效果是很好的。

随着学习的深入和水平的提高,英语学习就会慢慢地成为生活中不可缺少的一项内容,会感到学习英语是一种乐趣和享受,会把学习英语的事时时挂在心上,一天不学就好像缺少点什么。

有了这种心情,就不会强调客观条件,碰到再不利的客观条件,也不怨天尤人,而会积极地去适应它,利用它,使之成为找到新学习途径的催化剂,登上新水平的转折点。

例如,我 1985 年末不幸遭遇严重车祸,右腿膑骨骨折,石膏一直打到大腿根,动弹不得,卧床长达 3 个月左右。面对这种情况,是急躁埋怨,还是安心疗养并利用卧床不起的时间学习英语充实自己呢?我选择了后者。开始时只听不写,过了几天,觉得收获不大,要写又坐不起来。怎么办?我试着在床尾系一背包带,拉着它就能坐起来,垫上一本厚词典就可以写了。这样每天就能听写十几个小时,把每天两个多小时的英语广播全部听懂并写了出来。有听不懂的,就打电话请教他人。结果英语水平又大大地提高了一步。痊愈后与外国人交谈时他们都惊奇地问我是不是在这3个月期间去外语学院进修过。车祸对我来说确实是一场灾难,但却又成了我学习英语的大好时机,所以我把此期间的听写记录命名为"灾难的结果"。

痊愈后乘公共汽车时再也不敢戴耳机听录音学英语了。几天下来,又觉得每天在路上的3小时白白地过去太可惜,一定要想办法把它利用起来。不久我又找到了新的学习英语的途径。公共汽车上其他乘客用小收音机听汉语新闻广播,我就试着把汉语的新闻译成英语,碰到译不出来的词句,到家或办公室以后立即查汉英词典。这样做,不但时间得到了有效的利用,而且还感到这是一种有独特效果的英语学习方法。

出差往往是很多人中断学习的理由,对于我来说,却又是学习英语的大好时机。首先是充分利用往返路上的大量时间。出发之前准备好足够的电池和录音带,供路上听。碰到听不懂的地方,车上不便于查词典,就记下磁带的大致位置,到目的地以后再听再查。外出开会,只要自己不是会议组织者,只要不沉溺于打扑克等活动,就一定会有更多的时间学习英语。

不要低估利用业余时间和节假日学习产生的效果。积少成多,一天按两个小时计算,一年下来不就是六七百小时吗?不就相当于中学的全部英语教学时数的总和吗?几年下来,不就相当于上了大学了吗?

4. 巧学

除了苦学以外，还必须十分注意巧学。这里所说的"巧"，不是投机取巧的"巧"，而是巧妙的"巧"，就是要"用心"和"认真"。

"用心"就是及时分析学习中存在的问题和解决方法，总结成功的经验和失败的教训，用来指导自己的学习，以收到事半功倍的效果。"认真"就是对于学习中碰到的问题要一丝不苟，打破沙锅问到底，直到搞懂为止，以真正提高英语综合水平。

我在学习过程中非常注意总结经验教训，在反复思考的基础上，使这些经验教训条理化、系统化，用以指导自己随后的学习。例如下决心学英语的初期，我和大多数人一样，高估了自己的英语水平，对学习英语中的困难估计不足，因而轻信速成。但是一回一回的速成，结果总是速而不成，形成了屡攻英语不克的"顽症"，一度产生放弃的念头。

在冷静地分析了自己和周围其他人的情况以后，我认识到屡攻英语不克的主要原因是急躁、浮躁和基础不扎实。对于自己的水平的估计应该宁低勿高；在学习进度上要"慢些、慢些、再慢些"，切忌走过场。

正是因为有了这样的认识，才能放下高学历的架子，下决心踏踏实实学习初级英语，时时以"逆急躁和浮躁，树立长期刻苦努力的思想"以及"逆凭空强化和提高，打好基础后再强化和提高"等激励自己。

正是因为有这样的认识，才肯在学习慢速英语上下很大的工夫，经过起步、巩固和提高 3 个阶段，历时 14 个月，终于把慢速英语学到"化"的地步，使自己的英语水平获得了质的飞跃。

又如在学习慢速英语的起步阶段初期，由于听力水平极低，不得不采用逐词逐句听写的方法才有可能听懂。当时认为这样做是权宜之计。但是在实践过程中发现这样做不但进步快,而且有极大的自我激励作用。由此归纳出"听"、"写"、"说"、"背"、"想"五法并举,"逐词逐句抠","以最严格的要求,从最基础的地方做起"和"不可一词无来历,不可一词不讲究"等基本做法和要求。用来指导以后各个阶段的学习。

对于学到的东西绝不要满足于一知半解,而要深入钻研,把边边角角的有关知识都搞清楚。只有这样才会像小学生学语文一样,每天都能学到新的词,掌握的英语知识才会越来越多,水平才会越来越高。

"认真"就要坚持处处学和事事学。学习英语要善于巧妙地利用各种学习机会,不拘一格,处处学,事事学。只要有学习英语的强烈愿望和浓厚兴趣,工作和日常生活的各个方面都可以成为英语学习的第二课堂。

5. 发明复读机

我在总结出逆向法的同时,还与其他人合作,发明了专利产品电脑语言学习机(即复读机)。我是用普通的机电式录音机学会英语的,在逐词逐句抠的过程中不断地进带倒带,不但分散注意力,降低学习兴趣,而且学习效率很低。为解决这些问题,我设计了专利产品复读机,并在上海外国语大学的《外语电化教学》杂志上发表专文《英语学习的利器——电子录音机》(1992 年 10 月)介绍其工作原理。1994 年我又设计了一种自由滑动窗口式电脑语言学习机,适用的范围更广(见钟道隆. 自由滑动窗口式电子录音机. 外语电化教学,1994(1):29~30)。

为了尽快转化为生产力,我们放弃了专利,积极配合一些厂家生产出经济实用的机型。不到两三年,各种型号的复读机就布满城乡市场,为广大英语学习者提供了许多方便,《科学时报》和中央电视台的《实话实说》对此做了专门报道。所有这一切,对我都是极大的安慰,我也从中也看到了自身的价值所在。

6. 乐在英语中

随着英语学习的深入,我乐在英语中的心情也随之变化,大体上可以划分为3个阶段:1981年前主要是学英语,乐在学习中,由不知到知,乐趣无穷;1981—1990年主要是在工作中用英语,乐在应用中;1990年以后主要是鼓动他人学英语,乐在鼓动中。

(1) 乐在学习中

有人在了解了我学习英语的过程以后,认为这样学习太苦了,对身体不好。其实不少人在玩上是肯下苦工夫的,有时真到了废寝忘食的地步。

我自己也是一样,在下决心学习英语以前,业余时间经常打扑克和下棋。一玩就是好几个小时,过后躺在床上,脑子安静不下来,久久不能入睡,节假日有时甚至玩通宵。现在回想起来,不知道虚度了多少宝贵的时光。说到对身体的伤害,由于睡眠不足,第二天上班时脑子昏昏沉沉。玩的时候有人一支接着一支地抽烟,室内烟雾弥漫,不抽烟的人也不知道被动地吸入了多少烟,对身体的伤害是可想而知的。这样的业余生活又是多么的空虚和无聊!而利用业余时间进行学习,能使自己不断地学到新的知识,激发起更强的求知欲,催人上进,因而是很有意义的。

用听写的方法学习英语,由于注意力高度集中,但却又不需要像解数学难题那样地去冥思苦想,其效果很像书法与钓鱼,对身体还有一定的好处。有时一天紧张工作过后,脑子昏昏沉沉,躺在床上很长时间不能入睡。但是如果临睡前能听写一段英语录音,则可以很快入睡。此外,生活和工作中不免要碰到一些不愉快或苦恼的事,心中闷闷不乐或愤愤不平,想摆脱也摆脱不了。此时也可以用听写英语录音的办法去把自己的注意力集中在英语上,从而摆脱苦恼的事。所有这些,都是有利于身体健康的。

有人认为我这样一天到晚苦学苦钻英语,生活也太单调和枯燥无味了。学习英语,尤其是自学,刚开始的时候确实是很单调和枯燥无味的,是一件苦差事和负担,很难说是一种乐趣和享受。但只要踏踏实实一步一步地坚持下去,付出一分努力,必然会有一分收获,英语水平就会有一分提高。多一分英语水平,就会多一分用途,多一分用途就会多一分喜悦。每当感受到这种喜悦时,脑海里会立即浮现出当初苦苦学会某个英语知识的情景,并发自内心地鼓励自己说“努力终于得到回报”。

我们在现实生活中可以看到一些没有奋斗目标、一天到晚无所事事的人,他们过一天算一天,觉得日子过得很慢,甚至厌倦生活。相反,如果一个人有明确的奋斗目标,每时每刻都感到有干不完的事在等着,就会感到生活很充实,而且每干完一件事情都能看到自己的劳动成果,都能享受到胜利的喜悦,那他对自己和未来一定会充满信心。

如果说在起步阶段苦苦地听写录音是你为英语服务,是负担和苦恼，那么当你掌握了英语并在工作和生活中应用英语时就是英语为你服务，就是一种乐趣和享受了。英语为你打开了一个了解世界的新窗口，心里一定会有一种说不出的喜悦：过去的辛劳都没有白费，都有了报偿。凡是感到学习英语有乐趣的人都曾努力过，刻苦过，苦恼过。

从基本上听不懂开始，一步一步前进，通过听写可以基本听懂、只听不写也能听懂、一边干活一边听也能懂、脑子里从英语到汉语的翻译过程渐渐少了、能直接从英语听懂了、可以听懂各种特写节目了、可以听懂 Standard English 了、可以与外国人自由交谈了、可以承当口译任务了等，每前进一步都有一层新的喜悦。而这种喜悦是任何物质享受难以比拟的。

到了能与外国人自由交谈以后，一定会有"还我自由身，我也能听能说"的解放感。我曾经到过十几个国家，用英语与美国、英国以及加拿人人进行交谈自不待说，就是去德国、法国、荷兰、日本、比利时、瑞士等国家，英语也是通行无阻，可以很顺利地与当地人交流。此时此刻一定会有一种奇妙的感觉："世界确实变得越来越小了，不同文化和不同种族的人之间的距离越来越近了"，对于走向世界的含义似乎有了进一步的理解。

（2）乐在应用中

在改革开放不断深入的今天，英语的用途与熟练程度是成正比的。比方说到了看英语资料如同看汉语资料一样的时候，你就能及时地、准确地了解国外的动态；到了能听能说的时候，所得到的信息绝不是哑巴英语所能比拟的。第 4 章提到的我对某国外著名公司的遥测方案的改进就是一个很好的例子。听对方讲解时提到该系统上有一个一秒一中断的信号,我提出利用信号将该系统的遥测距离加倍,经过讨论,对方同意从合同中取消研制新遥测系统的要求,前后不到两个小时。在这个过程中,我的英语水平起了决定性的作用。就技术本身而言,我提出来以后中方不少人马上就明白了。但是他们英语水平低,听不懂也说不了,无法得知有这个信号,更谈不上去利用它了。

类似的问题通过不懂技术的翻译也是很难发现和解决的,因为对方是在无意中提到这个信号的,它确实与要讨论的遥测系统无关,一般翻译不一定抓得住。即使翻译抓住了并译给懂技术的人听,技术人员再提出利用它的可能性与对方探讨的话,双方要讨论的就是一个没有先例的问题。对于不懂技术的专职翻译来说,就很难准确的表达,几个来回以后,对方坚持说不可能,也就只能作罢了。

现在,按照我的意见修改的设备已经顺利地投入使用了。每当我忆及此事,心中总有一种满足感:"往日的辛劳并没有白费,我再也不是口袋里装纸条的中国高级工程师了。"所以每当有人问我:"你这样长年累月苦苦地学英语,值得吗?",我总是引用这个例子回答说:"仅这一次引进工作就能为国家节省这么多外汇,我花再长的时间去学外语都是值得的,何况外语的用途还远远不止这一点呢!"

掌握了英语以后可以顺利地听懂英语新闻广播,可以自由自在地在因特网上冲浪。英语广播和网上内容更新快,重要事件发生后数分钟内就有报道,真是"秀才不出门,全知天下事,先知天下事",感受到先知为快的乐趣。

掌握英语以后,即使没有机会亲身出国,也可以通过网络虚拟出国旅游,或通过收听英语广播,了解千里之外的非洲、欧洲、美洲等地的历史与风土人情,做到"不用出门周游世界"。

（3）乐在鼓动中

从 1990 年开始,我经常鼓动他人用逆向法学习英语,以更多人能学好英语为自己的乐趣。每当看到有人应用逆向法学习英语后水平迅速提高时,都把它看成是自己生命的延续和知识的扩展,感受到自身的价值,因而总是感到由衷的高兴。

例如,一位本科毕业生在校没有抓紧时间学习,毕业后很后悔,找我谈。我就用"什么时候学也不晚"鼓励她用逆向法学英语。不久我退休回北京,不能当面辅导她,她就在每天晚上 9 点以后,打电话和我讨论学习英语中碰到的问题和体会,前后达 8 个月之久。由于学习认真刻苦,她的英语水平得到极大的提高,听力比同班留校的研究生还好。

又如沈阳民航系统的一位普通职员,从 1997 年开始得到《逆向法巧学英语》一书,不折不扣地用逆向法学习,获得了巨大的成功。他在信中说:"提高了英语水平以后,我简直就像换了个人似的,彻底脱胎换骨。我赢得了别人的尊敬,为自己创造了很多机会,增加了家庭收入（是原来的 10 倍）,多次被单位派到国外学习和工作（美国、法国等）,又被提为处级领导。我也成功地帮助几百人树立了攻克英语的信心。"

在鼓动他人学习过程中,我结交了大量的朋友,5 年来共收到来信和电子邮件 15 000 多封,其中大多数是年轻人写来的。与年轻人交往,就会感受到蓬勃的朝气,仿佛自己也年轻了不少。结交的朋友中也有年逾古稀的长者或残疾人,他们克服困难积极进取的精神对我更是鼓励和鞭策。

通过与读者交往,我在英语方面的收获也很多。有的朋友指出书中的不当或差错,也有的人提出了很好的建议等。我书中的许多观点都是在读者的启发下逐步形成和完善的。

7. 收获英语外

学会了英语,收获当然首先体现在英语本身的用途上。掌握了英语,就是掌握了走向世界和通向高科技的最有用的工具,仿佛使自己多了一双眼睛和一副耳朵,可以直接接受国外的新技术和新知识,视野和业务能力会达到一个新的境界,充分享受先读为快、先听为快和先知为快的乐趣。但是收获还表现在英语外。

(1)增强自信心和毅力

我45岁时开始学习英语口语,困难很多。摆在我面前有两种可能性:不是我战胜困难,学会英语;就是困难战胜我,放弃英语。听到各种"年纪大了,学不会"的议论时,我的信心并不是很大,是抱着试试看的态度去学的。由于我承认困难,不求速成,扎扎实实地学,终于学会了。而且英语水平进步之快,有时连自己都感到难以相信。一开始时我只希望能听懂英语技术讲解,根本没有当翻译的奢望,但是后来居然达到了。这就极大地增强了我的自信心,树立起"我并不老,新东西完全可以学会"的信心。

用逆向法学习英语碰到困难时,要不断克服自己急于求成与懒惰的思想,从而也锻炼了毅力。

正是因为有了这样的信心与毅力,才能在52岁时学会并熟练掌握电脑,57岁时成功地研究了记忆,总结写出《记忆的窍门》、《巧学巧用五笔字型》(清华大学出版社,1996)、《巧用电脑写作与翻译》(清华大学出版社,1997)、《学习成功的乐趣》(清华大学出版社,1997)和《听遍全世界》(清华大学出版社,1998)等书。

反过来说,如果当时下的工夫不够,没有学会英语,其后果将是不堪设想的:首先是不会英语,掌握不了通向世界和高科技的工具,因而也就不可能跟上飞速发展的改革开放形势。更可怕的是从此会产生"老了,记忆力减退了,新的内容学不会了"等消极思想。一旦这种悲观的思想在大脑中占了主导地位,就会停止学习新的知识,就不可能有以后学电脑、研究记忆和写作方面的成功。

人们经常说"一步领先,步步领先","一步落后,步步落后","成功与不成功之间往往只差一步"等,是有一定道理的。

(2) 提高了能力

在总结英语学习逆向法与成书过程中,极大地提高了自己总结归纳的能力和写作与表达的能力。在做一千余场介绍逆向法的报告过程中,极大地提高了演讲能力。

8. 与我比什么

不少人在了解了我以上自学英语口语取得成功的经过以后,往往认为我的主客观条件都非常好,所以学会了英语,而他们自己的主客观条件都不好,所以学不会英语。

人们所处的主客观条件千差万别,有利条件和不利条件并存。自己能做的是如何扬长避短,充分利用和发挥有利条件,努力防止和克服不利条件的影响,争取取得比我更好的成绩。

为了帮助读者建立必胜的信心,我在《逆向法巧学英语》一书中进行了以下分析：

（1）我当时已经 45 岁了，记忆力无法与 15 岁、25 岁的学生比。我学习两个小时的效果可能只相当于他们学习一个小时。

（2）我当时的英语水平（尤其是语音）比起今天的中学生或大学生来说，实在是太低了，所以才花这么多时间。基础扎实的中学生或大学生，每天花 2 小时，半年左右即可顺利听懂 Special English。

（3）有了复读机以后，听写的效率可以比我当年用普通收录机时提高 6 倍。

在以上分析的基础上，我建议读者树立起这样的信念："钟道隆刚开始学习时基础并不扎实，尚能在 45 岁时学会了口语，我只有 15 岁（或 25 岁、35 岁），又有了逆向法和电脑语言学习机，只要肯下工夫，一定可以学得比他好。"不少按照逆向法学习的大中学生，用实际行动证明了这一点。

9. 英语学习逆向法

在听写慢速英语过程中，我非常注意总结经验教训，并尽量用文字把经验教训记载下来。1988 年，在上海《外语电化教学》杂志社的施行先生鼓励下，我写了一篇名为《我是怎样通过收听英语广播自学英语的》的文章，1989 年 1 月发表于该杂志。这篇文章受到了读者欢迎，被评为该年度最佳论文。

在这篇文章的基础上，我于 1989 年出版了《慢速英语入门》（电子工业出版社）一书，详细介绍怎样通过听写慢速英语广播提高听力的方法；1990 年又出版了《慢速科技英语听力自学要诀》（电子工业出版社），介绍科技人员如何提高听力。在这两本书中，都没有给这种方法取名字。有的读者和评介文章把这种学习方法称为钟氏法、自然法或听写法。

到底取什么名称好呢？在自学和辅导别人学习过程中，我深感学习英语犹如"逆水行舟，不进则退"，取其中的"逆"字，决定把这种学习方法定名为逆向法，并于1992年出版了《英语学习逆向法》（北京科普出版社）一书，提出了"听"、"写"、"说"、"背"、"想"5个环节，从而把复杂的综合能力训练，转变为实践上可操作的学习过程。

许多人成功将逆向法运用于自己的英语教学中，总结出了许多新鲜经验，丰富了逆向法。我非常重视这些经验，尽量将他们的经验与见解收入著作中，先后出版了《听力过关技巧》（天津教育出版社，1994）、《逆向法巧学 Special English》（清华大学出版社，1997）、《听遍全世界》、《踏踏实实学英语》（清华大学出版社，2002）和《逆向英语助我成功》（北京逆向英语学校，2004）等书。

某些媒体在宣传逆向法时把它与传统的英语教学实践进行对比，称逆向法是"英语学习方法的新突破"等，所有这些都是违背我本意的。

之所以把这种方法命名为逆向法，是因为考虑到当前英语学习中急躁和浮躁之风盛行，明确提出逆向法主要就是逆急躁和浮躁，主张脚踏实地扎扎实实打基础。而所有这一切恰好正是传统的英语教学法所主张的。所以从一定意义上讲，逆向法是优秀传统英语教学思想的回归和重申。

传统的英语教学方法是长期以来无数英语经验的结晶，它不是某个人空想的产物，当然也不是某个人的一句话就能全盘否定的。我作为一个英语学习者，如能在某个方面的某个点上有点见解就属不易，哪里谈得上什么"突破"。所以我从不轻言"突破"，更不狂妄地宣称"革命"。

5.4　52岁自学电脑

1. 52岁也要学

为了适应新技术发展的需要，1986年我所在单位规定50岁以下的工作人员必须学会使用电脑，对50岁以上的人则不作要求。我当时已经52岁了，并没有把学习电脑作为一种负担。正相反，我把它看作是掌握新技术的机会，因为我深知电脑是通向高科技和未来所必需的一种工具。后来的事实证明，这个决心是正确的。正是因为我掌握了电脑，才使许多事情成为可能，而电脑和英语的结合，则使我"好像换了个人似的"，极大地提高了能力。

2. 踏踏实实学五笔

中国人学用电脑，首当其冲的是要掌握汉字输入方法。当时汉字输入方案有两大类：一类以音编码，比较好学，但是重码率高，用起来不是很方便；另一类是以形编码的五笔字型输入法，重码率低，使用起来比较方便，但是需要记忆的编码规则比较多，因而比较难掌握。

掌握了五笔字型的人建议我学五笔字型。而没有掌握五笔字型的人，虽然承认五笔字型好用，但认为有140多个字根，太难，建议我学拼音方案，以便很快通过考试。

我当时已经52岁了，本来就可以不学，所以没有必要为通过考核而学。我学习电脑不是为了赶时髦，而是为了真正掌握它和使用它，应该哪个好用就学哪个,所以下决心学习五笔字型输入法。由于受自学英语成功的启示和鼓舞,学习一开始就信心十足,觉得"成千上万的英语单词都能记住,我又会写汉字,一百多个字根算什么?"

有了学习的决心以后,在具体学习步骤和方法上,仍然必须循序渐进和踏踏实实,不急于求成。在初步学习了五笔字型的编码规则以后,我以某一天《人民日报》一个版的内容作为学习编码的教材,一个字一个字地从头到尾编过去。

当时的设想是:逐字对一个版的全部汉字进行编码,争取在一个月内基本掌握五笔字型输入方案。在一个字一个字地编码过程中,碰到编不出码或编错了的字,就查五笔字型编码手册,并把正确的编码与自己错误的编码记载在一个小本子上,进行正误对比分析,找出自己对于五笔字型编码规则理解不正确或不全面的地方。

由于学习是踏踏实实一字一字进行的,结果又与自学英语一样,进步之快又大大地出乎我的意料。两个星期下来,只编了不到一版的汉字,不但基本上掌握了五笔字型输入方案,而且还初步总结出一些巧学的方法,为之后的《巧学巧用五笔字型》书稿准备好了素材。

电脑技术发展极快,只有不断学习才能跟上,才能分享高科技的成果,才能提高业务能力。掌握了五笔字型输入技术可以顺利地进行汉字写作以后,我又结合英语学习与英汉翻译,学习了多种西文词处理软件和多媒体技术,极大提高了学习效率与翻译速度。

会不会用电脑,尤其是会不会得心应手地熟练使用电脑,对于一个人的业务能力影响极大。就拿写作来说吧。以前我也曾手工写过书,一个字一个字地写,一遍一遍地抄,苦不堪言。例如,1969—1971年,我参加一项通信设备的试验与施工,先后写出了200万字左右的专题技术报告,其中用蜡纸打印出了100万字左右。1978年以这些材料为基础写书,紧张地编写了一年多,虽然只写出了15万字的稿子,但是已经感到疲惫不堪,不得已把计划写的另外3章10万字砍掉了。写出的15万字又由4个人抄写了两个月才交到出版社。出版社手工铅字排版,又用去了十几个月的时间。这样,从动手写书到书正式发行,用了整整两年的时间。用电脑写作,一年写作或翻译四五本书是很轻松的。

实践使我深深地体会到用电脑写作的好处,它把我们从机械的、重复的抄抄写写中解脱出来,去从事更多的创造性劳动。正因为这样,我在宣传电脑写作的好处时经常说"掌握了电脑等于拥有三头六臂"。

3. 用电脑而不玩电脑

电脑技术发展很快,软件的功能繁多,新软件层出不穷,大有学不胜学和换不胜换之感。如何对待电脑软件和硬件的各种功能和升级换代呢? 我的态度是从使用出发,用电脑而不是玩电脑。因此:

(1) 在硬件方面,绝不赶时髦,只要能满足需要,不轻易升级换代。

(2) 在软件方面,在内行指导下一旦选定了某个软件,就踏踏实实地学,不轻易更新版本或系统。

(3) 在边学边用的基础上,找到适合自己需要的某些功能并熟练掌握这些功能,由"会"到"熟"到"化"。例如,使用Word以后,发现它的自动更正、超级链接、大纲视图和文档结构图非常适用于写作,在熟练掌握这些功能的基础上总结出了一些使用这些功能的窍门,极大地提高了写作速度与质量。

（4）在更新软件以前，要详细了解新、老软件的区别，一般说来，新软件都是在老软件的基础上开发出来的，一定具有老软件所没有的功能。如果这些功能正是你所需要，更新后一定能感到非常亲切和解渴。

4. 用电脑写作

1）差一点夭折的全国最优秀畅销书

1986 年我接触到一种电脑打字机，如获至宝，如饥似渴地学用起来，并在学用过程中注意总结经验。两年后，在自己使用经验的基础上，以该打字机为讲解对象，写出了书稿《如何使用电脑打字机》。写出来以后把稿子寄给该公司，希望能作为他们的培训教材出版。书稿寄出后石沉大海，没有回音。登门联系也被该公司的培训部门人员婉言拒绝，称"电脑打字机是我们研制的，我们有教材"。

这条路不通，我就把书稿修改后投给 5 家出版社，询问有无出版的可能性。有的出版社根本不回答，有的用印好的格式信笺回答，称"今年出版计划已满，不能安排，希望今后多合作"。有的出版社编辑了解到我是搞通信的，就说"你写通信方面的书可以考虑出版"。

在屡遭拒绝以后，有时也想由于自己对电脑基本原理和程序知之甚少，写电脑打字机的书恐怕是不行的。但又总觉得不甘心，因为这份书稿有一个很大的特色：除了一些基本知识与指令摘引自有关教材外，其余的内容都是自己在实际使用过程中总结出来的，是当时国内电脑打字机书籍与教材中所没有的。但是怎样才能说服出版社编辑呢？

一日电视节目里的车技表演给了我启发，一种东西的使用方法与工作原理有联系，但又是独立存在的。设计自行车的技术人员精通自行车工作原理,但不一定精于车技;而自行车杂技演员精于车技,但不一定精于自行车的工作原理。想到这里,思想豁然开朗:我虽然不精于电脑打字机原理和程序,但是精于使用。而且书稿中有些使用窍门是很独特的,如能出版,对于其他使用电脑打字机的人会有参考价值。我试着按这个思路向电子工业出版社编辑介绍,果然奏效,同意出版,并共同商定以《巧用电脑打字机》为名,以突出该书的特色。第一次印刷 20 000 册,数月内销售一空,再印刷,再脱销,接连印刷 5 次,1994 年被评为"全国科技类最优秀畅销书"。

当我从编辑手中拿到"最优秀畅销书"证书时,感想万千,它给了我很多启示:

(1)要有自信心。别人能做到的事我也能做到,认准了的事就要干到底,不达目的不罢休。我刚开始写书的时候,唯一的希望只是能出版,根本没有"最优秀畅销书"一类的奢望。

(2)有时失败与成功只差一步,而成功往往产生于"再坚持一下的努力之中"。如果我在遭到某公司和几家出版社的婉言谢绝以后,不再进一步思考与修改,这本书就会自生自灭,最后自己也不得不承认"这本书就是没有出版价值的"。

首战的胜利,极大地提高了我写作的欲望,1989—2006 年,我写作与翻译了 60 余本书,其中不少成为畅销书。由于我在写作与翻译的过程中使用电脑,注意总结电脑时代如何与编辑合作,故被有的读者和编辑戏称为"电脑作家"。

2)总结电脑写作与翻译经验

在用电脑写作的过程中,我总结出了随时记录、天天输入、周周整理、月月定稿、组装脱稿的写作流程。

(1) 随时记录：是指记事本随身带，把随时听到、看到或想到的东西记下来。好记性不如烂笔头，许多看到听到的事情如果不及时记载下来事后可能想不起来。及时记下想到的东西则有助于捕捉住灵感。

晚上睡觉时由于大脑处于比较安静的状态，特别容易产生出灵感。所以晚上睡觉也要把记事本放在身边，入睡前或醒来时有什么想法，立即把它写下来，写的时候不一定非常正规，非常详细，只要事后自己能看懂即可。

(2) 天天输入：是指每天晚上把当天记事本的东西详细键入电脑。键入时以记事本的文字为线索，尽量详细一些。因为是素材，对文字不必进行过多润色。每天键入的内容的文件名要贯穿始终，不要随便改变，以免引起混乱。我用的文件名为 new，表明是新的内容。

(3) 周周整理：是指周末把一周来键入的素材进行分类整理。每天输入的内容，各种题材都有，一天一天地串接在一起，时间久了想不起都有什么内容，从头到尾查看非常费事。所以周末要把一周来输入的内容分类整理一次。在整理的同时还可进行补充、修改，也可进行初步的文字润色。分类文件的名字应反映其内容。例如用 DN 表示电脑类、YY 表示英语类以及 JY 表示记忆类等。为了不引起混乱和重复，new 文件里已经被分类整理到相应的文件里去的内容要从 new 文件里删除，余下的内容继续保留。

(4) 月月定稿：是指月末对反映某一类内容的某个文件进行逐词逐句地推敲与润色，使之成为一段、一组或一节独立的完整文字，以便今后即调即用。

（5）组装脱稿：是指一旦有了出版合同，就把已经逐词逐句推敲润色过的内容按写作纲要串接起来成为正式书稿。

3）与编辑密切合作

从理论上讲，即使不用电脑写作，作者也应该与编辑密切合作，以提高出版物的质量。但是在目前整个写作、编辑与排版过程全部电脑化的情况下，作者与编辑之间的合作的范围更广泛了，方式也多样化了。

5. 总结与创造

在学习与使用电脑过程中，我很注意总结经验，尤其是总结巧学和巧用经验，基本上做到每用一代新电脑和新软件就写一本相应的书。

1990 年前学习和使用某打字机，在写《慢速英语入门》（电子工业出版社，1989）一书过程中，积累了一些使用电脑打字机写作的经验，出版了《巧用电脑打字机》；1994 年前学习和使用 386、486 电脑和 DOS 系统下 WordStar 文字处理软件，出版了《巧用电脑写作》（电子工业出版社，1993）；在写作和翻译了 5 本书的基础上，1998 年出版了《巧用电脑写作与翻译》；在学习和使用五笔字型方面，1995 年前总结出"通过差错学"、"以字带字根"、"结合一二级简码与词组记忆字根"、"灵活编写和使用词组"、"以会带不会"、"汉字带西文"和利用五笔字型绘制表格等方法，出版了《巧学巧用五笔字型》；1999 年学会了编辑 UCDOS 下五笔字型码表文件的方法，逐步总结出按需定制五笔字型的方法，出版了《巧学巧用五笔字型（第 2 版）》（清华大学出版社，1999）；2001 年学会了利用 Windows 98 的输入法生成器定制五笔字型，出版了《巧学巧用五笔字型（第 3 版）》（清华大学出版社，2001）。

以上书中介绍的方法,大部分都是电脑说明书和其他电脑读物中所没有的,思路独特,方便实用,可以极大地提高输入速度和质量。因此出版后受到读者的欢迎,《巧用电脑打字机》一书被评为 1994 年"全国优秀畅销书",《巧学巧用五笔字型》发行 3 个月即被评为"全国畅销书"。

在总结经验的同时,我也很注意请教电脑专家。例如:

(1) 在使用 WordPerfect 文字处理软件过程中,经常使用英语单词拼写检查功能。但它在发现与纠正以后不留底,引不起自己的注意,用笔写作时仍然是错误的。于是就产生了设计一个能自动列出正误拼写软件的念头。后来刘鹏硕士完成了此软件的设计与调试,并以《如何自动校对中英文混写文章中的英语单词的拼写》为名于 1994 年 7 月发表在上海外国语大学的《外语电化教学》上。

(2) 为了在全角汉字与半角 ASCII 码之间加半角空格,需要不断改变状态,不但操作比较麻烦,而且容易出错。为解决此问题,我请王永强硕士设计了一个软件。该软件不但能准确地在全角汉字与半角 ASCII 码之间加上半角空格,而且能把半角的标点符号替换成全角的标点符号。这样,写作时可一直工作于半角状态下,定稿以后运行一下这个软件即可,非常得心应手。

(3) 在使用五笔字型过程中发现有的词组有差错,有的与单个字重码,影响使用,想改又不知从何入手。我并不因为自己不懂电脑的内部工作原理而放弃此想法,几年来只要碰到内行就请教。最后终于在刁兴春高级工程师的帮助下,于 1996 年底顺利地解决了这些问题。此后我就不断地维护五笔字型词库,修改其差错,调整词组的排序,增加新内容,使之越来越适合自己写作的需要。把有关内容写出来,就是

《巧学巧用五笔字型(第 2 版)》。

(4) 1995 年以后,使用 Windows 条件下的五笔字型软件,发现一些不足,但又不知从何入手去修改软件。对于这些问题,一直挂在心上,碰到内行就请教。最后终于在 2001 年初在刘鹏博士的帮助下,找到了解决方法,实现了随心所欲定制五笔字型,并巧妙地利用 Z 键输入各种特殊的符号和难字。把有关内容写出来,就是《巧学巧用五笔字型(第 3 版)》。电脑系统升级为 Windows XP 以后又总结了一些新的经验,推出《巧学巧用五笔字型(第 4 版)》(清华大学出版社,2006)。

6. 乐在电脑中

随着熟练程度的提高,我对电脑的感受也随之变化。一旦到了能结合自己的需要灵活运用和定制电脑的各种功能时,就会体会到电脑是智力倍增器、技能倍增器和时间倍增器,可以极大提高自己的能力。

生命的意义在于劳动和创造,使用电脑可以创造更多的劳动成果,所以掌握了电脑,也就提高了生命的价值,相当于延长了寿命。

5.5　57 岁成功提高了记忆力

我 55 岁到南京通信工程学院从事教学管理工作,工作内容是新的,环境是新的,所接触的人绝大部分是陌生的。总之,一切都是新的信息。根据以往的工作经验,要想在新环境里取得工作的主动权,有效地开展工作,必须先熟悉情况,把工作所需的主要数据尽量记在脑子里,而不是只记在本子上。因此就比较有意识地学习有关记忆方法的书籍,并把学到的方法应用到记忆实践中去,收到了很好的效果:在两个星期内认识了400余名老师,一个月内熟记住了学院的主要情况,一年后认识学院的大部分学生,能背出学院的全部电话号码(其实只有四百来个)。后来又研究了如何记忆圆周率。在这个过程中,我对"记忆"这个古老的课题产生了浓厚的兴趣,除了学习书本知识以外,还比较系统地总结了自己在实践中创造出来的各种行之有效的记忆方法。

1. 两个星期认识 400 多老师

主管教学工作,首先必须认识老师。到职以后,我就下决心在一两个月内认识400余位老师。决心既定,就集中全力去实现。白天拿着老师花名册,一个教研室一个教研室地走访,与碰到的老师进行个别交谈,并在交谈过程中把花名册上没有的其他信息(例如谈话的话题、口音、长相、特长和爱好等)记载在每一位老师名字的后面。到了晚上,再拿出花名册进行归纳整理,逐个回忆当天接触过的老师的情况。与学习英语时记忆英语单词一样,花名册随身带,有机会就复习和记忆老师的名字。例如在行进中路遇似曾相识的老师,在互致问候走开以后,我必默默地问自己"他叫什么名字? 是哪个教研室的?"等问题,并拿出花名册进行核对。如果不对,就强迫自己用"他叫＊＊＊,不叫＃＃＃"的方法纠正20遍。经过这样的努力,两个星期下来,我就认识400余名老师。

运用同样的方法去认识机关干部和学生,也都收到了很好的效果,不但密切了上下级关系,更为开展工作带来极大的便利。

2. 一个月内熟记主要情况

为了尽快熟悉学院的历史情况和现状,我找来了《学院情况一览》一书。像学习正式的历史教科书一样,我逐段逐段地阅读,逐段逐段地键入电脑。在反复阅读和记忆过程中,我将学院的各种信息(历史沿革、人员编制、学科设立情况)分类进行归纳和总结。

就这样,一个月下来,就摆脱了局外人的状态,脑子里不再是空空的了,可以离开书面材料进行讲解和介绍了。

学院的情况是流动的、变化的,只要我了解到了有什么情况发生了变化,必对电脑中的信息进行更新。一旦有需要,就可以打印出最新版本的《学院情况一览》。

3. 背圆周率

由于圆周率是无限不循环的无理数,很难记忆。每当我从各种新闻媒体中得知有人能准确地背出圆周率上千位或上万位时,总是认为他们的记忆力超人,并没有想到对自己有什么启发。

1992年我57岁时,见到一篇介绍南京市的一位聋哑女童8岁时能背出圆周率1000位的报道,令我羡慕不已,我抱着试试看的心情去背记圆周率100位。

下决心背记圆周率以后,我就见缝插针,利用一切机会去背去记。口袋里装着的、床旁墙上贴着的、办公桌玻璃板底下压着的都是100位圆周率数据;走路背、饭前背、睡前背,总之有空就背,结果很快就背会了100位;几个月后,背出了圆周率1000余位。

4. 写出《记忆的窍门》

别人看到我很快记住了老师与学生的名字,很快熟悉了学院的情况,又能背出圆周率 1000 余位,很自然地认为我的记忆力好。与此同时,不少学生和教职员工常常为自己的记忆力不好而苦恼。为了总结记忆各种信息的经验并消除很多人对于自己记忆力的悲观估计。我着手研究如何提高记忆力的问题,借来了图书馆中有关记忆的书籍 9 本,详细阅读,细心领会。在边学习边总结自己与周围人的记忆方法的同时,经常向院内外各种层次的人讲解记忆各种信息的方法。1997 年在讲稿的基础上写出了《记忆的窍门》一书,出版后受到了读者的欢迎。

5.6　学会鼓动他人

1990—2000 年,我发表鼓动他人学习的演说 1100 余次,听众对象有大中小学的师生、机关工作人员与解放军官兵等。期间中央人民广播电台、江苏人民广播电台、南京人民广播电台、辽宁人民广播电台、上海人民广播电台、中央电视台、北京电视台、南京电视台等也先后播放过我有关学习的系列讲座或专题演讲,受到了听众的欢迎。因此不少人以为我生来口才好或专门学过演说。其实我 1958 年大学毕业以后一直从事技术性工作,面对的是机器,很少当众讲。1990 年到某校从事教学领导工作以后,为了调动学生的学习积极性,经常需要对师生讲话。初期由于缺乏锻炼,讲话时照本宣科,读稿子,引不起听众的兴趣,效果并不好。后来边演说,边总结,才逐步掌握了一些鼓动他人的要领。

1. 满腔热情

1990—1994 年,我在南京通信工程学院工作期间,平均每个星期要当众讲话一次,向全体师生作报告,或与一个班级进行座谈讨论,内容都是关于学习方面的。

看到我讲话的次数很多,有的人就开玩笑说我"喜欢讲话,一请就去"。其实不是我喜欢讲话,而是职责所在,因为我分管教学,动员大家发奋学习是自己分内的事。所以不仅一请就去,而且经常不请就去,主动要求系里或班里召开报告会或讨论会。

我发表演说的唯一目的是为了鼓动听众发奋学习与努力工作,以能多说服一个人发奋学习与努力工作为自己演讲的最大乐趣。所以不但给大学生讲,也对中学生和小学生讲;人多讲,人少也讲,就是只有一两个人也讲,以别人取得的学习与工作上的进步为自己的最大乐趣和安慰。

2. 不懂不讲,没有体会不讲

确定讲话内容的原则可以概括为以下两句话:"不懂不讲,没有体会不讲"。

(1) 不懂不讲:听众对于演说人的尊重绝不是来源于夸夸其谈,而是来源于对所讲内容的信服,演说者越是实事求是就越能获得听众的欢迎。对于自己不懂的东西,一定要如实地向听众说明,绝对不能不懂装懂地勉强去讲,否则定会漏洞百出。

(2) 没有体会不讲:讲话的内容一定要选择自己有切身体会的东

西,只有这样才会有演说者自己的特色,才能引起听众的兴趣。这个要求实际上就是要求演说者本人理论联系实际,实践自己在演说中提出的观点,否则是难以令听众信服的。这就要求演说者有一定的人格力量,没有人格力量的演说者,即使所讲的内容是正确的,也难以引起听众的共鸣。而且对于不会演戏的演说者来说,只有在有切身体会时才能绘声绘色与充满感情。

确定大体内容以后,要根据听众的文化程度确定讲话的内容。例如,给中学生演讲,所举的例子应该以代数与物理等为主;对大学生演讲可以涉及高等数学微积分,可以多涉及一些高科技与外语;而对机关干部演讲则应从大面上讲,而不要深入去讲某一个问题。

到不熟悉的单位去演说更需要精心确定演说内容。演说前要诚心诚意地征求演说组织者的意见,了解听众对什么内容感兴趣。临演说前与举办单位领导见面时也要不失时机地征求他们对演说内容的建议。一次我在北京某中学作报告,开始前几分钟一位语文老师递给我一张条子,反映"同学中间存在现在不努力学习,毕业以后可以做小买卖的思想",后来我根据这个题目展开讲,反映很好,该语文老师还写了一篇题为《听报告的乐趣》的文章。

演说进行中要根据听众递上来的条子及时调整讲话内容,中间休息时要征求会议组织者以及听众的意见。

3. 鼓励人们积极向上

人性是既有优点又有弱点的。无论是写书或演讲,都要立足于充分挖掘人们的优点,宣传这些优点,扩大这些优点,鼓励人们积极向上。

而炒作则是充分挖掘人们的弱点,扩大这些弱点,利用这些弱点。例如,学习英语,不少人急于求成,结果屡攻英语不克。但是有的人就利用这种急于求成的思想,宣称"学习英语只能速成",把许多人引上歧路。

有的人在介绍自己学习英语的经验时,非常轻飘飘地说"我也没有怎么努力,一不小心就学会了英语"。有判断力的听众听到此类话语以后,往往一笑了之。没有判断力的人则越想越自叹不如,失去学习英语的勇气。试想一下,"一不小心"都学会了英语,如果要是"小心"的话,岂不是更不得了?

其实任何一个人学会英语都是下了苦工夫的,只不过有的人为了神化自己,故意说些反面的话罢了。

为了鼓励人们积极向上,演讲所宣传的观点都应该是可望又可及的,只要努力都能做到的。在中央电视台的《实话实说》节目中,主持人说"别人都说你聪明,记忆力好,45岁时下决心学,有空听听录音,一年就当了翻译了"。我回答说:"我都知道努力,当然不笨。但我是下了苦工夫的,'有空听听录音'这句话要展开讲。所谓'有空',就是起早贪黑,就是见缝插针,每天至少学5小时,节假日学14小时,14个月内累计3000多小时,用坏收录机17部(次),听写出记录稿一柜子,才基本掌握口语。听众中如果有人学坏了18部收录机而没有学会,我就承认比他聪明。"

4. 不怕失败

演说前一定要做好失败的思想准备,以应付可能出现的各种情况。例如,某单位召开了一次由全国300所重点中学校长参加的会议,请我某日晚上 7 点去作报告，讲英语学习逆向法。组织者事先做了比较周密的安排，估计到会的人比较多。但是到了 7 点，一个人也没有来。由于我有失败的思想准备，对此一点都不感到意外，耐心地等待着。7 点10 分左右来了第一个听众，哈尔滨某重点中学的校长，我立即与她交流教学经验，我讲，她也讲。讲着讲着又来了十几个人，我仍以交谈的方式与他们交流，气氛热烈，发言踊跃，预定 9 点结束的报告延迟了 40分钟，散会后仍有两位校长与我进行了半个多小时的交流。有的校长返校后继续与我保持联系，我也应邀到其中的几所学校向全体师生作报告。从一定意义上讲，这次只有十几个人的报告会的效果并不比面向社会的上千人的差。

对于演说的效果的预期，应该树立起"说服百分之一的听众就是成功"的思想。听了我关于学习的报告以后，不少人心情激动，跃跃欲试，可是坚持下来的人并不多。因为要说服一个人，尤其是说服文化水平比较高的人，不是那么容易的，需要有耐心和以理服人，反复不断地讲并与之讨论。

我曾碰到过一位从外校考入我所在学校的硕士生。他的英语成绩很好，在大学本科时就通过了 CET-6 级考试。他初次听我讲解英语学习逆向法时很不以为然，认为自己原来用的方法就行。后来在多次与我讨论以及周围同学的影响下，他逐步成为实践与宣传逆向法的积极分子。不但自己用逆向法学习英语取得很好的成绩，为我提供了许多有说服力的实例与数据，而且主动与他人一起蹬着三轮车，到南京书市去宣传与推销有关逆向法的书籍。同时还辅导一位初中二年级学生用逆向法学习英语，连续数年不间断，取得很大成绩，该中学生在高中二年级时以 70 多分的成绩通过了 CET-4 考试（一般大学本科二年级学生参加此考试）。毕业后在工作岗位上也主动组织干部战士学习英语，兴趣很高。

5. 及时总结

每次演讲以后都要及时总结，看看什么讲得好，什么讲得不好，今后应该怎么讲等。

如果演讲有录音或录像，事后应该反复听听和看看，从听众的角度体会一下讲话的效果，看看什么地方引起了大家的共鸣，哪些重点讲解的内容却没有引起共鸣，下一回如何改进等。

报告后要认真收集听众反映并把他们的意见与问题随时充实到讲稿里去，而不要等到下一次演讲之前才去补充，以免由于工作忙或遗忘而丢失有价值的意见。

只要坚持这样做，演讲的内容一定会越来越丰富。例如，《逆向法巧学英语》一书初稿中"我是怎样学会的"一节的内容很少，只是简单地介绍一下我自学的过程。为回答"你老出国，所以学会英语"的疑问，增加了"我是在国内学会的"一节；为回答"你刚开始学时水平就不低"的疑问，增加了"刚起步时水平并不高"一节。正因为这些问题来自听众与读者，所以很有针对性，能引起他们的共鸣，才会有"好像是针对我们讲一样"的感觉。

6. 学习他人经验

有些事情自己从来没有经历过，做此类事情时要特别注意吸取他人的经验,以加快事情的进程。

例如,1994 年第一次为某电台作系列讲座录音。每一辑的有效录音时间严格控制在 26 分钟左右(误差一分钟),既不能提前,也不要超时。由于录音棚的计划排得很满,一个节目接着一个节目,如果录制时因返工而不能按时完成,只能让位给他人。

由于是首次从事此类工作,没有任何直接经验。注意精心准备讲稿并实测讲解每一章节所需要的时间外,注意吸取他人的电视或电台讲座的经验。我发现各种讲座都很准时结束。因为他们在每一档节目的末尾安排了一些可长可短的内容。我就照此办理,在预定 26 分钟的时间里,主要内容讲 22 分钟,把论点说透,然后用 4 分钟讲例子,每一个例子 2 分钟左右,一般准备 4 个例子,8 分钟,正式稿子准备好以后,模拟试讲一遍,在讲稿上记载每一段内容所需要的时间,作为实际录音时的控制点。

经过以上精心准备后到录音棚录制时,一次成功。后来我在中央教育台录制 10 小时的系列讲座时,也采用这种办法,结果也非常顺利,

7. 不断充实自己

因为我演讲的主要内容是动员听众努力学习,所以必须不断学习充实自己。一分知识一分话题,只有不断学习,才能针对不同对象讲出他们感兴趣的内容。例如,在 Internet 网与 WWW 网的业务飞速发展的今天给具有大学文化水平的人演讲,自己必须了解这方面的内容,否则不可能引起他们的兴趣。

只有注意学习,尽量了解数理化、文史哲、国际形势以及与最新科

技进展等,演讲的话题才能广泛,才能不说外行话。在关键场合说外行话,就会大倒听众胃口。

8. 具体技巧

1) 一定要有讲稿

不论自己对于所选定的演讲内容何等熟悉,每一次演讲都应该准备稿子,切不可只凭脑子记,以免届时由于某种原因卡壳而陷于尴尬的境地。

讲稿要非常详细,尤其是在电视与电台或有数千人参加的现场报告会。

在不断演讲的基础上,可以形成按主题分类的单行讲稿。例如,我在多年演讲的基础上,形成了英语、电脑、记忆、成功等几个单行讲话稿;按听众对象区分的讲稿有中学生、大学生、机关干部、在岗人员的讲话稿等。所有这些讲稿都存储在电脑里,有了新的内容可以随时补充。

有了这些非常详细的单行讲稿以后,每一次讲话前的准备工作就是准备一份粗线条的提纲,其篇幅一般不要超过两页纸。但是演说中用到的人名与数字要逐一写出,因为这是临场演讲时最容易卡壳的。其余只要列出题目与要点即可。提纲用三号字,以便远远一看便能看清楚。

即使对于所讲内容已经非常熟悉,也需要准备提纲,起码要把主办报告单位的一些情况(单位名称以及联系人姓名等)写在提纲上,以便演讲时准确地引用。

准备好的讲稿在讲的过程中可能不看,但是通过准备会加深印象,而且有了提纲,卡壳时可以查。

2) 观点要鲜明

为了使听众一听就觉得有新的内容,要尖锐地提出问题。例如,一般人为了说明外语的用途,往往说出国和涉外活动需要外语。实践证明,这种动员的效果往往不好,因为听众中的大部分人没有出国和参与涉外活动的机会。我在不断演说的基础上,明确地提出"不出国也需要外语"。在演说一开始就明确提出"出国和参与涉外活动需要外语是不言而喻的",一句话带过,随即明确提出以下内容:

(1) 不出国也需要外语;

(2) 不搞尖端需要外语;

(3) 不搞科研需要外语;

(4) 中国走向世界需要外语;

(5) 不出洋相需要外语;

(6) 教育下一代需要外语。

以上这些观点都是我在动员大家学外语的过程中收集起来的,具有一定代表性。集中在一起,一环套一环,一个问题接着一个问题,步步深入,能够在听众心里形成连贯的印象。

3) 以事例说明观点

在说明某种观点时不要从观念出发,而要从事例出发,最后引申出观点。例如,为了说明我学习英语的努力程度,我用学坏 17 部(次)收录机、用坏两本词典、用光一大把圆珠笔芯和写了一柜子听写记录等事例;为了说明我是如何苦学的,用平日学 5~7 小时、节假日学 10 来个小时和发生严重车祸后整天躺在床上学等事例说明,听众听了以后印象深刻。

为了说明正常人只要掌握一些记忆方法都可以极大提高记忆力,我花了一个月时间总结出了一般人可以在一小时记住圆周率100位的口诀,并在讲话前教会了几位小学生。讲解如何提高记忆力时,适时请小学生登台表演,不但可以活跃会场气氛,而且也增加了听众学习记忆方法提高记忆力的信心。

4) 收集与应用听众熟悉的事例

讲话时引用书刊中的事例是不可避免的,但不要太多,否则听众会感到离自己太远而引不起共鸣。犹如歌舞团在外国表演,每当表演所在国的歌舞时,观众反应非常强烈一样,讲话中如能引用听众熟悉的事例,则容易引起他们的共鸣,并进而吸引他们认真听讲。几年来,我在讲解英语与电脑学习以及智力开发等问题过程中,结合所讲的观点,先后收集并在演说中引用过不少真实的事例,收到了很好的效果。例如:

(1) 为了说明基础英语的重要性,收集了以下例子:一位初中二年级学生,家庭没有英语背景,父母都不会英语,但本人学习刻苦,英语成绩很好,被推荐去英国学习。一位中学生从初二起用逆向法学习英语,高中二年级通过了CET-4考试。

(2) 为了说明"什么时候学都不晚",收集了一位没有科班学过英语的62岁老人认真用逆向法学习英语,听力提高比年轻的大学生、硕士生还要快的例子以及另一位62岁老教授学会用电脑后写作速度大幅度提高等例子。

(3) 为了说明"关键在于开窍",只是一般性地说说正常人脑有无穷的智力潜力引不起听众的注意。我用实际生活中碰到的 一位被人们认为"笨"的战士后又被别人认为聪明的例子,就很有说服力。

即使应邀到不熟悉的单位去演讲,也要抓紧时间调查,尽量收集一些事例。例如,一次一所中学的司机开着一辆崭新的小车来接我去给该校师生演讲。我一上车,发现在每个座位上方的呢子顶棚处,都贴有一块手帕。问司机为什么这样做,回答说"以免头油把呢子顶棚搞脏了不好洗"。我听了以后感想颇多,觉得这是安心和钻研本职工作的敬业精神的具体体现,决定在讲解"安心、钻研与热爱平凡工作"时结合这件事展开,引起了听众强烈的反应。

5) 具体数字能给听众深刻印象

例如,在讲解我如何刻苦学习英语时用"平时每天学习 5～7 小时,节假日每天学习 12～14 小时,车祸后卧床 3 个月,连续学习 3 个月"和"听坏了 17 部(次)收录机,用光圆珠笔芯一大把,听写出了记录一柜子,用坏词典两本"等形象的数字,听众很快就形象地体会到了。

6) 打比方的效果好

人们在日常生活中积累了大量的生活经验,讲解一些听众初次接触到的观点时,最好能打个比方,让听众通过自己熟知的经验去体会所要说的问题,可以提高演讲效果,尤其是讲一些新的观点时就更是这样。例如,论述学习英语过程中打基础的重要性时用游泳打比方:基础不扎实的英语相当于"狗刨式",再努力也游不远;基础扎实的英语相当于"蛙泳式",可以游很远的距离。有过游泳体验的听众一下子就能体会到其中的道理。

演讲以后要注意收集听众反映,看看什么样的比方给他们的印象最深刻。

7）展示实物效果好

演说过程中适时向听众展示实物的效果很好。例如，为了说明我刚开始学英语时的英语水平并不高时，向听众展示当时的听写记录，并把听写记录送到听众手里看，指出一些现在中学生都会的词我当时却不会；在讲到如何刻苦学习英语时，向听众展示一把听写用过的圆珠笔芯都能收到很好的效果。

8）当场演示效果好

演说进行中如果要提出听众事先没有思想准备的问题，最好能现场演示。例如，在介绍英语学习逆向法时说明基础英语的极端重要性，如果听众是大学生，一上来就开门见山提出许多大学生没有很好地掌握基础英语，他们可能不赞成，所以可以先放一段难度相当于中学程度的英语录音给听众听，看看能不能听懂。把答案公布出来一看，几乎全是认得的中学学过的英语单词。此时他们自己会由衷地说出"连这么简单的都听不懂，说明基础英语没有掌握好"。

又如，不认得大写字母的问题，也不要先下结论。可先发给大家一段用大写字母写的文章，内容可以是很简单的中学课文，看看有多少人能立即朗读出来。在没有人能立即朗读出来的情况下，你再说"不少人连大写的字母都不认得"这个结论时，听众会发自内心地同意你的说法。否则不但不能接受你所宣传的观点，而且会产生一种抵触情绪，认为低估了他们的水平。

9）如何动员听众到会

业余时间进行并自愿参加的报告会，一般都以海报的形式发出通知。由于在高等学校里各种报告会很多,所以对于海报的内容也要注意总结,以动员更多的人到会。1995 年在沈阳某研究所作报告,该单位的党委书记在与我联系时就提出如何写海报的问题。我根据以往的演说经验,认为"45 岁自学英语口语,一年后成为翻译;52 岁自学电脑,十几年来用电脑写作与翻译了 20 本书;57 岁学习记忆方法,能背出圆周率 1000 余位"等事实对听众有感召力,建议据此出海报。于是他们在海报上写道:

他 45 岁自学英语口语,一年后成为翻译;

他 52 岁自学电脑,十几年来用电脑写作与翻译了 20 本书;

他 57 岁学习记忆方法,能背出圆周率 1000 余位;

⋮

这份海报果然动员了许多听众到会,有的还带来了录音机。报告会后我到布告栏处抄下了海报的内容,以后每到新单位去作报告,就主动建议以此格式发海报。"巧学巧用系列丛书"编者的话以及几个宣传逆向法的网站,都采用了这段能引起读者共鸣的话。

10) 会场宁小勿大

一次去济南开会,应邀到某大学作报告,推荐我去演讲的人曾多次听过我作报告,认为一定会受到该校师生的热烈欢迎,建议把报告地点设在能容纳 1000 多人的大礼堂。考虑到我是首次到该大学演讲,广大师生对我不熟悉,报告会又是在业余时间自由参加的,不一定会有很多人参加,所以我建议把会场设在一个能容纳三五百人的小礼堂,会议组织者采纳了我的建议。报告刚开始时,到会的人数大约有 300 人左右。演说开始后,人数陆续增加,很多人站着听,最后连站的地方都没有了,我就请他们到主席台上席地而坐听我演讲,气氛非常热烈。后来据会议组织者讲,礼堂门口 10 米以内全是人,估计到会人数不下 700 人。会后一名学生自发地在该校校报上发表了一篇听报告感想的文章。

如果把会场设在大礼堂,刚开始只有 300 来人时就会显得非常冷清,就会影响会议组织者、演说人以及听众的心情。由此我总结出"会场选择宁小勿大"的原则。

11)一开始就要抓住听众

不论是自愿参加的还是单位统一组织的报告会,都有一个如何在一开始就抓住听众的心的问题。自愿参加的报告会,不少听众是抱着听听看的心情来的,感兴趣则听下去,不感兴趣就离开。即使是单位统一组织的,有的人虽然表面上坐在那里听报告,实际上可能在看书报或想别的事情。如何尽快地引起这部分人对你演讲的注意则是开场白要解决的问题。所以开场白要少一些平淡无味的客套话和过多的谦词,免得三五分钟过去了还没有切入正题。而应该开门见山,单刀直入,一分钟以内就应该使听众知道要讲什么。例如,讲英语学习逆向法时,一开讲就向大家说明的讲话内容一般为以下 5 部分:

(1)我是如何学会的;

(2)为什么有的人学习效果不理想;

(3)关键是基础知识不扎实;

(4)用逆向法学习效果好;

(5)你一定能学会。

事实证明这样的开场白往往可以立即引起听众的注意。

12）脱稿讲

看一句讲稿讲一句的演讲不可能充满感情，也不可能引起听众兴趣。只有脱稿讲，才能一气呵成，才能用连贯和生动的口语讲出来；只有脱稿讲，才能适应当时当地的情况，能伸能缩，不管在某个问题如何发挥，最后也能回到主题上。

为了能脱稿演讲，必须把演讲要点融会贯通并牢记在脑子里。例如，在讲解本书有关成才的内容时，用 1—2—3—4—7—10 数字串作为线索概括讲话内容：

1：一个成才的决心；

2：两种态度；

3：三信三不迷信；

4：对大脑潜力的 4 个比喻；

7：7 步成诗的才能从哪里来；

10：一目十行与十目一行。

脑子里有了这个提纲，演讲过程中就不容易离题，不论讲到什么地方，都清楚地知道还剩下多少内容没有讲，还需要多少时间才能讲完等。就好像放风筝时牢牢地抓住绳子，可收可放。

录制电视或广播电台用的节目时，为了避免出现翻看书稿形成的沙沙声，最好能脱稿讲。但是脱稿讲，每一段落的时间不容易准确。2000 年初，我在中央教育电视台录制逆向法系列讲座，一共 10 讲，每讲 24 分钟。由于缺乏经验，有的超过 24 分钟，有的只有 20 分钟，给后期加工带来了不少困难，而且有的事后也难以弥补。我及时总结了经验，找到了几种调节讲话进度的方法，随后在中央人民广播电台录制

《踏踏实实学英语》和《学习成功的乐趣》系列讲座时，一气呵成，每一讲的时间长度正好符合要求，录制过程非常顺利。

13）注意台上台下的交流

注意台上台下的思想交流是集中听众注意力和唤起听众参与意识的重要一环，要适时地问听众一些问题。

要注意观察听众的反应，如发现他们对某个问题感兴趣，就展开讲，不感兴趣则可略去。

为了及时了解听众的反映，两个小时以上的演说中间可休息十分钟，以便与听众进行面对面的交流，听取他们对前半部分演讲内容的意见，并在随后的演讲中尽量满足他们的要求。不必担心休息以后听众不回来，因为我的演讲大部分都是自愿参加，本来就可以随时离开。

14）随机应变

演讲时要随机应变，根据会场的情况决定讲什么和怎么讲。如果不论会场的情况如何都是照着准备好的稿子讲，效果不会好。

15）按时开始，准时结束

按时开始并准时结束演说会给听众留下深刻的印象。

9. 乐在演讲中

鼓动他人努力学习，实际上是自己知识的延长与生命的延续，是一件很愉快的事情。当听众讲他们从我的演讲中受到鼓舞时，我总回答说"我也是演讲的受益者"。这是我发出内心的话，因为：

（1）在准备演讲稿过程中系统地思考与总结了自己的经验，提高了思维能力，在讲话实践中锻炼了口才。

（2）我近年来收到听众与读者的来信上万封，他们的意见纠正、充实或发展了自己原有的观点。青年读者与听众在信中表达的热情强烈地感染了我，增加了自己生命的活力。

（3）感受到孟子所说的三乐之一的"广罗天下英才而育之"的乐趣。每当看到听众受我演讲鼓动而努力学习并取得好成绩时，自己心中都感到无比的欣慰。

5.7 思考与总结

1. 注意积累资料

思考与总结的基础是资料，没有资料，思考与总结就成了无源之水和无本之木，所以一定要注意积累和收集资料。要勤于动笔，及时记载，以免日后忘却。

资料只有积累到一定数量和到了一定时候才显现出价值。从1958 年大学毕业到 1982 年为止，我一直从事通信工程的设计工作。不论工程大小，坚持每搞一个工程就总结一次，而且一定写成文字。正是在这些总结的基础上，我修正了某些现行规范的差错，提出了一些新的设计规范并在全国推广。

1991 年以来，我就有意识地注意收集应用逆向法成功的人的经验体会。到了 1999 年，收集了不同文化程度和不同年龄层的人写的文章 60 余篇，其中不少人已经与我失去了联系。2001 年初出版《逆向法巧学英语(第 3 版)》(清华大学出版社)和建立网页需要时，打印出来立即能用。

任何完整系统的经验都是从由零碎的小经验逐步积累起来的,所以要非常重视小经验。例如我在学习与使用五笔字型汉字输入法中,有了一点体会,哪怕是错误操作引起的教训,必用文字记载下来。日积月累,总结出很多独特的学习和使用这种汉字输入法的经验,写出了《巧学巧用五笔字型》一书,出版后很受欢迎,成了清华大学出版社的畅销书。很多长期使用五笔字型的人看了这本书以后说,书中介绍的一些窍门他们或多或少都碰到过,不过没有用心把它们归纳总结出来罢了。

2. 多想出智慧

多想就是勤于开动脑筋。对于碰到的问题(尤其是难题)翻来覆去冥思苦想。从中找出规律性的东西。

例如,我在记忆一个单位的电话号码的过程中,不断寻找记忆的线索,找到了把各个电话号码与使用者特征相联系的方法,非常有效,记住了 400 多个号码。把总结出来的记忆方法传授给别人,别人听一遍就能记住一百来个,感到非常奇怪,其实就是多想的结果。

又如我在自学与辅导别人用逆向法学习英语过程中碰到了一些问题,经常反复思考,寻找各种问题的答案,逐步形成了以下几个观点:

(1)逆向法用自己录制的录音带做教材,杂音比较大,初学者不习惯,容易产生厌烦情绪,或认为是录音带质量有问题。一时间我自己也认为"如果能有没有杂音的录音带就好了"的想法。但是反复思考后我形成了以下看法:"一点干扰都没有的英语环境只有教室里才有,实际生活中听到的英语总是多多少少伴随着一些干扰,只有能在有干扰的情况下听得懂才是真水平，才有实际用途。水平提高到一定程度以后，应该有意识地听有干扰的录音，以锻炼实战能力。水平越高，抗干扰的能力也越高。"初学的人在这种思想指导下，就会以主动迎接挑战的心态去听此种有干扰的录音带。

（2）不少人在用逆向法听英语广播录音带时，常常"听懂高兴，听不懂不高兴"。我明确提出："听懂高兴，听不懂不高兴"是听力水平低时的一种心态，水平高了以后会演变到"听得懂不高兴，听不懂才高兴"，因为把听不懂的地方搞懂了，水平也就提高了。

（3）针对"经常出差，难以坚持英语学习"的说法，提出"出差是学习英语的大好时机"。

（4）针对"智商低学不好英语"的说法，提出学英语不要像学数理化那样需要问为什么，只要知道是什么就可以，所以"智商低才适合学英语"，以提高他们学好英语的信心。

（5）针对"毅力差学不好英语"的说法，提出"毅力不是天生的，毅力差的人更应该努力学好英语，达到学会英语与增强毅力双丰收"。

（6）针对"不出国学不好英语"和"没有外籍教师学不好英语"的说法，提出"国内就是国外"与"外籍教师到处都是"的观点，鼓励大家发挥主观能动性。

实践表明，以上几个观点对于增强学好英语的信心是很有作用的。

3. 勤总结

对于基本上已经想通了的问题要及时总结，并在实践与理论的不断反复中从感性认识上升到理性认识。

总结贵在及时。所谓及时,就是要在工作或生活激情没有消退、生动事例和细节记忆犹新的情况下立即进行总结。否则时过境迁,激情减退,记忆淡化,总结出来的东西往往只有框架而缺乏生动的内容。

总结贵在成文。总结经验时,"写"与"不写"大不一样。"写"的过程就是不断提炼的过程,由感性认识上升到理性认识的过程。有些问题,向别人进行口头讲解或听别人口头讲解,似乎头头是道,但是动手去"写",就会发现前后矛盾,经不起推敲。因为口头讲解时,无论是讲的人和听的人,都无法对前后内容进行连贯的分析对比。而用文字表达时,需要周密的思考和反复推敲,前后矛盾的地方可以及时发现。

为了积累总结所需的材料,要充分发挥记事本的作用,做到记事本随身带,把听到的、想到的、看到的素材及时记载下来,以便随时查阅。

坚持勤写总结有以下好处:

(1) 由于不断动笔,可以逐步养成写作的习惯,提高写作能力;

(2) 只有写出文字材料才能反复推敲、去粗取精、去伪存真,才有可能从零碎的感性认识中总结出概念,上升到理性认识。

不仅学习和工作中的经验教训要及时总结,生活方面的经验也要总结。例如,我经常出差,为了防止丢三落四,就搞了一个"出差须知",写在一块硬纸板上,每逢出差之前就拿出来检查,看看是不是该办的事情都办了,该带的物品都带了。如果某次出差中有了新的经验教训,就补充到"出差须知"中。例如一次去四川成都某工厂出差,为了争取时间,星期四晚上坐飞机到了成都。与工厂的人一接触,得知他们星期五是厂休,不上班。无奈只得在成都休息一天后才开始办事。据此就在"出差须知"中增加了一条:要搞清对方厂休是哪天。

就英语和电脑而言,我首先是个学习者和应用者,而绝不是研究者和专业工作者。虽然可能东鳞西爪地掌握了一些看起来似乎是高级的东西,但是可能某些最基本的东西却不懂。

5.8　学无止境

我对自己英语水平的评价为:基本掌握英语,具有一定的听、说、读、写能力。掌握词汇量的情况为:"会"10 000,"熟"5000,"化"2000。

我对自己电脑知识水平的评价为:不论是硬件还是软件,基本上只懂外部(知道如何使用),不懂内部(不懂原理),但在电脑写作和输入法方面有比较深入的研究。

人们常常用"专业"和"业余"来划分技能的熟练或对知识的理解深度。我的专业是电子通信技术,对于英语、电脑和记忆等的掌握始终停留在"业余"的水平上。只要身体条件许可,继续学习英语和电脑是自己长期坚持不懈的追求。

5.9　向无字的书本学习

一个人的知识和本领是很有限的,要想使自己的知识和本领不断提高,就需要向群众学习。每一个人的周围都有很多很有才华的人,要仔细分析每一个人的优点,并把他们作为自己学习的榜样。

向群众学习的很重要的一个方面是向普通群众学习,即使他们的文化水平比自己低得多。除了学习他们默默无闻地安心本职工作和吃苦耐劳等优秀品质外，也要学习他们丰富的实践经验，以便补充和发展书本知识。我曾长期从事通信工程建设的设计和施工，对此深有体会，例如：

(1) 1964年初，我们设计了一座通信大楼，为了保证可靠的交流电供应，该楼分别要从两个发电厂引两路电。不同发电厂来的电严禁同时合闸供电，以免发生灾难性的后果。为此我们设计了自动控制的开关柜，保证两路电不会同时合闸。对于这样的设计，设计人员认为是天经地义的。但是在征求有丰富维护经验的电工的意见时，一位老师傅提出来用一个N形的钢筋固定在两个电源闸门的中间，保证其中的一个合上时封住另一个闸门，另一个想合也合不上，绝对不可能发生两个闸门同时合上的情况，这样就可以不要开关柜了。我们采纳了他的建议，建成投产后一切正常。他的方案，不但简单可靠，而且省去了价值上万的开关柜，这在当时来说，是一笔不小的数目。这件事对我的教育很大，从此我比较自觉地在设计和施工中听取文化程度不高但是有实践经验的人的意见，把他们零碎的、不系统的经验集中起来，上升为理论，写成文章推广。在这样做的过程中，自己的水平也得到了很大的提高。

(2) 向无字书本学习的场合很多，即使是自己作为老师，给群众讲课，也要很好地向他们学习。可以这样说，给文化水平低的人讲课学到的东西，不是给文化水平高的人讲课所能学到的。例如，我在向外行人讲复杂的技术问题时，善于打比方的能力，就是在不断给战士讲课中锻炼出来的。因为战士的基础知识差，讲解时不能用过多的数学公式，逼得你只能用他们能理解的通俗事例去打比方。如何使打的比方既通俗,在概念上又不错误,确实需要花一番脑筋。久而久之,就锻炼出了打比方的能力,把它用来向内行人讲课,同样也收到了很好的效果。

(3) 对于文化层次比较低的人提出的问题要耐心地给以认真地回答,对他们来说,一切都是新的,什么问题都可能提出来,其中可能有许多内行人没有去想过的很有深度的问题。

例如,一次给战士讲如何用三用表测量电阻、电流和电压,一位战士把三用表拿在手里仔细端详了一会,突然问我表头两侧 8 个符号是什么意思。我上学时老师没有讲过,一时回答不了。下课后查看了电工仪表手册,找到了其中 5 个符号的意义。为了搞清楚其他 3 个符号的意义,写信问电表厂,回答说是"照着一种外国表仿制的,样品上有什么,我们绘什么"。我找原文说明书看,其中也只说明了一种符号的意义。最后写信问一杂志社,也只回答出一个符号的意义。

又如,一次给战士讲半导体课,说到半导体有 P 型和 N 型之分时,照着教科书上写的说,在 4 价的元素中掺入 3 价和 5 价元素就可以得到所需要的半导体,我上学的时候老师是这样讲的,我也是这样接受的,似乎没有什么可以再问的了。但一战士问我为什么不掺入 7 价和 1 价的,不是一下可以得到更多的 P 和 N 吗?我根本回答不了,后来请教一位教授,他说这个问题提得很有深度。

(4) 在向群众学习过程中,即使是对他们的只言片语,也要注意听。往往是说者无心,听者有意,也许从中可以得到一些有用的启示。例如,我国的小同轴电缆 300 路无人站的遥测频率,参照外国的体制,一个站一个,总共有 20 个。品种太多,不便于备料和维护。器材部门的人提出了"能否减少品种"的想法。对于他们的这一想法,一开始我认为"一个站一个频率是常规",无法减少。但是我始终把他们的意见记在心里,不断地思考,终于找到了解决办法:首先提出两个远距离供电段分时加电,把频率种类由 20 个减少到了 10 个,后又提出用二极管正负加电进行区分,再一次把频率由 10 个减少到 5 个。这种方法经过试验证明是完全可行的,最后被国家鉴定所正式肯定和采纳,大大便利了备料与维护。

(5)近年来我经常写书,如何减少差错始终是一个课题。在这方面,广大的读者又是我最好的老师,我发自内心地愿意听取他们的意见。而且受白居易做诗"老妪能解"传说的启发,对于面向一般群众的通俗书稿,完稿以后总是要请只有初中文化程度的人提意见。例如,拙作《巧用电脑打字机》一书完稿以后,多次请一位只有初中文化程度的人看,请他提意见,并根据他的意见一段一段地修改,直到他认为能完全看懂为止。结果正式出版以后收到了很好的效果。

"三人行必有吾师",一些读者的科技水平虽不高,但在语文知识方面给了我很多帮助。例如,一位只有初中文化程度的读者指出我把"丢三落四"写成"丢三拉四",类似的例子举不胜举。

第**6**章

决心、信心和恒心

无论学习还是工作,要想取得成功,都有一个决心、信心和恒心的问题。一般说来,决心好下。有谁不愿意在学习或工作中取得成功呢?但是无论是学习还是工作,都不会一帆风顺,前进的路上会有各种困难,克服这些困难有赖于必胜的信心与百折不挠的恒心。

本章的内容可概括为"1—2—3—4—7—10"。"1"指的是"一个决心","2"指的是"两种态度","3"指的是"三信三不迷信","4"指的是"4个比喻","7"指的是"7步成诗的才能从哪里来","10"指的是"十目一行"与"一目十行"。

6.1　一个决心

要想干成功任何一件事,首先要有"不达目的绝不罢休"的气概和决心,要么不干,要干就把它干好。只有这样,才不会在困难面前灰心丧气和半途而废。

1. 发愤与发奋

只有发愤或发奋后才定能下"不达目的绝不罢休"的决心。为了便于叙述，我们可以把受正面教育而下的决心称为发奋，例如知道学习机会非常难得而努力学习，为了振兴国家而努力工作，看到了自己的差距而努力学习和工作等；把来自负面的刺激，例如受到了不公正对待或身体有残疾等而定下的决心称为发愤。

发愤与发奋常常是互相作用的。例如学习了中国近代史，知道了在过去一百多年里，苦难的中国受尽了列强的侵略和压迫，一部中国近代史，就是一部中国的耻辱史；多少仁人志士，为了寻找救国救民的真理以抵抗帝国主义的侵略，抛头颅，洒热血。一部中国近代史，又是一部可歌可泣的奋斗史。现今的世界，充满着激烈的竞争。由于种种原因，与发达国家相比，我们中国大大地落后了。改变落后局面，赶上并超过先进国家的历史重任，落在了今日年轻人的肩上。今日的学生，就是明日祖国的建设者和保卫者。在了解了这一切以后，任何一个热血青年，都会发自内心地发愤和发奋，激发起高度的学习和工作的自觉性。是学生，会充分利用在校的学习时间，努力在各方面充实自己，下决心使自己成为适合 21 世纪需要的有用人才；是在岗工作人员，会努力工作，用实际行动建设祖国和保卫祖国。

只有发愤才能痛下决心，才能把自己的全部精力集中在某一件事上，才能做出常人没有做出来的成绩。司马迁在《报任安书》一文中写道："文王拘而演《周易》；仲尼厄而作《春秋》；屈原放逐，乃赋《离骚》；左丘失明，厥有《国语》；孙子膑脚，兵法修列；不韦迁蜀，世传《吕览》；

韩非囚秦,《说难》《孤愤》;《诗》三百篇,大抵圣贤发愤之所为作也。"由此可见,发愤对于一个人的成才有多么重要。

有的时候,受到负面作用而激发出来的发愤所起的作用,可能大于正面刺激引起的发奋。例如伟大的科学家牛顿在刚上学时成绩并不优秀,只是有一次一个成绩优秀的学生在牛顿肚子上踢了一脚,他的自尊心受到极大的伤害,想报复又不能,才下决心努力学习,一定要学得比那个打他的学生还要好。经过努力钻研,牛顿果然成为全校成绩最好的学生。

又如美国盲人科学家肯特·卡斯勒,1949年出生时双目失明,但是他的父母坚信常人所能做到的一切,他们的儿子都能做到,经常告诉他"你能做到一切",这句话成了他战胜失败和挫折的法宝。小时候他最喜欢骑自行车,他说:"从来没有听说过盲人不能骑车"。一次,他同邻居的孩子赛车,一听到"跑"的口令他就冲到了前面,撞到了一辆停在路旁的汽车上,顿时血流满面,几颗牙齿也松动了。小伙伴们个个大惊失色,但是他挣扎着站起来后所说的第一句话却是"我赢了"。他在父母的鼓舞下,不但和常人一样上小学,而且成了出类拔萃的全优学生。他努力通过训练其他器官来弥补失明的缺陷。他对天文感兴趣,父母每晚为他朗读有关天文学方面的书籍。高中毕业时他获得了国家奖学金,在大学里被评为优秀生,并获得了博士学位,国家宇航局雇用了他,并很快成为最重要的科学家,负责搜索宇宙生命信息。

国内也不乏此类令人起敬的人物。例如特等残疾军人朱彦夫,1952年在朝鲜战场上一次空前残酷的阻击战中失去了双脚,两只手从手腕以下被截掉,左眼成了"窟窿",右眼看东西也模糊不清,成了一位残疾人。但他不因此而悲观失望,而是下决心把先烈们前仆后继的英雄壮举与他自己向生命极限挑战的奋斗精神写下来,留给子孙后代。由于没有双手,眼睛视力又不好,在写作中遇到的困难是可以想象的。开始时用嘴衔着笔写,头一拱一拱,半天才能写出一个字,非常艰难。但是朱彦夫咬牙坚持着,每天写出几十字几百字。历时 7 年,数易其稿,终于写出一本 33 万字的自传体小说《极限人生》(黄河出版社,1991)。

所有这一切对于一个盲人和特残人来说,该有多大的困难,他们又是以何等坚定的决心和顽强的毅力在克服着常人难以想象的困难。例如肯特·卡斯勒所用的计算机是特殊设计的,连接在射电望远镜上,把视觉图像变成用手能触到的撞击运动。相比之下,我们这些不失明、手脚齐全的人的主观条件该有多么优越,所缺少的恐怕就是"不达目的绝不罢休"的坚定不移的决心了。

一个人学习某项知识或技能时下的决心的大小与其对于该项知识或技能重要性的认识有关。就以学习英语和电脑来说,如果能认识到这是 21 世纪大学生和知识分子提高工作能力和通向世界与通向未来所必须掌握的两项工具,才有可能下决心学习,才能在碰到困难时坚持下去。反之,如果认为"不出国用不着英语"、"不搞科研不需要英语"、"中文资料都看不过来,哪里还需要去看英文资料"或"电脑录入是普通录入员的事,自己是干部,学电脑是大材小用"等,就根本不会下决心去学英语和电脑,即使在各种各样的考试逼迫下不得不学,也一定会感到是沉重的负担而很不耐烦。而一旦考试通过(往往是勉强通过),就再也不学了,原来学会的一些知识用不了多久就会还给老师。

2. 不轻易改变决心

一般说来下决心容易，坚持难。有的人在受到各种外界的激励或刺激后下决心学习某门知识，但是在碰到了困难或在外界因素的作用下，很容易改变决心，不学或改学别的知识。例如有的人在了解到英语很重要后下决心非学会英语不可，购置了各种英语学习教材与设备，每天学习好几个小时。可是学上一阵子（几个星期或几个月）后，觉得收获不大，怀疑自己是否能学会，于是就放松要求进而动摇决心，最后放弃英语学习。

3. 力争上游

从事各项工作与学习时都应该有力争上游的思想，取得的成绩要比条件好的人还要好。比方说，别人有机会出国进修而自己没有，就下决心在国内工作岗位上学习，争取获得比他们还要好的成绩。

6.2　两种态度

不论在校学习或自学，我们都可以看到两种截然不同的态度。

一种态度是正确估量自己的水平，制定切实可行的目标后抓紧时间，踏踏实实一步一个脚印地朝着既定目标前进，最后达到预期的效果，使自己进入越学越有信心、越学越爱学和越学越会学的良性循环。而且在取得某一项学习成果的同时，也一定会大大地提高自信心，大大地提高自己的工作和学习能力。

另一种态度则与此相反,好高骛远导致半途而废,使自己进入一个越学越厌倦的恶性循环。好高骛远的人必然过高估计自己的水平并制定出过高的学习目标。在具体实践目标时,也许刚开始劲头很大,但过不了多久就会因为看不到进步而泄气,最后导致半途而废。在好高骛远导致半途而废的过程中,他们受到的损失不仅仅是没有掌握某一项知识,同时也会极大地挫伤自信心。

6.3 信努力,不迷信天才

讨论学习与工作中如何取得成功,经常会涉及天才与努力、自己与他人、打基础与速成等问题。下面分别从"三信三不迷信"与"四个比喻"入手,说明任何一个智力正常的人都具有无穷的潜力,只要刻苦钻研,方法得当,都可以取得预期的成功,都可以成为"人杰"。

"人脑是怎样工作的"和"人的智能从何而来"是当代世界十大科学之谜中的两个问题。辩证法认为,差异是绝对的,世界上没有完全一样的东西。从这个意义上讲,应该承认人的大脑生来就是有差异的。但是这种差异到底是什么呢?怎样进行早期鉴定和识别?对一个人后天的成长是不是起着决定性的作用?如何利用和改善这种区别?……这些问题的解答涉及哲学、心理学和脑科学,学术界历来争论不休。下面仅就与增强信心有关的问题作一些粗略的讨论。讨论的重点放在如何发挥后天主观努力上,以利于增强学习和工作的信心。

1. 人脑的无穷潜力

　　人脑是已知宇宙中最复杂的物体，它比任何一种已有的机器都要复杂得多，它是我们之所以成为人、成为万物之灵的关键所在。大脑皮层是人类智力活动的物质载体，它的厚度约为 2mm，面积约为 $1.5m^2$，重量不到 1.5kg。传统的神经解剖学认为人脑大约有 140 亿个神经细胞，但新的研究表明，大脑约有 10 000 亿个神经细胞，其中至少有 1000 亿个神经细胞参与智力活动，互相间有连接关系。

　　不论是 140 亿、1000 亿还是 10 000 亿，都表明大脑的潜在记忆能力是很大很大的。就以 140 亿个计算，假定每一个细胞都具有 0 和 1 两种记忆状态，那么整个人脑的记忆容量将是 2 的 140 亿次幂。这是一个很大很大的数字，如果以每一秒钟写一位数字计算，写完这个数需要 90 年。

　　由于近代研究手段的进步，在过去 10 年内对于大脑的研究成果比过去几千年还要多。但是大脑的许多功能仍然是不解之谜。例如美国新墨西哥州有一位叫梅茨的小男孩，三岁以前很正常，快四岁时患一种奇怪的脑炎症，每隔 3 分钟发作一次，不得不进行左半脑的切除手术，切去了一半的大脑皮层。此后他和正常的孩子一样上学，各方面的表现都很正常。按照传统的见解，左脑是分管音乐、诗歌和数学的，他的左半脑已经完全切除了，似乎他在音乐和数学方面的能力应该比较差。但是实际上他在这两个方面都很正常，他喜欢上钢琴课，数学成绩优良（见 Quiet Miracles of the Brain. National Geographic，1995，187（6）：6～8）。所有这一切，左右半脑分工的传统见解都无法解释。看来左右半脑之间存在着某种我们所不了解的信息传输方式，人的大脑具有极大的可塑性，后天的刺激（学习）可以改变大脑神经细胞之间的连接关系，可以使某一部分脑细胞得到充分的发展。

正因为这样，不少科学家认为人脑的结构和功能是迄今为止宇宙中已知物体中最复杂的，它本身就好像是一个小宇宙，可以不断地开发，永无止境。美国麻省理工学院的一位教授说："倘若你一生好学，那么一生中你脑中储藏的各种知识，将相当于美国国家图书馆藏书的50倍。"也就是说，人的大脑中可以容纳5亿多本书的知识。

辩证法承认差别，人的大脑先天有好坏之分。但是先天好与坏的表现是什么呢？是不是所有后天取得非凡成绩的人都是先天条件特别优越呢？

从以上的分析可以看出，对于任何一个大脑发育正常的人来说，一生中无论怎样用脑，都还是会有用不完的潜力。作为一种积极进取的思维方法，每一个人都可以认为自己大脑的先天条件处于"中等水平"，不如"上等水平的人"，并以此时时鞭策自己："先天不如别人，后天还不赶快努力！"并由此下定决心，如果先天智力水平属"上等"的人每天学一小时，你就学两小时，下决心付出比他们多得多的努力，以弥补自己先天的不足，力争多开发一些，做到在现实的智力水平方面赶上他们。只要抱着这样的积极态度，你就一定会有所成就，说不定还有可能超过那些先天处于"上等水平"的人呢！

根据以上的论述，学生本人应该树立起"没有学不会的学生，只有不会学或不肯学的学生"；家长应该树立起"没有不会学的孩子，只有不会教的家长"；老师应该树立起"没有不会学的学生，只有不会教的老师"的积极观点。千万不要轻易下"这个孩子(学生)聪明"与"那个孩子(学生)笨"一类的结论。

2. 天才就是勤奋

对于什么是天才,有没有天才,人们历来争论不休。在形容某些取得突出成就的人时,人们经常使用"天才"、"天分"或"天赋"等词语。但是深入一步思考,到底什么是"天才"、"天分"或"天赋"呢?并没有人能给出科学的定义。顾名思义,"天"的意思无非是说天然的、与生俱来的、爹妈给的,英语里有 god-gifted 的说法,直截了当地说是上帝特殊赐予的。这样就不免给这些词蒙上一层神秘的色彩。

我赞同"天才就是勤奋"。这种说法认为"天才是人脑潜力得到高度开发的人才",不是上天给予的,而是通过后天努力获得的,以鼓励每一个普通人努力开发大脑的潜力,以取得学习与工作上的成功。

历史上有成就的人是怎样看待天才的呢? 马克思认为"天才就是勤奋";鲁迅认为"哪里有天才,我是把别人喝咖啡的工夫都用在工作上的";美国大发明家爱迪生也明确地指出:"有些人以为我之所以在许多事情上有成就是因为我是什么'天才',这是不正确的。无论哪个脑子清楚的人,都能像我一样有成就,如果他肯拼命钻研。"他们都是伟人,在别人看来一定是天才,但他们自己却不这样认为,因为只有他们才知道付出了多少心血和汗水后才取得成功的。

美国芝加哥大学的布洛姆教授曾对 130 位音乐、体育、艺术、数学、科学尖子作了一次调查,发现这些人成名成家并非天赋独特,而是由于十多年或二十多年的对事业的执著追求和不懈的努力。

每一个在事业和学习上取得成功的人都有自己的一番奋斗史,只不过有的人没有说出来,有的则被自己或他人神化罢了。

有的人在某一项事情上取得了突出成绩时有意或无意地神化自己,说什么"天分是主要的"或"得有点天分"以及"一不小心就写出一本畅销书"一类飘飘然的话来。按说他们内心非常清楚自己的成绩是通过何等刻苦努力才取得的,为什么还要这样说呢?看来可能是在别人的吹捧面前失去了清醒的头脑,也可能是故意神化自己,以便使别人失去追赶自己的信心而保证自己永远处于领先地位,犹如美国故意夸大其星球大战计划的威力去欺骗苏联一样。

说到天才,必然要涉及人们经常说的"这个人聪明"、"那个人笨"的问题。人们主要是根据一个人的现实智力发展水平来判断一个人的聪明与否。分析任何一个人取得成功的原因,不能只看终点,也要看起点,更要看过程。如果不迷信的话,恐怕任何一个人刚出生时的情况是相差不多的,有谁能根据孩子出生时的第一声哭声而断定他是不是天才呢?

再说先天条件是爹妈给的,自己无法选择,只能听天由命。所以那种认为一个人后天聪明与否是先天条件决定的看法是消极的,是虚无缥缈和难以操作的,因而很容易导致悲观的宿命论。而强调后天的作用则是活生生的,看得见摸得着,是自己通过努力可以争取到的,因而是积极的、可操作的。

从结果倒推出原因的方法是人们经常使用的一种逻辑推理法,运用这种逻辑推理法来讨论天资和脑子灵不灵的问题,必然得出"谁后来取得了成绩谁就是生来天资好、脑子灵"的结论。但是这种逻辑推理法要论证的命题已经包含在假设之中了，因而是不严密的。

为了进一步思考这个问题，我们可以提出下面的问题：假定承认人生来在智力上有上中下之别，难道智力上属于中等甚至是下等的人，通过艰苦的主观努力，也永远不可能超过那些虽然在智力上属于上等、但不肯付出艰苦努力的人吗？

也许美国的大发明家爱迪生所说的"天才是1％的灵感，99％的汗水"比较恰当地回答了这个问题。爱迪生没有进一步说明什么是灵感，可能是指他的一些在头脑中突然闪过的发明念头吧。

我们每个人不一定都有发明的经历，但在工作和学习过程中，总创造性地解决过一些难题。有的难题，长时间地冥思苦想不得其解，似乎到了"山重水复疑无路"的地步。但在某一瞬间，甚至是在无意之中，脑中突然闪现出一些新的念头，顺着这些新的念头想下去，"柳暗花明又一村"，有了解决的办法。从表面上看，这些脑中突然闪现出的新念头，好像是从天而降的灵感，实际上却是长时间冥思苦想的结果。也就是说，产生结果的那1％的灵感是建立在没有产生结果的99％的汗水的基础上的，是由量变引起的质变。不能想象一个平日不善于思索的人会在某一瞬间产生出什么灵感。人们经常用"熟能生巧"这句话来形容某项动手能力的提高过程，其实在脑力活动上也是"熟能生巧"的，长时间翻来覆去的冥思苦想（即99％的汗水），就是"熟"的过程，在此基础上才能产生出"巧"（即1％的灵感）。也就是说肯下99％汗水的人，只要继续努力下去，一定会找到1％的灵感。

在现实生活中，人们往往会遇到这种情况：某个问题已经研究很久了，成天苦苦思索而不得其解。某一日，忽然由于旁人的一句话、一篇文章,或者由于饭后散步、假日垂钓、甚至一觉醒来,脑中突然出现了一种闪电式的高效率状态,顿时大彻大悟,一通皆通,问题迎刃而解,这就是灵感,就是顿悟。

产生灵感或顿悟的最基本条件是对问题和资料进行长时间的顽强的思考,直至达到思想的"饱和",同时必须对问题抱有浓厚的兴趣,对问题的解决怀有强烈的愿望,要使大脑下意识思考这一问题。

灵感从表面看仿佛是偶然产生的,其实也是水到渠成的必然现象的曲折反映。如果根本没有长时间地研究过某一个问题,没有如痴如醉地想过它,那么,即使有了适宜的外界条件,也不可能产生灵感。

例如,我56岁时练习以100位为单位背诵圆周率,采用的是脚踏实地的方法,利用一切空隙时间,饭前背、睡觉前背,身上带着圆周率,墙上贴着圆周率。背会了10个100位共计1000位以后,遇到了哪个百位接着哪个百位的问题。花了不少时间找各个百位之间的记忆线索,但不是非常成功。

一日,去南京火车站接人,火车晚点。我就拿出圆周率走到一边去背记前500位,突然灵感降临,发现把前400位的每一个百位的第一位数排起来是1847。我隐隐约约地记得这个数字与马克思的活动有关系。回到办公室以后立即查《辞海》,确认是《共产党宣言》起草之年,一下子就记住了。顺着这个思路,后面600位的首位排起来为390455,其谐音为"山沟冻死我我"。过去我曾在-30℃以下的山沟里施工,真是"山沟冻死我我",因而很好记。

不了解我经过苦思苦想才找到以上记忆口诀的人,每当听到我讲解这些记忆要领时,总是感到不可理解:"居然会找到这样的记忆窍门",自觉不自觉地又归结为我聪明了。

又如解决小同轴电缆300路的强杂音这个技术难题的过程也是这样。试验时发现有用频带内都是很强的杂音,把信号完全掩盖掉了,通信全部中断,全线停工,找到强杂音的原因和解决办法成了当时试验工作的主要矛盾。什么原因? 书本里没有现成的答案,从其他单位请来的很有经验的通信专家也说"从来没有碰到过这么奇怪的现象"。当时我的思想几乎完全被这个难题占领了,一有空就思考,但是久思不得其解。

试验场所条件简陋,没有固定的食堂,都是露天围成一圈,就地蹲着吃饭。一天吃晚饭时,大家又围在一起,等待分完菜后吃饭。分菜的人不小心把菜分到了某个碗的外面,有人就喊了一声"外面"。当时我正在思考强杂音问题,听到"外面"的声音后脑中突然闪过一个念头:"是不是在有用频带的外面有什么信号?"吃完饭后到机房一测试,果然在有用频带以外发现很强的无用杂音信号。原因找到了,串接一个带通滤波器就彻底解决了问题。当我把这个结论告诉其他技术人员时,他们不了解我是如何在苦思苦想的基础上受到启发而联想到频带以外的,自觉不自觉地又归结为我聪明了。

3. 先天与后天

即使承认人的大脑生来有灵与不灵之分,后天是不是就无能为力了呢? 大家都有这样的体会:脑子是越用越好用,越钻研越灵的。所以杜甫才说"读书破万卷,下笔如有神";马克思也说:"搬运夫和哲学家之间的原始差别要比家犬和猎犬之间的差别小得多,他们之间的鸿沟是分工掘成的"。

　　下面我们来看看几位伟人的情况。大科学家爱因斯坦小时候绝不是个"天才儿童",他4岁时才会说话,9岁才懂阅读,父母和老师都认为他智力不高,长大以后,他的记忆力差,老是记不住课文,因此第一次参加联邦技术学院入学考试,名落孙山;大发明家爱迪生小时候也被认为是一个"傻瓜蛋",他的功课老是倒数第一,拼写和文法永远学不会,父亲认为他笨透了,而爱迪生自己也几乎认为自己是"一头驴";贝多芬的音乐老师认为他不可能成为作曲家;俄国的大作家列夫·托尔斯泰考不上大学,被认为是一个"不会学,也不愿学"的人;迪斯尼乐园的创始人迪斯尼,曾被一报社解雇,因为他"缺乏创意",在他创办迪斯尼乐园之前,数度到了山穷水尽、身无分文的地步。

　　我国著名数学家陈景润也是靠超人的勤奋和顽强的毅力才取得成就的,多年来孜孜不倦地致力于数学研究,每天他的工作时间都在12小时以上,他的成就是用生命换来的。一般他早上四五点钟就起床,而桌前的台灯经常通宵不熄。

　　即使是天生很聪明的人,如果后天不努力,也是不会有什么作为的。大文学家王安石在《伤仲永》一文中描述过一个叫方仲永的人,四岁的时候能吟诵诗词,被认为是天才,但他从此不再学习,被人带着到处表演。十几年以后王安石再见到他时已经是"泯然众人矣",与普通的人没有区别了。

　　也许有人会说仲永四岁的时候能背诵诗词,而大多数小孩子却不能,不就是天才吗?王安石在文章中没有说到仲永是通过什么样的学习方式达到四岁时就能背诵诗词的,不过作者本人在1968年倒是真碰到过一个与仲永很类似的小女孩,四岁左右就能一口气背出当时公开发表的 30 多首毛主席诗词,而且点哪一首背哪一首。更令人不解的是发问者不出声,拿着书,翻到哪一首她就能背出哪一首,似乎她已经认得其中的大部分字。

经过详细了解,原来是她的一个当教授的爷爷在十年动乱时期没有事干,一天到晚拿着毛主席诗词,一句句耐心地教她,一直教到会背为止。因为她是完全通过声音学会的,所以只要说出一首诗词的名称,她就能背出来。她既然没有认得多少字,为什么翻到哪一首就能背哪一首? 原来她是根据某一首诗词在书的前部、中部还是后部以及开头几行的字数的多少来认定的。她爷爷去世后,再也没有人教她了,几年以后上小学时就记不得几首了,到了上中学时就基本上忘得差不多了。

由此看来,后天的教育和主观努力起很大作用。光有天赋,后天不努力,就会出现俗话所说的结果:"10 岁的神童,20 岁的秀才,30 岁的庸人,40 岁的笨蛋。"

近年来,神经生物学家、生物化学家、神经心理学家、心理语言学家开始研究神经系统的可塑性,得出了令人吃惊的结论:幼童的经验决定大脑的结构,大脑在敏感时期接受的信息的质量和数量,决定着神经元的密度和效率。在幼童这个时间窗口,接受能力特别强,生成大脑各个区位之间的"信息高速公路",以后一生中就沿着这些信息高速公路前进。随着年龄的增长,这个窗口可能会关闭,所以从小就要注意对孩子大脑的开发。有的科学家用磁共振成像仪器对婴儿的大脑进行观察,发现从出生第 6 周开始就对语言有反应,就可以对其进行语言能力训练,而不是只教给一些简单的"呀、呀"发音。

报纸上曾详细介绍过山东 2 岁零 8 个月的孪生兄妹庄泽正和庄泽芳被认定为"两个年龄最小的阅读者"和"进入吉尼斯世界纪录年龄最小的人"。他们能认识汉字 2400 多个,英语单词近千个,能流畅地朗读 80 多本幼儿读物。但是他们并不是什么天才,靠的也不是什么天分。他们的父亲认为关键在于引导,兴趣带动,从不强迫他们一天认多少字,而是结合各种场合,培养兴趣。

由此可见,没有天生的"笨人",只有天生的"病人"和没有开发的"自然人"。

4. 笨鸟先飞

假定人的脑子生来就有灵和不灵的,而且自己的脑子刚好属于不灵的范畴,可是客观形势的发展又要求你非学习好和工作好不可。怎么办呢? 唯一的出路就是以勤补拙,笨鸟先飞,付出比别人更多的劳动和汗水,做出更大的努力。

现实生活中这样的例子很多。例如多次获得世界乒乓球女子单打冠军的邓亚萍。她身高仅有 1.5m,从身体条件看,似乎不是打乒乓球的料。但是她在父母和教练的严格要求和指导下,刻苦训练,一步一个脚印。小时候练球,脚上绑了沙袋,练跑步时,身上还穿沙衣。她练球认真,一拿起球拍,精神就特别振奋,常常练得忘了回家吃饭。不论春夏秋冬,总是练得汗流浃背。夏天训练,要带两双球鞋,汗水顺着腿往下淌,鞋子里往往一片"汪洋",只好换一双鞋再练。为了练球,从 1986 年起连续 5 个春节都没有回家与家人团聚。

有的人仍然把她的成功归结为"有打乒乓球的天赋",因为其他运动员练习也很刻苦,但是为什么没有取得像她那样的成绩呢? 对此原国家乒乓球女队教练张燮林有过极精辟的回答:他在中国乒坛几十年,见到的所有运动员中,邓亚萍练球是最刻苦的一个。一切成功来源于苦练,邓亚萍是最普通不过的女孩,除了顽强和矢志不渝以外,绝无其他奥秘可言。

5. 如何看待智商

人们往往用一个人儿时智商的高低来描述其先天的智力水平,这种学说近来也受到了质疑。美国纽约康奈尔大学心理学教授塞西对赛马场上的赌徒进行了调查,发现他们中很多人儿童时期智商虽在 80 以下,却能根据马匹、骑手、气候、场地等要素,迅速准确地判断出获胜的马匹,他们的抽象推理能力使儿时智商高达 130 的人望尘莫及。

又如家庭主妇的文化程度不一定高,她们儿童时期的智商不一定高,但在采购日常生活必需品时的心算能力却远比文化程度高的儿女要强得多。所有这些都说明,专门的兴趣和爱好、丰富的实践经验等后天因素,对于智力发展有巨大的作用,这就是儿时智商不高的人后来锻炼成有特殊才能的人的原因所在。

由此可见,人脑的结构和作用机制无比复杂,能存储信息的潜在能力是很大很大的,而我们目前所认识和开发的仅仅是它极小的一部分。对于一个人的有生之年来说,人脑的记忆力是开发不尽、用之不完的,能记住多得难以想象的信息。一个智力发育正常的人,只要努力,都能极大地增强记忆力,过分强调先天的因素是不对的。例如美国第 50 届西屋电气公司科学奖前 10 名获奖者中,华人学生有 4 名,占 40％,而华人人口仅占美国总人口的 0.4％,高出了 100 倍。什么原因呢? 是华人天生就比别的民族人种聪明吗? 不是,主要是刻苦努力的结果。据有关资料介绍:华裔学生每周在家做功课的时数是 11.7 小时,而白人是 8 小时,黑人仅 6 小时。

对于一些经常用智商低解释自己学习成绩不好的人,我经常反问他们"你的智商是多少? 什么时候测的? 谁给你测的?"等。说实在话,对于大部分中国中年和青年人而言,恐怕没有人在幼年时测量过智商,所以也不要动不动就用智商高低来解释别人或自己在学习和工作上的不同表现。

对于不是专门研究心理和脑科学的人来说,与其用大量的时间去讨论天才一类的理论问题,去解释别人为什么成功和自己为什么不成功,还不如下工夫去实践,把自己脑子的无穷潜力转化为现实的智力,把自己造就成一个天才。

大凡有成就的人,从自己艰苦努力的亲身体验出发,都比较倾向于认为后天努力起决定性作用的看法,而不努力的人则往往倾向于认为先天条件起决定性的作用。

6. 聪明人肯下笨工夫

有的人认为"天才并不神秘,天才就是比别人聪明一点"。从表面上看,这种说法似乎把天才的神秘外衣剥去了一层,但是仍然需要回答聪明到底是先天就有的还是后天开发的,如果认为聪明是先天就有的,那么这种说法仍然没有摆脱天才说的逻辑体系。

由于种种原因，在一定的发展阶段，各个人的智力水平是不一样的，也就是说有聪明和笨拙之别，反映在学习方法上也有聪明和笨拙之分。

我们可以把聪明分为"大聪明"和"小聪明"两大类。"小聪明"是指与生俱来的智力，是自发的。"大聪明"是指通过刻苦学习、努力钻研而积累起来的智力，是自觉的。只有把"小聪明"汇集到"大聪明"中，"小聪明"才是用得其所，才能持久起作用。

真正的聪明人在学习上一般都是踏踏实实钻研基本概念，苦练基本功，一点一滴地学，不求别人夸奖和赞扬。这样做，短期效果也许不明显，但长期效果却很明显。可是有的人却把这样的学习方法视之为"笨"方法，而把急功近利，只是学到一些皮毛和花架子的"速成"方法视为"聪明"办法。

很显然，即使是个聪明人，如果用了这种"聪明"的方法，也是学不到真正的知识的，更不用说笨的人了。相反，即使是个笨人，用"笨"方法学习却可以学到真正的知识。

换句话说，肯用"笨"方法学习的人才是聪明人，笨人用了"笨"办法，也会变得聪明起来。有的学者把著名文学家钱钟书先生读书的窍门归结为"最聪明的人偏要下最笨的工夫"，恐怕就是这个道理。

7."笨"变聪明一例

1991年前后，我接触到一位只有初中文化程度的战士，别人向我介绍他的情况时反复说他"脑子比较慢"。在前后不到 3 个月的时间内，我亲身经历了他干的两件"笨"事和一件聪明的事，给了我很大的启发。

（1）不动脑子干出两件"笨"事

一次我看到一位同事穿着一双 25 号的凉鞋，于是请他去为我买一双。我反复向他交代清楚，要买 25 号半的，什么颜色都可以。当着他的面，我问了同事一句"多少钱一双"，对方回答说 8.9 元，我给了他 10元钱。一小时后，他两手空空回来，没有买，说价钱不是 8.9 元，而是 9元，问我要不要？令人啼笑皆非，他自己也不得不再去一次。在场的人没有不说他"笨"的。

某星期日下午，我听到门口似有老鼠咬东西的声音，顺着声音来到了门口，看见从门底下塞进来了《光明日报》的一个角，我猜想可能是他忘记了带钥匙打不开门才从门底下往里塞的。于是我打开了门，他抬头看了看我，低下头继续从门底下往里塞。直到他把第一张塞完，准备塞第二张时，我说了声"快把报纸给我"他才反应过来，直接把报纸递给了我。

以上两件事，连同其他的一些事情，使人们普遍认为他的智力水平比较低，反应比较慢。其实他的智力水平并不低，只是不动脑筋罢了。看他所干的一件聪明事就会相信这一论点。

（2）一件聪明事

他考汽车司机未被录取，很懊丧，说"当兵 3 年没有学到什么本领"，问我能学点什么，我不假思索地回答说"学五笔字型汉字输入吧！"我说这话是无意的，说完以后再也没有去过问。五笔字型汉字输入技术被不少人认为难记难学。要想学会和学好，似乎非要有好的记忆力和快速的反应能力不可，由他这样"智商低"和"反应慢"的人去学，似乎难以学会,更谈不上学好了。

　　由于他深知掌握汉字录入技术对他未来前途的决定性作用,因此很下工夫,经常一个人学习到半夜一两点钟(他这种苦学苦钻的情况很少有人知道,只是在我的不断询问下他才说出来的)。从基本功入手,一步一个脚印,背记编码规则和一二级简码,很快就掌握了五笔字型汉字输入技术,并被安排专门从事文字录入工作,天天与五笔字型打交道。他并不以掌握五笔字型而满足,而是精益求精,苦练基本功,在全院两次录入比赛中名列前茅。

　　一位当地电台记者为了检验他的输入速度,用正常的播音速度读当天新闻,让他边听边输入。结果语音一落,输入也随之结束。打印出来一看,五六百字的新闻只错一个字,令这位记者感叹不已,认为他"智商高、脑子灵、反应快"。我插话说他曾经有过以上两次"笨"的表现,他今天的成绩是苦练基本功的结果,这位记者怎么也不相信我的话,即使经他本人证实后也仍然半信半疑。

　　"机遇只偏爱有准备的人",由于他熟练地掌握了汉字输入技术,复员时立即就被南京某机关聘为录入员。过了一年后,他自己开了一个专门从事录入的电脑服务公司,业务开展得相当不错。

　　如果他在没有被录取为司机后灰心丧气,不图进取,过一天算一天,等待退伍的话,恐怕是不会找到合适的工作的。也就是说,一分努力,一分机遇。

　　对于他前后截然不同的表现,有的人认为"他本来是很聪明的,只是没有表露出来就是了"。对此我回答说:"如果通过自己主观努力,能把群众对自己的看法扭转过来,从被认为笨到被认为本来就聪明,无论对自己和对他人,都是很有启发意义的"。

而另一位战士,被人们普遍认为脑子灵。他们两人几乎同时开始学习五笔字型汉字输入技术。果不其然,这位战士掌握得很快,但是却没有在基本功上下多大的工夫,到头来也仅仅是"会"而已,谈不上精通和拔尖。

他们两人学习五笔字型汉字输入技术的过程很像寓言故事《龟兔赛跑》,最后取得胜利的是爬行不止的乌龟,而不是快捷的兔子。

我在向别人叙说他的三次表现时,常常把他说成三个不同的人,要求听的人判断一下哪个人的智商高,哪个人的智商低。几乎毫无例外认为"塞报纸的那个人智商最低","买凉鞋的人次之",掌握录入技术的人则"智商高、反应敏捷"。当我说出这三个人是同一个人时,很多人都很惊讶,觉得不可理解。其实这是人们司空见惯的现象:用心不用心,下不下苦工夫,会形成质的差别。

所以被别人认为"智商低"的人不要自卑,只要把自己的注意力集中在某一点上,把潜力发挥出来,就能干出"智商高"的人也要为之感叹的聪明事来。

6.4　信自己,不迷信他人

1. 天生我材必有用

如果说确实有天才的话,读者应该树立起这样的信念:"天生我材必有用",自己就是天才。因为大多数读者经过了中学、大学的学习,有的还经过了研究生的学习,智力不行能考得上吗?考上了以后能学到底吗?既然考上了并完成了中学、大学甚至研究生的学习课程,说明自己的脑子并不笨,是爱迪生所说的"脑子清楚的人"。

世界上无论哪一个成功者,都是绝对信任自己的,因而才会具有百折不挠的毅力,不会碰到一点困难和挫折就灰心丧气。有的人则不然,缺乏自信心,主观上又不努力,失败了,把原因都归结为客观条件不好。其实他们的失败,与其说是由于客观条件不好,不如说是由于缺乏必胜的自信心。

没有自信心的人就好像是一个没有脊梁骨的人,靠他自己是站立不起来的。只有在别人的搀扶下(不断地鼓励、督促检查和指导等)才能站立起来,取得一些成就,但是只要别人一松手(没有人鼓励、督促检查和指导等),就又会倒下。

没有自信心的人却往往有很强的他信心,相信别人,认为别人的脑子灵,各方面的客观条件比自己强。有这种思想的人,常常为自己学习和工作不努力或不得法找借口,他们往往在没有干一件事情之前就找好了退路。

无论是学习,还是工作,最可怕的莫过于丧失自信心了。一般学习不好的小学生都有以下一个演变过程:刚上学时,无论是父母、教师和学生自己都认为应该能学好。由于种种原因,没有学好(大部分是由于教育不得法和自己不努力、贪玩),最先感觉到的是老师,次数多了,教师就可能说他"不聪明,笨",再进一步,同学们就要说他"不聪明,笨"。此时家长和他本人不一定服气,但是久而久之,父母认输了,也会说他"不聪明,笨"。但他本人可能还不服气,可用不了多久,在一片"不聪明,笨"的声音中,他本人也就慢慢地服气了,承认自己"不聪明,笨",从而自暴自弃。

被别人说成"不聪明,笨"不但不可怕,处理得好,反而可以促使自己发愤和发奋,但是一旦自己承认"不聪明,笨",心理上就彻底垮了,别人再帮助也无济于事。

著名记者赵浩生上小学时算术不好,被别人认为天生就不是学理工科的料,慢慢地他自己也这么认为了。后来他碰到了著名数学家华罗庚,请教了"是不是自己生来就不适合学数学"的问题。华罗庚不假思索地回答说"那一定是你的数学启蒙老师有问题",并由此引申说"只有不会教的老师,没有学不会的学生"。我们是不是也可以由此引申出"只有不会教的家长,没有不会学的孩子"呢!

相信自己,就要与自己的懒惰作斗争。要想干成一件像样的事情,都必须付出很大的辛苦。那种既想取得成绩,又怕艰苦的人是不会取得成功的。他们在干事情过程中往往容易投机取巧,走捷径,结果一事无成;或者满足于一时的表面成就,像个"肥皂泡"似的,一时五光十色,很好看,可是一旦破了,什么也没有。

这里所说的自信,是建立在对于自己正确估价基础上的自信,而不是口出狂言,目空一切的自信。后一种自信是持久不了的,而且往往会转化为极度的自卑,从一个极端走到另一个极端。

自信心很强的人应该同时又是一个很虚心的人,尤其是当自己不如别人时,要服气,要虚心地向别人学习。但是不要服输,要在学习别人经验的基础上做得更好。

有的中老年人比较悲观,认为自己"碌碌一生,一事无成"。其实只要自己是努力的,就是"有成"。至于说到年纪,有的人主张"三十而立,人生四十才开始",有的人则更进一步地认为"真正的自我发展兴趣,人生退休才开始",等等。所有这些看法,从鼓励人的角度来看,都有一定的积极意义。

再说一般人所企望的成功不是要成为像爱因斯坦那样的大科学家,也不企望像陈景润那样去攻克世界数学难题,仅仅只是达到学习或工作的预期目的。只要用心,肯下工夫刻苦钻研,是完全可以达到的。如果在某一方面或某一点上,钻得比别人深一些,取得别人没有取得过的成就也是有可能的。

2. 别人做到我也做到

当自己干得不如别人好的时候,应该经常思考以下两个问题:"别人做到的事为什么我做不到?"、"我比别人缺什么?"。

一般说来,既然别人做到了,说明成功的客观条件已经具备,而自己做不到,无非是努力不够或方法不当。如果是缺努力,就赶快踏踏实实去做,而不要老是停留在口头上;如果是缺方法,就虚心地向已经取得成绩的人请教,结合自己的情况活用他们的经验。只要这样去做,就一定会取得与别人一样的成功。

要把比自己学习好、工作好的人作为自己的榜样和努力追赶的目标。由于这些人就生活在自己的身边,是活生生的,把他们作为自己的榜样会激发起很大的学习和工作热情。例如1979年我第一次出国访问,看到一位只有二十来岁的年轻人能与外国人用英语进行自由的交谈,羡慕得很。回国以后,下决心以他为榜样,脚踏实地学习英语,每当学习过程中碰到困难想半途而废时,脑海里就会出现这位年轻人说流利英语的形象,就会使自己勇气倍增。

要树立起这样的信念:妨碍你取得成功的主要障碍是你自己的主观因素,而不是别人或其他客观条件。自己不成功,不怪天、不怪地,只怪自己认识不正确、努力不够或方法不当。

为了提高自信心,可以很好地回忆一下自己和周围的人,看看有没有人一度由于主观不努力(上课不注意听讲、不认真、贪玩、不感兴趣等)、学习不得法或受到外界的干扰而学得不太好,从而自认为或被认为天资差、脑子不灵,但是后来经过主观努力和排除外界干扰以后取得优异成绩的,又被认为天资好、脑子灵的事例。通过这些发生在自己身边的由"天资差、脑子不灵"而成为"天资好、脑子灵"的实例,一定可以大大提高自己的自信心。

有的人把五笔字型看成很难掌握的一种输入方法,望而却步。其实王永民先生是和我们一样的普通人,一个脑袋两只手。我经常用以下语句鼓励那些对学习五笔字型有畏难情绪的人:"难道王永民先生就聪明到能发明这种输入方法,而你则笨到连学都学不会的地步吗?"

3. 别人做不到我可能做到

对于一个积极进取的有自信心的人来说,不以"别人做到我也做到"为满足。他们要做别人做过但是没有成功的事,他们经常在想"别人做不到的事,我就一定做不到吗?"

在这种积极的思想指导下,他们会吸取别人的经验教训,百折不挠地在实践中去探索。说不定别人没有取得成功是由于条件不成熟、努力程度不够或方法不当。现在条件成熟了,自己又能付出加倍的努力和注意方法,或许能取得成功。

每一个人都有自己的长处,对此要有充分的自信心,不要妄自菲薄。要坚信只要刻苦努力,充分发挥自己的长处,在某一方面做出一定的成绩是可能的。

例如,1993 年 10 月,汕头市电话号码由 6 位升到 7 位,登报征集升位徽志。全国数百人应征,其中不乏资深的专门美术工作者。但是得第一名的却是一位搞通信工作的业余美术工作者。事后他在谈体会时对我说:"一看到应征广告时我就想,我懂得通信,知道从 6 位升到 7 位的含义,设计图案时巧妙地把它抽象化为图案。但是为了把'汕头'这个特征体现在徽志上,不知道花去了多少心血,最后终于找到了满意的答案,很有把握地把徽志寄去应征,很有中选的信心。"

4. 一事成,百事成

一个人的信心不是凭空而来的,是通过一回一回取得成功而不断树立和增强起来的。每干成一件事情,除了完成该件事情这个具体的收获以外,额外的收获是增强了自信心,收到"一事成,百事成"的效果。

对于学习和工作中的困难,无非是两种可能性:不是你战胜困难,就是困难战胜你。在困难面前,存侥幸心理,没有长期苦干的思想准备,用不了多久就会败下阵来,承认失败。如果脚踏实地,一步一个脚印地去做,积小胜为大胜,就可能战胜困难。

5. 一步领先,步步领先

人们经常说"一步领先,步步领先"、"一步落后,步步落后"、"成功与不成功之间往往只差一步"等,这些说法有一定道理。比如说中学生学英语,如果利用假期提前学会几课,开学后别人学第一课时,你已经会了,无论是听教师讲和回答问题都会表现出比其他同学更高的水平,就会受到老师的表扬和同学的赞赏,从而激发起你进一步学习英语的兴趣。其他人在复习第一课时,你可以提前预习第二课,上第二课时,你又比别人明白得多,如此不断的良性循环,整个学期都会领先,进而全程领先。

在学习和工作中,我们经常可以看到有的人因"一步落后"而陷入被动。例如一项工作,由于抓得不紧,没有及时完成,最后在别人的催促下匆匆完成,因而丢三落四,漏洞百出;又如平时没有抓紧,考试不及格、经过补考才及格等都是因"一步落后"而陷入被动的例子。他们付出的努力也许比"领先一步"的人还要多,但是由于错过了时机,因而事倍功半。

6. 多说"行",少说"不行"

美国心理学家罗森塔尔和雅各布在 1986 年各选择了一所学校,给老师一张该校"智商高、具有优异发展可能"的学生名单,而且特别嘱咐学校要"保密"。其实这份名单是随意拟定的,但是正是这个随意拟定的名单,使老师自觉不自觉地增强了对这部分学生的期望和感情。几个月以后,被列入名单的学生的成绩居然有了相当迅速的提高,性格也变得活泼、开朗,求知欲更加旺盛,与老师的感情也深厚起来。这就是心理学上的"罗森塔尔效应"。

由此可以得到启发,在自己或别人(自己的孩子、学生和同事等)碰到困难而信心不足的时候要多想多说"真行"、"真聪明"一类的鼓励话语,少想少说"真笨"、"真不行"一类的泄气话。

对于缺乏信心的人取得的任何一点微小的进步,都要给以充分的肯定和赞扬,以便使之受到鼓舞,树立起继续干下去和取得更大成绩的信心。

碰到困难和受到挫折而信心不足时得到的赞扬和鼓励就好像是及时雨,特别宝贵,它会使人变得自信自强、乐观向上,使内在的潜能得到充分的发挥。这样,即使一些刚开始被别人认为"不行"的人,也会慢慢地变得"行"了;相反,如果老是受到指责和训斥,他们的悲观与自卑感就会增强,使得本来有可能"行"的方面也"不行"了,因为"行"与"不行"之间没有不可逾越的界限,是可以互相转化的。

我对于罗森塔尔现象深信不疑。1992 年曾辅导过一位上初中的女孩子,学习成绩中上,对自己缺乏信心,认为班上别的孩子比自己强。后来一个偶然的机会,她对我说:"班上有一位女同学,能背出圆周率20 余位,课余时间经常给大家表演,大家都很羡慕她的记忆力",言谈之间流露出羡慕之情。我就从此入手,教她背圆周率,结果只用了不到40 分钟的时间,她就背会了 100 位。后来那位能背 20 余位的同学又在给同学们表演,她在旁边听,发现有一位不对并作了纠正。她所羡慕的那位同学以及围观者问她怎么知道不对,她回答说:"我会背100 位",随即很轻松自如地背出了,引起同学们一片惊叹声,认为她真聪明。她也由此受到了极大的鼓舞,自信心大增,其他功课的学习也随之有所提高。

7. 从他人身上得到鼓励

为了坚定信心,平日应该经常与一些有信心、积极肯学的人在一起讨论,学习他们克服困难取得成功的经验,从他们身上吸取前进的动力;少与别人谈论缺乏信心和无所作为的话;同时不为别人的奚落和嘲笑所左右,而且要有意识地把奚落和嘲笑理解为对自己的赞美和鼓励,从而更进一步激发起学习的信心。

朋友之间互相鼓励的作用是很大的,人们往往会在坚持不下去的时候受到朋友的激励而渡过难关。一个人单独跑十几公里很难坚持到底,但是多个人在一起进行比赛时,大部分人都能坚持到底,所以要与周围的人展开友谊竞赛,以别人的成绩来鞭策与激励自己。一位大学毕业生很想学好英语,但是由于缺乏恒心,三天打鱼两天晒网,收效不大。后来协助我处理读者来信,不断地看到一些英语自学者热情洋溢的来信,从中受到很大的鼓励,下决心学到底,而且也真正学到了底,水平提高很快。

8. 全靠自己救自己

前面已经提到了祖父与父亲从小就注意开发我的智力,但是这些都是外因,只有内因才能起作用。

不少在学习上碰到困难的人往往容易把希望寄托在外因上,忽视了挖掘蕴藏在自己身上的巨大的智力潜力。外界援助对于一个人取得学习上的成功是重要的,但不是决定性的。再好的外界条件、学习方法以及学习工具都不可能代替学习者的主观努力。

　　拿学习英语来说吧,目前的外部条件很好,各种视听设备非常发达,各种教材应有尽有,可就是还没有一种能自动把英语知识注入人脑的方法。要想获得英语知识,仍然必须发挥学习者的主观能动性,一课一课地去背、一个词一个词地去记。再好的学习方法,也必须结合自己的具体情况去应用才能见效。所以作为一种积极进取的态度,应该彻底扫除一切侥幸取胜的心理。

　　对待学习中的困难,应该牢牢地树立起"全靠自己救自己"的思想,而不要把希望寄托在外界援助上。

　　如果在相同的条件下别人成功了而自己没有成功,不要埋怨环境,不要埋怨领导,唯一需要责备的就是你自己。

　　我有一次与几十位研究生座谈,就内因和外因问题有以下一段对话,他们的看法有一定的代表性。

　　"你的家庭条件好,父亲是清华大学的著名教授,所以你才学得好!"

　　我答:"我 4 岁时父亲离开老家,再次回来时我已经上初中一年级了。小学和初中一年级是在教学质量很差的农村上的。初中二年级以后我才到北京,高中一年级参军,这期间父亲在学习方法上指导我,我与父亲生活在一起的时间只有 3 年。从小与母亲生活在一起,而她是文盲!"

　　"但是你父亲对你有遗传!"

　　我答:"可我祖父是农民,文化程度并不高!"

　　"你们浙江人聪明。"

　　我答:"我们的祖先是五胡乱华时从中原移民过去的。"

　　其实"师傅领进门,修行在个人",再好的外部条件也只有通过自己努力才能起作用。

6.5　信基本功，不迷信速成

基本功，顾名思义，是构成其他能力的基础，是一辈子管用的。只有扎扎实实地把基本功练好，以后才能有更大的发展。

1. 基本功的重要性

下面我们以学习英语为例，论述一下基本功的极端重要性。

不少基础英语知识不扎实的人想提高自己的英语水平，他们看不到正是基础英语知识不扎实妨碍着自己英语水平的提高，而总是就事论事地认为自己在英语方面的主要不足是口语不行。口语不行是一个综合征，造成这种综合征的首要原因是基础英语知识不扎实，要治也必须从基础英语治起。

什么是基础英语知识？简单地说，中学所学的，或者再进一步说，初中英语就是基础英语知识。不少人都大学毕业了，难道连初中英语知识还没有学扎实吗？这要看用什么标准去衡量了。这里是用听、说的要求去衡量的。我在自学和辅导本科生、研究生及其他人员学习英语过程中，发现不少人的基础英语知识不太扎实。

我结合英语学习，把基本功的熟练程度划分为"会"、"熟"和"化"三个层次。对于一个英语单词，首先是"会"和"不会"的问题。

"会"是指能慢慢地阅读书面文章。注意这里所说的"慢慢地"三个字，是指从容不迫地阅读，不懂的词要查词典，句子的意思不明白用文法知识进行分析等。总之，最大的特点是"慢慢地"进行，不能快速地如同看汉语材料一样地进行阅读。

"会"的英语水平对于阅读英语书刊来说,障碍作用或许不是非常明显。但是对于听和说来说,其障碍作用就非常明显了,基本上无法进行下去。

"熟"是指能看、能听、能念、能写,对英语单词词义的理解面比较宽,但还没有熟到能习惯成自然地"脱口而出,信手拈来"的"化"的程度,因此不能一听就懂,想说就说。例如听到 August 以后不能立即理解是哪个月,而必须有一个逐月推算和从英语到汉语的翻译过程,即在脑子里默默地进行以下过程:January(1 月)、February(2 月)、……、July(7 月),最后才明白 August 是 8 月。

"化"是指能看、能听、能念、能写,对词义理解全面,能习惯成自然地"脱口而出,信手拈来",能和使用汉语一样,一听就懂,想说就说。

对于初中英语的重要性要有足够的认识,美国语言专家桑代克(Thorndike)教授以统计的数字说明了不同词汇数的用量百分比见表 6-1。

表　6-1

词　　数	百分比/%	词　　数	百分比/%
100	58.83	3500	98.30
500	82.05	4000	98.73
1000	89.61	4500	99.00
1500	93.24	5000	99.20
2000	95.38	5500	99.33
2500	96.76	6000	99.46
3000	97.66		

　　从以上数据可以看出,基本英语词汇的使用频度很高,譬如,最基本的 500 个单词,在各类英文媒介中使用率竟高达 82.05%,所以熟练地掌握这些基本的英语词汇是学习英语的出发点。

2. 从基本功入手是捷径

　　不少人认为速成是捷径,从基本功入手收效太慢。其实正相反,从基本功入手,扎扎实实打基础才是捷径。我回忆起 1964 年参加游泳训练时的情景。当时游泳训练的目标是武装泅渡 1000m,要求在两个月内完成。参训的人中间有不少人已经会"狗刨"式了。但是"狗刨"式只能跨越 30m 左右的距离,要想武装泅渡 1000m,必须学蛙泳。大部分会"狗刨"式的人老老实实地按照训练大纲的要求,一个动作一个动作地练习,半个月左右学会了蛙泳,能游 40m 左右;再练上几个星期,可以游几百米;两个月以后,个个能武装泅渡 1000m。

　　有的人自以为会"狗刨"式就是会游泳的人了,不肯一个动作一个动作地去学蛙泳,企图在"狗刨"式的基础上苦练耐力,从而达到武装泅渡 1000m 的目标。但是事与愿违,不管他们如何苦练,始终突破不了 100m。由此可见,从总体上看,只要方法得当,扎扎实实地一步一步来是最快的。

　　由此可见,扎扎实实地练基本功的方法"不是捷径,胜似捷径"。

3. 一目十行与十目一行

　　任何高级技巧都是基本功极度熟练以后能力的升华,它们都是基本功极度熟练的人用心总结出来的,只有具备了扎实基本功的人才能体会和掌握。这就是"一目十行"与"十目一行"的关系。"十目一行"是苦练基本功，是到达"一目十行"的必经之路。

例如，英语水平高的人听和阅读的时候具有"听关键，抓大意"的能力，他们这种能力是在长期的"逐词逐句抠，力求词词懂和句句懂"和"十目一行"的反复练习过程中积累和升华上来的。

水平低的人错把这种高级能力当方法，想在基本功不扎实的情况下生搬硬套，结果成了无源之水和无本之木。这种状态表现在听力上，其结果必然是"关键的没有听懂，听懂的几乎都不是关键的"，"抓大意成了瞎蒙"；表现在阅读上，其结果必然是云里雾里，茫茫然而不知所云，怎么能抓住文章的中心思想？

要想从根本上提高英语能力，只有按照"逐词逐句抠，力求词词懂句句懂"的要求去学习，把看起来似乎是边边角角的次要问题逐一搞透，才会有新感觉，才会有质的突破，才可能体会水平高的人总结出来的"听关键，抓大意"等高级技巧的真正内涵。

4.7 步成诗的才能从哪里来

三国时的曹植 7 步成诗的才能为很多人所羡慕，不少人以 7 步成诗的才能作为自己努力追求的目标。正式史书中并没有关于 7 步成诗的记载，因而也无法得知曹植 7 步成诗的敏捷才思从何而来。但是我们从现实生活中有成就的人的成才之路可以得知，"7 步成诗"是终点，是结果，是从"7000 步成诗"、"700 步成诗"和"70 步成诗"一步一步提高上来的，即走过了 7000→700→70→7 的艰苦历程。

对于没有经过专门训练的普通人而言，一般说来，可以认为起点水平是"7000 步成诗"。这个出发点很低,但不要气馁,只要在这个水平上不断地勤学苦练,一定会上升到"700 步成诗"的水平;再在"700 步成诗"的水平上勤学苦练,又会上升到"70 步成诗"的水平;再在"70 步成诗"的水平上勤学苦练,熟能生巧,最终才会达到"7 步成诗"的水平。

在 7000→700→70→7 的一步一步艰苦的前进过程中,首先需要有坚强的毅力。从"7000 步成诗"到"700 步成诗"、到"70 步成诗"、到最终"7 步成诗",每前进一步,都要付出艰苦的劳动,而且越往后越困难。其间充满挫折和失败,有时长期努力没有进展,似乎到了"山重水复疑无路"的境地,很容易气馁。此时思想一定要非常明确,"坚持就是胜利",只要坚持下去,量变会引起质变,一定会达到"柳暗花明又一村"的境地,一定会达到"7 步成诗"的水平。

水平提高以后,要注意防止和克服骄傲自满情绪。例如到了能"700 步成诗"时,可能认为比别人强了,用不着再刻苦学习了;到了能"70 步成诗"时,更可能认为自己周围能达到这样水平的人不多,不必再下苦工夫了,结果导致半途而废,到达不了"7 步成诗"的终点。

在 7000→700→70→7 过程中,不要好高骛远,不要急于求成。有了好高骛远和急于求成的思想,就不肯在"7000 步成诗"、"700 步成诗"等低水平上反复练习,就会在基础没有打好的情况下匆匆忙忙地转入"70 步成诗"和"7 步成诗"阶段。这种不是水到渠成的提高是不扎实的,因而也是虚假的,除了欺骗自己以外什么目的也达不到。

7000→700→70→7 的过程也是一个不断展露自己聪明才智的提高过程。由于一般人只有"7000 步成诗"的水平,一旦你达到了能"700 步成诗"的水平,就会有人说你努力,学有成效;达到了能"70 步成诗"

的水平,就会认为你聪明;达到了能"7步成诗"的水平时,就会认为你是天才了。在一片赞扬声中,要保持清醒的头脑:你还是原来的你,并不是什么聪明,更不是天才,只不过下苦工夫罢了。

对于不知道自己的真实出发点在哪里的人,还要经历 7→70→700→7000 的过程。也就是说,一开始以为自己水平不低,尝试着"7步成诗",不成;不能"7步成诗",能不能"70步成诗"? 假定"70步成诗"也不能,能不能"700步成诗"? 能不能"7000步成诗"? 一般说来,"7000步成诗"的水平总是有的吧,因为任何正常的人不可能比曹植笨 1000 倍吧!

在这种情况下,最需要的是虚心和信心。首先是虚心,敢于否定自己,并为找到"7000步成诗"的真实出发点而高兴。要做到这一点并不容易,需要一定的勇气。例如有的大学毕业生,通过了 CET-4 考试,但是基本功很不扎实,连最简单的英语都听不懂,更别提说了。他们想提高英语水平,问我怎么学为好。我建议他们从基础英语(直截了当讲,就是初中英语)一课一课补。他们虽然心里也觉得我的话有道理,但就是放不下"大学毕业"和"已经通过了 CET-4 考试"的包袱,不肯在公众面前承认自己正在学习初中英语,结果三心二意,收效不大。

任何不虚心的人,怕暴露出自己只有"7000步成诗"真实水平的人,是不可能把这个过程走到底的。

7→70→700→7000 过程的唯一目的是找到自己真正的水平,所以对于一个虚心好学和深知自己真实水平的人来说,完全可以直接进入 7000→700→70→7 的过程。

5. 基本功"化"了威力大

对于基础英语的潜力要有足够的估计,下面是我碰到过的一些例子。

例 6-1 一位大学期间通过了 CET-4 考试的助教,为了提高口语能力,自学了四五年,由于没有从基础入手,收效甚微。后来改用逆向法业余自学,不看课文,逐词逐句地听初中英语录音带,跟着录音带练习发音,把听懂的内容一词不漏地写出来。用了 9 个月左右的时间,写出了厚厚的一本《初中英语课本》。随后又用了 4 个月左右的时间,写出了厚厚的一本《高中英语课本》,英语水平得到全面的提高。他的阅读速度加快了,听力提高了,也敢"说"和会"说"了,在一次英语俱乐部口语活动中被英语教师誉为"语音"最好的演说者。真是前后判若两人,令那些不肯在初中英语知识上下工夫的人大为震惊。他深有体会地说:"基本功太重要了,基本功不行,怎么可能强化和提高呢!"

例 6-2 一位中学英语学得很扎实的大学生,第一学期就以 93 分的优异成绩通过本应在大学二年级结束时才参加的 CET-4 考试,第二学期又以 84 分的成绩通过本应学完研究生英语课程后才能参加的 CET-6 考试。

例 6-3 一位中学英语学得很扎实的高中二年级学生与在读硕士研究生一起参加 CET-6 考试,以 90.5 分的优异成绩名列第一。她在讲到自己的体会时说:"CET-6 并没有什么神秘的,只要中学的英语学得扎实,用两三个星期把 CET-4 和 CET-6 的词汇量突击记忆一下,就可以通过 CET-6。"我相信她的说法,只有基础英语学扎实了,才可能真正掌握英语,否则即使是把考试应付过去了,真正的英语水平不一定会有很大提高。当然,这里说的仅仅是通过 CET 考试,并不意味着英语水平特别高。

与他们的情况相反,不少基础不扎实的人,大学英语学了两三年,或大学毕业以后研究生英语又学了一两年的人,为了通过 CET-4 和 CET-6 考试,苦苦学习,不断强化,翻来覆去地阅读与 CET-4 和 CET-6 考试有关的书,仍然不一定能通过,或只能以 60 来分成绩勉强通过。一位通过了 CET-6 考试的研究生形象地把这种情况概括为如下的公式:

凑凑合合的中学英语＋马马虎虎的大学英语＝CET-4 及格

凑凑合合的中学英语＋马马虎虎的大学英语＋晃晃悠悠的研究生英语＝CET-6 及格

为了引起读者对于基础英语知识的极端重视,不妨把以上的结论再大胆地引申一下:

凑凑合合的中学英语＋马马虎虎的大学英语＝CET-4 及格＝扎扎实实的初中英语

凑凑合合的中学英语＋马马虎虎的大学英语＋晃晃悠悠的研究生英语＝CET-6 及格＝扎扎实实的高中英语

6.6　4 个比喻

光学透镜有 3 种:平面透镜、凸透镜和凹透镜,这 3 种镜子对于光线的作用有本质的区别。

1. 集中精力与聚焦

平行光线通过平面透镜后,能把绝大部分能量传递到镜后的物体上,但是聚集不起来,所以即使是在炎热夏天非常强烈的阳光下,晒的时间再长,也不能把放在平面透镜后的纸晒得烧起来,最多是晒得有点热而已。使用凸透镜把多束平行光线能量聚焦到一个点上,可以产生极高的温度,能把纸点燃或把金属熔化。平行光线通过凹透镜后向更大范围扩散,不可能把放在透镜后的纸晒热。

人们在学习或工作时的专心程度与精力集中情况大体上也可以分为3类。

(1) 一类人在学习或工作时专心程度与精力集中情况平平,既不特别分心,也不特别专心,一切顺其自然。他们一般情况下能完成学习和工作任务,但是不可能取得突出的成绩,更谈不上创造性。其情况相当于平面透镜。

(2) 另一类人工作或学习非常专心,精力高度集中,因而能取得突出的成绩,创造性地完成学习或工作任务,其情况相当于凸透镜聚焦。

(3) 再另一类人学习或工作时常常三心二意,精力集中不起来。学习或工作时想着玩,玩的时候又想着工作或学习。或者兴趣广泛,今天学这个,明天学那个,但是没有一个能学到底。或者见异思迁,这山望着那山高,不安心学习或工作,结果一事无成。其情况相当于凹透镜的散射。

平行光线意味着什么?意味着精力与时间,意味着自己脑子里的各种知识,意味着众人的智慧等。焦点是什么?就是正在做的某项工作或正在学习的某门功课。通过凸透镜,把精力集中起来,把可以利用的时间都利用起来,一心一意地从事该项工作或学习该门功课;通过透镜,把自己所具有的各种知识都用来从事该项工作或学习该门功课;通过凸透镜,把众人的智慧集中起来去从事该项工作或学习该门功课。

好的聚焦设备能把光线集中到一个很小的范围内,因而能量高度集中,效果最好;不好的聚焦设备聚焦后光线仍然散布在一个比较大的范围内,能量不能高度集中,效果也就不理想。所以在选定焦点(某项工作与某项知识)后,还必须提高聚焦质量,不要把学习范围定得太宽。例如下决心把英语作为焦点,慎重选定学习材料后,应该把学习精力集中在这种学习材料上,把它学深学透。而不要三心二意,时而学这种教材,时而学那种教材。

一个人的成才不但与智力因素有关,与非智力因素也有关。所谓非智力因素,泛指一切智力因素以外的心理因素,例如求知欲、事业心、毅力和自我约束能力等。所有这些非智力因素,就是做成凸透镜的原材料。

2. 开窍与水能发电

1968年我曾到过西藏的高山湖——羊卓雍湖,听当地的人介绍说这个湖的水位比雅鲁藏布江高出数百米,如果能打通一个山洞,把水引出来发电,将是取之不尽、用之不竭的能量。该湖四周都是崇山峻岭,风平浪静,水平如镜。在这种情况下,湖水所具有的只是潜能,而不是现实能。就现实能而言,羊卓雍湖的水与天津塘沽口海拔高度为 0m 的水是完全一样的。

1993 年 9 月 30 日，作为国家"八五"计划重点项目的羊卓雍湖电站引水隧洞(海拔 4400m，全长 5889m)胜利贯通，并于 1997 年建成了水电站，汹涌的湖水奔腾直下 840m，带动 11.25 万 kW 的发电机组，巨大的电能源源不断地供应周围地区。

人脑的开发过程很像这个情况。"窍者，孔洞也"，打山洞就是在周围的山上"开窍"，开了窍后就可以把潜在的水的势能转化为现实的电能。在没有开"窍"前，与羊卓雍湖的水有巨大的潜在能量一样，人脑有着巨大的智力潜力，但是被各种各样的"高山"(各种偏见、天才论、自卑感、条件论等)阻挡着，发挥不出来，表现出来的只是极为平平的智力水平。但是一旦在这些无形的"高山"上凿了孔，"开了窍"，就一定会表现出不平凡的智力水平，前后判若两人，不但会使别人感到难以理解，有时连自己也会感到惊奇，原来自己的潜力有这么大！

3. 知识积累与核链式反应

核材料在没有达到临界体积以前不能产生链式反应，释放不出核能，但是一旦达到临界体积，形成链式反应，巨大的核能就会释放出来。人们学习过程的知识积累过程与此非常相似，不能指望立竿见影。虽然每学习一个小时，总会学到一些新的知识，但是不要指望有明显的提高。只有学习一段时间，知识积累到一定程度，才会感到有明显的提高，才会表现出作用来。

4. 学习与安装电脑软件

假定有两台电脑，它们的硬件配置完全相同，其中一台装入了各种功能很强的软件,而另一台电脑则只装入了一些简单的软件。把这样两台电脑放在一起进行功能对比,就会相差很大。

人的学习过程与此非常相似,正常人脑的先天物质条件大体相当,关键在于后天不断学习。退一步说,即使先天不如人,只要后天努力,也可以获得成功。

6.7　毅力是培养出来的

有了决心和信心以后就是要有恒心了,即一般所谓的毅力。很多人把一个人的学习成败简单地归结为有没有毅力。其实毅力并不是天生的,而是后天培养出来的。应该抛弃"没有毅力,所以学不会"的消极看法,代之以"在克服困难过程中培养和锻炼毅力,达到学习和毅力双丰收"的积极看法。

1. 在克服困难中培养毅力

无论是学习和工作,都会碰到很多困难,不可能是一帆风顺的。要克服这些困难,首先需要有百折不挠的毅力,不被困难所吓倒,脚踏实地一步一步地去克服它们,并在克服困难中培养毅力,形成自己的好习惯。而好的习惯一经形成,就会成为无形的力量。

就拿学习英语来说吧,我们经常可以听到这样的议论:某某人由于有恒心与毅力,长期坚持自学,所以学会了英语;而某某人则由于没有恒心、缺乏毅力,三天打鱼两天晒网,自学了很长时间,英语水平提高不明显等。

　　这种说法似乎很有道理，其实是因果倒置的。因为恒心和毅力不是天生的，而是后天培养和锻炼出来的，是在不断地与困难作斗争中培养和磨炼出来的。所以如果有人认为自己毅力不强而对学习英语缺乏信心，那就应该把学习英语的过程作为培养和磨炼自己恒心和毅力的一个好机会，做到英语水平和毅力双丰收。

　　对此我有深切的体会，回想起在刚起步听写英语录音带时，一分钟的录音带要花一个小时左右才能听懂，困难很多，进步不大，不时冒出打退堂鼓的念头。为了及时提醒自己，我专门制作了一个写有"坚持就是胜利"字样的牌子，作为座右铭，放在桌子上。每当感到学了这么长时间英语水平提高不大，想放弃不学的时候，只要一看到它，就会重新鼓起学习的热情和信心。

　　恒心和毅力不足的最明显例子就是学习中的冷热病。需要用英语（与外国人进行技术交流、职称评定中的英语考试等）的情况碰多了，你或许会想：要是自己的英语水平比较高，能听、说英语该有多好。由此也可能激发起学习英语的高度热情，一时间下的气力很大，每天学上好几个小时。学上一段时间，碰到一些困难，或者与国外的技术交流活动可能已经告一段落，客观上对英语听、说的要求不像早先那么急了，或者技术职称已经获得，学习的劲头可能也随之下降了。只有等到下一次再与国外进行技术交流或又受到别的外界刺激时，才又萌发出加紧学习英语的念头，再一次重复这个过程。这就是我们经常可以见到的"用时很着急，过后又放松"的学习英语的怪圈。

　　在对外日益开放的今天，我们要有"平时要为用时着想，宁肯学了用不上（从广义上讲，不可能用不上），也不应该用时后悔平时没有学"

的指导思想。只要抓紧时间学习,持之以恒,什么时候开始学都是来得及的,即使人到中年,也是可以学会英语的。

在许多情况下,学习的动力来源于压力。干任何事情,没有明确的目标和一定的压力,都不可能干好,学习英语也不例外。例如准备用多少个月的时间完成某个阶段的任务,每天学习多少个小时等。目标订出来以后,就要自己强迫自己执行,自己对自己施加压力。整个自学任务是通过一天天的努力去完成的,没有不可克服的困难,一定要完成每天的学习任务。因故没有学,作为对自己的警告,事后要加倍补上。不少自学者的实践表明,只要有一天因为有一点特殊情况而放松对自己的要求,没有完成自己规定的学习任务,就会在思想上打开一个缺口,成为以后效法的"榜样",最后导致半途而废。

俗话说:"有志者立长志,无志者常立志"。我们应该做一个"立长志"的有志者,而不要做一个"常立志"的无志者。

学习或工作的全过程很像爬山,一开始都比较容易,越往上越难。到了一定高度以后,似乎没有力气再继续往上爬了。几乎每往上爬一步,都需要在"再坚持一下"和"放弃"之间作出抉择。如果稍有松懈,让"放弃"的念头占上风,就会停止前进,并自我安慰说"我已经尽力了"。如果理智地告诫自己"再坚持一下",就会继续往上爬,并最后到达顶点。一个人毅力的增强就是在这个不断的"再坚持一下"和"放弃"的思想斗争中完成的,是在"再坚持一下"中一点点培养出来的。

有人形象地把克服学习和工作中的困难比作运动的物体。没有外力克服重力去做功,物体就成了自由落体,顺其惯性快速下落,越落越快。如果要向上运动,就需要做功。

2. 戒急戒躁磨炼毅力

毅力不足的人往往容易急躁和急于求成。有这种思想情绪的人学习英语时,就会不断地变换学习途径,今天听说《英语 900 句》不错,就学 900 句。学了一些日子,提高不明显,正在犹豫观望的时候,忽然又听说 Follow Me 这个节目不错,可能又换学 Follow Me,……,企图找一条不费很大气力就能学会英语的捷径。

书店里各种英语参考书很多,经常有人问:"哪本书好?"有的人就今天学这本,明天学那本,结果哪一本也没有学到底。很多单位买了不少书和磁带,但利用率并不高,有的磁带买了几年了,但封面的玻璃纸还没有撕开呢! 一旦书店来了新书和新磁带,恐怕还要去买。

为了避免这种情况,最好请教一下英语水平较高的人,根据自己的英语程度,选定一本书,踏踏实实地学到底。翻来覆去地阅读一本书,在逐步熟悉书的内容的过程中,会对这本书产生浓厚的兴趣和感情,所学的内容也就能牢牢地记在脑子里。学透了一本书以后,再去学别的书,就比较容易了。

学习成效的快与慢是辩证的统一。急于求成的方法看起来似乎快,但是一遍一遍地学,始终不能得到质的飞跃,从总体上看,恐怕还是慢。而我所推荐的方法,一时间看起来似乎是慢的,但它能从根本上得到提高,取得质的飞跃,从总体上看是快的。

一位 1974 年大学毕业的人在听了我自学英语成功的经验以后说:"一年半或两年的时间太长了"。我说你自从毕业以来,每隔一两年就要下一次决心进修英语,三番五次地进各种英语学习班或自学,花的时间恐怕远远不止两年，但水平提高仍然不明显。如果从你一毕业就像我一样，从基本功入手，踏踏实实地学，岂不是早就掌握了英语了吗？与你现在这种花了十几年所达到的不高的英语水平相比，踏踏实实打基础的学习方法是不是也可以算一种速成呢？接着我很形象地给他打了一个比方：踏踏实实从基本功入手学英语，就好比吃中药治病，它的疗效来得慢，但却能根治，他听了以后觉得有道理。

对于自学者来说，从一定意义上讲，整个自学过程就是一个不断克服急于求成的急躁情绪的过程。不少自学英语者在学会英语的同时，都深深地感到在思想修养方面也有了不少的收获，侥幸取胜的思想少了一些，脚踏实地克服困难的思想多了一些，毅力增强了不少。从某种意义上讲，这方面收获的意义并不亚于学会具体的英语知识。

3. 有规律的生活有助于培养毅力

有规律的生活有助于培养毅力，所以不论是忙还是闲，都要尽量坚持有规律的一日生活：什么时候进行体育锻炼和文娱活动，都应该有一定的规律，不要沉溺于通宵达旦地打牌或下棋。我们可以看到不少借口没有时间学习英语的人打起扑克和麻将来却有的是时间，因为他们已经锻炼出了打扑克和麻将的毅力，形成了习惯，一天不打就难受。如果能把这种毅力和传统转变到学习和工作上来，会产生多么巨大的作用！

坚持有规律的生活习惯要与自己的懒惰作斗争，尤其是在比较疲劳与苦战多日没有取得显著的学习与工作成绩时，就更应该与自己的懒惰作斗争。

这个问题对于走向工作岗位的大学毕业生来说尤其重要，在校期间,在各项制度的约束下,在各级领导的监督下,他们养成了不少良好的学习和生活习惯,例如爱学习、注意体育锻炼等。走向工作岗位后,没有制度的约束了,没有各级领导的监督了,自制能力比较差的人很可能会放松对自己的要求,放弃在校养成的各种好习惯,很快被各种不良习气所同化,不再学习,不再锻炼身体。久而久之,也就落伍了,不能充分发挥大学生的作用。

坚持有规律的生活的意义不仅仅在于某段具体的时间里能在学习上、身体锻炼上有收获,更在于通过每天坚持实行自己规定的制度,形成一种自制的能力,自己为自己建立起一种不能破坏的规矩。久而久之,就会形成一种良好的习惯:干什么事情,只要下决心干,就要排除万难干到底,绝不以任何借口中断。例如为了锻炼身体坚持天天打乒乓球,夏天38℃也不能停止。在这么热的情况下打乒乓球,从任何意义上讲都不是享受,而是受罪,但在受罪过程中,对自己的意志是一个很好的锻炼,同时也表明"今天没有停"。这种"今天没有停"的良好的习惯就是自己的好传统,是一种无形的精神力量,会极大地增强自信心,对他人也会有一定的影响。

现代的脑科学已经证明,好习惯与坏习惯,和吸烟与喝酒的瘾一样,是一种生理反应,是大脑中生物、化学、电的过程,是物质的,不存在天生的超物质的东西。

4. 自我激励增强毅力

我们每个人生活在具体的环境中,而不是生活在乌托邦里。当你下决心搞好学习或工作时,不一定有人能及时地鼓励你,说不定还可能不时听到各种会挫伤你学习积极性的风言风语。这样就发生了一个如何不断自我激励增强毅力的问题。下面仍以自学英语为例作些说明。

自学是在没有别人监督的情况下进行的,如何自我激励,自己鼓舞自己,自我增强信心,使整个自学过程成为越学劲头越大的良性循环是一个很重要的问题。从我的实践经验看,以下做法效果不错。

1) 记日记

记日记本身就是锻炼毅力的一种好方法,再忙再累都要坚持记。记的内容可多可少,但是不能中断。

记日记也是总结经验教训的好方式。由于记日记时一般都比较冷静和理智,受急躁和浮躁情绪的影响比较小,可以对一天(或一段时间)的学习和工作进行小结,看看有什么经验和教训。一天两天的小结不可能马上得出很有价值的经验或教训,但是只要长年坚持,经验积少成多,可为日后的系统总结打下扎实的基础。

2) 利用语录和警句

语录和警句是前人经验教训的总结,针对自己的情况,挑选一两条言简意赅的写在笔记本扉页上,压在玻璃板下或贴在墙上,随时随地提醒和激励自己。例如我在日记本上使用的警句是:Time and tide waits for no man(机不可失,时不再来),警示自己不要虚度岁月,要抓紧时间学习和工作;在英语听写记录本上使用的是:Where there is a will,there is a way(有志者事竟成)和 No pains,no gains(一分耕耘,一分收获),激励自己坚持下去。

3) 收集学习用品

在学习慢速英语的起步阶段,某星期日上午听写一段录音,翻来覆去听不懂,心中非常烦闷。隔壁同事们正在兴高采烈地打牌,欢笑声不时传来,更增加我心中的苦闷,脑子里会不时冒出放弃的念头,实在难以静下心来继续学下去,只好下楼到操场去散步。边走边考虑怎样把学习坚持下去,无意中踢到一个易拉罐,听到它滚动时发出的响声,我当即萌发了一个念头:把它拾回去当笔筒,把用完了的笔芯插在笔筒里,看看用多少根以后就能学会英语。如果笔筒插满了仍然学不会,就不学了,承认失败。这样也是对得起自己了,因为我已经尽力了。

这样一来,果然极大地鼓起我学习英语的积极性和信心:随着用完的笔芯一根接着一根地插入"笔筒",英语水平也随之提高,学习英语的欲望也更强烈了。当"笔筒"里的笔芯达到 20 来根时,我已经顺利地渡过了慢速英语的起步与巩固阶段,可以听懂外国人的技术讲解了,不久就当了翻译。

出于同样的考虑,我也把学习过程中用坏的收录机以及录音带收集起来激励自己。每当看到这些与我一起渡过英语学习的日日夜夜的无声伙伴时,总能进一步激发起学习的热情。

4) 与各种参考点对比

可以作为参考点的东西很多,例如:

(1) 以自己的学习记录为参考点

每一个阶段的学习记录(练习本、生字本等)是自己在学习的道路上艰苦跋涉的足迹,应该很好地保存,有空时可以拿出来看看。这样做不但可以温故知新,而且是一个很好的衡量英语水平有无提高的参考点。随着英语水平的提高,一些原来不懂的懂了,不认得的生词认得了,可以及时看到自己的进步,自己激励自己,从而鼓起更高的学习热情,使整个学习过程成为一个越学劲头越大的良性循环。

例如,我刚起步时听写一条五一节苏联红场阅兵的消息时,根据声音我试拼写出来该条消息的谓语是 prade,但是词典里没有这个词。几天内翻来覆去听了许多遍却找不到答案,于是决定请教翻译。他与我不在一个楼里办公,我打电话给他,说有一个词听不出来,想拿磁带到他办公室去,请他听听是什么词。他在电话对我说:"你先不要过来了,把你听出来的句子读来听听。"我把已经听写出来的 red square(红场)、May Day(五一节)、tank(坦克)、artillery(火炮)等词逐一读给他听,并说这句话的谓语根据声音听是 prade,但是词典里没有这个词。他听后立即回答说:"不是 prade,而是 parade,第一个 a 发音很轻,不要疏忽。"放下电话,我立即查词典,果然就是这个词,而且其音标注解也与他说的一样。

进入了巩固阶段以后,一次听一条一位黎巴嫩姑娘开一车烈性炸药冲向美国海军陆战队在黎巴嫩的兵营,炸死 200 余名 marine corps 的消息,该条消息中所有的其他词都正确听写出来,就是听写不出一个发音为[m * rink *]的词。我根据上一次的经验,又打电话给那位翻译,把该消息中其他词读给他听,说有音为[m * rink *]的词不知道是什么意思。他在电话里没有立即回答我,而是说"你把词磁带拿来听听"。

从上一次的不听就回答到这一次需要听才能回答,说明我的水平有提高。我感到自己半年来的努力没有白费,所以心中非常欢畅,很快就到了他的办公室。他把磁带放在录音机听了一遍,立即停下来说:"不是一个词,是两个词 marine corps,海军陆战队。"他同时还告诉我说,"注意:corps 这个词 ps 不发音,如果发出来就要闹大笑话了,就成

corpse(尸体)了。"回到办公室后查词典,上边的解释和他说的完全一样。

面对他这样高的水平,我实在佩服极了,觉得"大学英语本科毕业的就是不一样,就是行"。所以就在当天的日记里写了以下内容:"通过刻苦努力,要是能够达到他一半的水平,我就会感到非常满足,就是'朝闻道,夕死可矣'。"下决心以他的水平作为自己努力学习的目标。

学会慢速英语以后我仍然采用逐词逐句听写的方法学习 Standard English,有问题请教他时,有的词他听许多遍也听不出来。他对我一年多来听力水平的提高给予充分的肯定,并鼓励我继续学下去。

又如在我完成了起步阶段的学习任务后参加一次中外技术交流会,主讲人就是原来我们去国外访问时给我们讲解的那些人,但是这一次我基本上能听懂他们的讲解。休息时我问他们,是不是因为到了中国,才故意把讲话的速度放慢了? 他们笑着回答说:"我们一直是用同一个语速讲的,只不过是你的听力提高了,觉得我们讲得慢了。"从这些经历中我看到了自己的进步。

(2) 以某一盘录音带为参考点

对于某一盘录音带要定期听,看看能听懂多少。随着时间的推移,水平的提高,听懂的内容会越来越多。也可以长期阅读某一本英语书,每阅读一遍,在不懂的地方作上记号,下一次再阅读的时候看看上一次不会的这一次会了多少。长期坚持这样做,可以随时看到自己的进步。

(3) 以各种应用英语的场合为参考点

随着时间的推移,一定会碰到各种各样应用英语的场合,例如中外技术交流等。所有这些都是很好的衡量自己英语水平有无提高的参考点。一位踏踏实实地复习过基础英语的大学毕业生,听了一次外国人的技术讲座后兴奋地告诉我:"不知为什么,这次听懂了不少。"我告诉他:"由于你踏踏实实学了几个月,把原来晃晃悠悠的英语知识加固了一下,因而听懂了不少。"从此他的学习劲头就更大了。

(4) 以周围的人为参考点

学习英语的时候,一般人总是嫌进步慢,但是如果与周围的人比,就可以看到自己的进步。

6.8　4个有幸和3种品质

不少人在了解了我的学习和工作经历以后,总以为我有什么过人之处。对此,我总是用4个有幸与3种品质加以回答。

1. 4个有幸

4个有幸是指有幸当兵、有幸赶上改革开放、有幸赶上信息时代和有幸有一个和睦的家庭。

1) 有幸当兵

我军旅生活50年,深感严格的军队生活对自己各方面的锻炼很大。例如:

(1) 1951年入伍后到了宣化通信学校,边劳动建校边训练。军事训练要求极为严格,为适应严寒地区作战,即使三九天,气温零下十几度,也是在河里破冰洗脸,生活相当艰苦。经过这样的锻炼,此后碰到再艰苦的条件,都觉得比宣化时好多了,而不会有抱怨情绪。

(2) 1952—1958 年,在通信工程学院学习 6 年多,受到了系统的高等教育,政治、军事和业务方面都得到了良好的训练,奠定了人生的坚实基础。

(3) 毕业后长期从事通信工程的勘察设计与安装工作,长期与通信工程部队的干部战士生活在一起,他们安心平凡工作和吃苦耐劳的精神深深教育了我,使我安心并钻研平凡工作。业务工作中需要解决大量的实际问题,也有助于养成理论联系实际和脚踏实地的作风。

(4) 有机会到西藏工作一段时间。许多比自己参军早的干部,从四川出发,花了两年多时间徒步走进西藏,但是级别却比自己低。西藏高原缺氧,生活条件恶劣,他们为了巩固边防,工作兢兢业业,以能有机会下到氧气充足的内地生活一段时间作为最高的奖赏。受他们模范事迹的教育,此后碰到任何困难,我总是用"再困难也没有在西藏工作的人困难,因为氧气总是足够的!"激励自己。

(5) 有机会在总部机关工作一段时间,培养和锻炼了自己的谋略能力。后来又到学校主管教学工作,对今天的青年人的思想情况比较了解,与他们有共同语言。

2) 有幸赶上改革开放

改革开放不但为我们国家开辟了一个新时代,也为每个人发挥聪明才智创造了前所未有的良好环境。

3) 有幸赶上信息时代

信息时代极大地拓展了我们的活动空间,在互联网上冲浪,世界就在指尖下,可以充分享受做现代人的乐趣。

4）有幸有一个和睦的家庭

和睦的家庭是任何一个人在学习和工作上取得成绩的重要条件，否则难以集中精神于学习或工作。我一个人独自在外地20余年，教育子女和照顾老人的担子全部落在妻子的身上，她从未因家庭困难而让我分过心。没有家庭成员的全力支持，个人能力再强，在工作和学习上恐怕都难以取得成功。

2. 3种品质

3种品质是指现代人的品质、中国人的品质和军人的品质：

（1）现代人的品质

现代社会是信息化的网络社会，知识发展与更新极快。作为一个现代人，不能只享受现代文明的物质成果，也要勇敢地面对挑战，努力掌握现代化技术知识，尤其是英语和电脑，以赶上飞速发展的社会。

（2）中国人的品质

中国人的优秀品质很多，其中最突出的一个就是勤奋刻苦，我们要在新条件下继承和发扬这些优良品质。我取得一些成功，也正是因为我继承了中国人勤奋刻苦的优良传统。

（3）军人的品质

我是军人，说到做到，只要是下决心学习，不达目的绝不罢休。不少大学生听了我的演讲以后说"这样坚韧不拔和刻苦认真，只有军人才能做到"，我为自己是个军人而感到由衷的自豪。

附 录 A

A.1 钟道隆和他的"逆向法"

杨　浪

《中国青年报》1992 年 2 月 14 日

☆　他能背出圆周率小数点后 1000 位

☆　他的英语自学方法可立竿见影

☆　他的思路特神!

钟道隆正经开始学英语口语时,早已年过"不惑",准确地说,45
岁。当时任解放军某部科研处长的他,在几次学英语劳而无功之后决
心"脚踏实地自学",跟着电台从最初的发音起步,花了五个月,把半拉
子基础彻底加固了一下。

如今钟的英语到了令专家们惊讶的地步:1979 年,作为通信专家
的钟随团出访,是由别人当翻译。1982 年,再次出国,他已成了兼职翻
译。此后的多次谈判中,钟更有过充分的展示。一次与外方签订一项
引进合同。作为翻译的钟抓住对方无意间谈到的一个技术信号,提出
利用这个信号达到其他的技术目的。外方不信,一通唇枪舌剑,两小时
"吵"下来,双方趋于一致,从而取消了原合同中的一个项目,一下子为
国家节省了五万美元。另一次,钟拿着外方起草的会议纪要,指出上面

的语法和拼写错误。

　　于是登门求教者众。在"诲人不倦"中,钟总结出了自己的一套学习方法。在专业刊物上发表时,上海外语学院的教授根据群众的称呼命之为"钟氏法"。不过钟以为,还是叫"逆向法"好。

　　一般的英语学习过程都是从书本开始"背—听—说"。而钟的"逆向法"是从"听、写"开始,上来就用耳朵。钟以为,十几年前,当录音机很不普及的时候,人们不得不依靠词典上的音标和课本上的升降调符号学习发音。见到一个英语单词,首先要在脑子里检索认不认得,然后再考虑每个音节的元音怎么发,重音在哪个音节上。这样自然增加了记忆量和难度。朗读时还免不了要出错。弄得中国人听不懂,外国人不明白。而通过听标准的录音带学习的人,一个英语单词的所有知识是作为一个完整的声音形象记住的,运用时能准确地"脱口而出"。

　　尽管你可能说不出元音、辅音、重音,这很像北京话里的"儿音",光看书,你怎么也弄不明白,不如听一听地道的北京话录音,学几遍你也就会了。

　　钟认为,就自学外语而言,许多人半途而废,一是因为基础英语掌握不好,一个劲地"强化""提高",结果费工很多,收获不大;二是自学进度太快,欲速则不达;三是自学中难点得不到指点,碰到障碍过不去;四是缺少客观考核和检验的方法,不知道到底自己进步了多少。根据多年的实践,他认为,这些问题都有可能在扎扎实实的"逆向"学习中得到解决。

　　尽管此前并无传媒报道。钟的英语学习方法已经多少有点名闻遐迩。他的那本《慢速英语入门》出版后很快脱销,一套十个小时的讲课录像带得"走后门"才能搞到。

2月10日回家过春节的钟又被工程兵机关拉了去讲课。这种课一年有几十场。钟很忙,目前他任职解放军南京通信工程学院副院长。作为全军有影响的通信专家,他能够背下圆周率小数点后 1000 位,但他认为,"只要用心,你也行"。果然,他身边的通信员跟他花了半天功夫,也能背到 80 位了。

听过他讲课的人说:"钟道隆的那套思路,特神!"

A.2 将军和他的书

钟道新

《语文报》1993 年 7 月 27 日

1951 年我出生时,上高中的二哥就参军去了。我小学毕业,他已是上尉军官。他那时搞的是通信设计工作。每次回家,总和在清华大学做教授的爸爸讨论问题。我对这些都不感兴趣,只是穿上他的军服系上武装带出去炫耀。

再以后是"文化"被"革命"。任何人都绝无作为。二哥应该如此,也必然如此。不过我隐隐约约地觉得有一种东西潜伏在他身上。当时他因为家庭出身问题,不能进洞去参加保密的国防施工,虽然这些东西是他设计的。但他不放心,天天守在洞外,里面如果有什么问题,就用电话传出来,他计算后再加以解释。就是这样,他积累了大量的工程素材,以后写了《小同轴电缆 300 路无人站的调测和故障分析》。这是一本很专业的书,我翻了翻。没有任何兴趣。那时他总是说:"知识到任何时候都是有用的!"但我不太相信——有几个人的目光能穿越时间呢?

　　海禁初开的 1979 年,二哥以通信专家的身份出访法国和德国,回来后他的第一句话就是"得好好学英文"。我急着搜刮舶来品,根本没有把他的话放在心上。再说在那个年头,稍微有点文化的人,有哪个没有动过学英文的心? 以我为例,就买了《英语 900 句》、《英语广播教程》等书,其中有的还买了若干个版本。可到头来,不过凑热闹罢了。

　　可二哥却真的干了起来。他先是跟着"广播英语"学了一阶段基础发音。然后开始就每天把英文广播节目录下来,并且听写。他的听写是原始意义上的听写,一个收录机,一支笔,一打纸。除去字典以外,没有任何文字课本。如果一遍听不懂,就把磁带倒回去再听。不行就再重复。如果实在不懂,就打电话问单位里一个外语学院毕业的翻译。

　　一年,一年又一年,我眼看着他写下了一个书柜的听写记录、一把圆珠笔芯。眼看着他用坏了五个录音机。我也眼看着他英文程度的提高——我至今仍然是"英盲"。之所以如此说,是因为有一次我和他在火车上遇到一个在北京大学任教的美国教授,他一上车就和二哥聊了起来。有说有笑有争论。我虽外行,但也知道"争论"和"客套"不同,非得有相当的水平不可。后来这个教授非得问二哥"你是哪年从美国回来的?"二哥答说没有去过。教授到下车都不肯相信。

　　前年我出差去南京,顺便看二哥。他送给我三本他的著作:《慢速英语入门》、《科技英语自学要诀》和《英语学习逆向法》。据他学院里的人说,从他去了以后,大学英语四六级考试及格率大幅度提高。

　　再以后他迷上了电脑。还写了一本《巧用电脑打字机》,被评为 1992 年全国科技优秀图书。今年年初,二哥来太原出差,带来一本他新写的书《好记性的诀窍》送给我。当时我忙着穿他的将军制服照相——将军的肩章是金色,而且是手工绣的,相当的好看——根本没有顾上他说些什么。晚上我躺在床上随便翻,立刻就被吸引住了:这书里有记英文单词、记历史年代人物、记人、记电话号码的诀窍⋯⋯我真奇怪他从什么地方来的那么多诀窍,大概是"留心处处皆学问"吧。我依照他书上的办法,在一个小时内,就背会了圆周率100位,还记住了起码80个电话号码。我让我的孩子依照他书上的办法记历史、地理之类的,效果也非常明显。

次日我看着二哥送来的一堆书,不禁很有些惭愧:我一个职业作家,这些年来写的东西竟然不如当军人的二哥多。看来的确该努力才是。我送二哥走时对他说:"你学了英文就写了如何学英文的书,学了电脑,就写了本电脑的书,综而合之,又写记忆的书,看来该写一本'关于如何写书'的书了吧?"二哥的眼光聚集在很远的地方,不知在思考什么问题。

A.3　聚光的透镜

刘　焱

《南京日报》1993 年 6 月 21 日

让他感到意外的是,前天他住院检查,刚安顿下来就引起了"轰动",护士长看着床卡问:"你们通信工程学院有个副院长去年在电台上介绍过用'逆向法'学英语,现在还在学院吗?"他老实地承认,那个"副院长"就是他自己——钟道隆。十分钟不到,热衷于英语学习的医生、护士甚至孩子都涌来，希望他"指点迷津"。

用坏了 17 台收录机，一把圆珠笔芯，一大柜练习纸，还有十多年数不清的日日夜夜……这些就是他摸索出一套独特的英语学习方法的代价，上海外语学院教授建议称之为"钟氏法"，钟道隆认为叫"逆向法"也许更好。

很多英语学习者往往相信速成法。在基础不扎实的情况下企图在短期内迅速提高，"逆向法"则反过来要求学习者花大力气学好基础英语。它没有现成的课本，也不像传统的学习方法那样强调先记单词和语法，它甚至要求在职人员不去碰自己熟悉的专业，而有意识地去听"隔行如隔山"的其他英语录音，避免靠推测弄懂英语，产生虚假的满足感。

让我们随着钟道隆的讲述，回顾他那曲折艰辛的学习之路："14 年前，也就是我 45 岁时，我随团出国考察。外国人说 good-bye（再见）我能听懂，说 See you later（再见）我就不明白了。我花了一年时间学了好几本书，可是并没有明显的提高，十分苦闷。经过反复分析、琢磨，我果断地决定从最基础的英语发音学习，跟'初级广播英语'学了足足五个月。真是'磨刀不误砍柴工'，再听为初学英语的人设计的'慢速英语'就不很困难了。我的方法是将广播里的'慢速英语'录下来反复地听，不会就翻字典，直到每个字都能正确地书写。"

时间一天天地过去，钟道隆的英语水平也一天天地提高，他出国时就不需要通过翻译了。在一次关键性的技术谈判中，他抓住老外一个一带而过的词，加上自己的专业知识，改变了谈判思路，为国家节省了五万美元。以前通信工程学院大学英语四级考试通过率一直在 50％以下。后来在钟道隆的鼓励下，很多同学使用"逆向法"，经过艰苦努力,该院的通过率达到96.5%,在全国院校中处于领先地位。几年来他撰写的三本英语学习专著畅销不衰。他应邀在北京、武汉、南京等地做的专题讲座,使听众产生了浓厚的兴趣。

钟道隆始终认为,他的成功不是一蹴而就的。除了本专业,他利用一切时间进行各种研究,他还创造性地总结出一套行之有效的提高记忆力的方法,并出版了14万字的《好记性的窍门》一书。当你了解到,他能记住圆周率1000位,全院四百多个电话号码,数千个人名尽在他的脑海中,你也许不会相信,他已经58岁了。很多自认为记忆力不好的中年人,在他的指点下,一小时背出了圆周率100位以上后自信心大增。

诲人不倦的钟道隆反复强调,只要下功夫,人人都可以成为天才。他还很形象地比喻说,学习者就像镜子一样,不积极动脑筋的人像平面镜,有多少平行光就接受多少,或像凹透镜一样把平行光白白地散射出去,只有凸透镜能够将原来平行的光聚集到焦点上,产生质变。优秀的学习者应善于将各种各样的知识聚集起来解决所要研究的问题。这样的理论正是钟道隆这样肯下苦功夫的有心人的写照,这对那些渴望成才的人也许会有启发。

A.4 热爱生活才能成才

陆小娅

《中国青年报》1996年2月9日

☆ 人在逆境中有时能学到顺境里学不到的东西,从这个意义上讲,逆境胜似顺境,甚至可以看成成才的最佳环境。

☆ 一个人的力量虽然有限,但是如果能够从正面发挥出来,也会产生可观的作用。

☆ 坚信自己身上蕴藏着巨大力量的人,能在学习、求知中避开苦恼、嫉妒、怀疑,把自己的目光投向创造和奉献。

钟道隆写了一本书,叫《脚踏实地走向成功》。他儿子说:"什么叫'成功',你就敢说你成功了吗?"钟道隆说:"我认为成功就是达到了预期的工作和学习目的,并不一定非得是惊天动地的伟业。"

钟道隆 16 岁参军,干了一辈子通信工程,参加过许多工程项目,退休前担任通信工程学院少将副院长。他 45 岁开始发奋学习英语口语,不仅达到了专业翻译的水平,而且还出版了《慢速英语入门》、《英语学习逆向法》、《科技英语听力自学要诀》、《听力过关技巧》、《英语新闻广播常用词语选编》等书,52 岁时,他掌握了电脑,又写了《巧用电脑打字机》、《巧用电脑写作》。有位朋友告诉我,凡是接触过钟将军的年轻人,人生轨道都发生了变化,变得积极向上了。抱着怀疑的态度,我来到了钟将军家。采访尚未结束,我似乎已经受到了他的感染,内心涌起一种"我为什么不能"的冲动。我相信,每个能像钟将军这样永不满足、永远追求进取的人,都能使得自己的生活变得更精彩。

记者:钟将军。按照您对"成功"的解释,您的一生应当说是成功的。且不说您在技术领域中的建树,至少您 45 岁学会英语口语,52 岁学会电脑就很了不起。那么您认为您取得成功的原因是什么呢? 是您比别人更聪明,还是您比别人更努力?

钟道隆:有人说我智商高,还有人说我父亲是教授。我父亲的确是清华大学很有名的教授,但我母亲是文盲,这不就中和了吗? 我其实和父亲生活在一起的时间很短,只有一年多。他对我的影响,主要是思维方式上的。比如有一次我从学校回家,父亲问我学了什么了。我说学牛顿第一定律了:在不受外力作用时,物体保持原来的静止状态或在一条直线上匀速运动。他说你明白了吗?我说我明白了。他说那我问你,有外力,有没有内力啊?我说老师没说。他说老师没说你也不问吗?有过这么几回,我就开窍了。

如果有人说我是靠聪明,我觉得那是对我努力的贬低。我这个人做什么都非常用心,而且乐在其中。我学英语时,坚持每天听写20页,三年里写了一柜子的听写记录(说着钟将军拿出两本用电报纸装订而成的厚笔记本给我看,里面一页页都是听写的英语),用了一大把圆珠笔芯,听坏录音机9台,收音机4台,单放机4台,翻坏字典两本。所以我说"脚踏实地走向成功"。有的人学英语老想走捷径,老想着速成。结果多少年过去了也没有长进,还总拿智商来为自己的不成功开脱。

记者:一个人能否取得成功,除了靠他脚踏实地努力外,环境因素也很重要。您是不是也这样认为呢?

钟道隆:我有个理论,叫"最佳环境论"。其实每个人都可以在自己所处的环境中找到有利的条件,通过努力把不利的环境转化为有利的环境。人在逆境中有时能学到顺境里学不到的东西,从这个意义上讲,逆境胜似顺境,甚至可以看成成才的最佳环境。有了"最佳环境论"的认识,就会有自豪感,有进取心。举例来说,"文革"中有一次让我去解决某项试验中的一些技术问题,可因为我父亲在美国留过学,因此不允许我进机房。参加试验的人有了问题,就让我在电话中分析解决。我只好把该设备的方框图贴在墙上,向第一线的人了解各种故障的表面现象,和他们一起在图上分析可能的原因和排除的方法。我把所有了解到的情况都记在笔记本上,并就一个个故障分类总结。久而久之,我比一天到晚接触机器的人还要熟悉机器,远距离判断能力大为提高。后来我把远距离判断故障的方法写成书在全国推广。每当同事问起我何以能总结出那么多方法时,我总是开玩笑地说:"多亏你们不信任我,不让我进机房。"

有时大环境不好,可以从改善小环境入手。有些大学生参加工作后,看到周围不少年轻人沉溺于打牌、打麻将,觉得自己要是有空就学习会脱离群众。这种顾虑是完全没有必要的。因为绝大多数年轻人内心并不甘于一天到晚无所事事。在这种情况下,你的一句鼓励的话,一个积极向上的行动,往往会对他们产生意想不到的影响。我在南京工作时,有一天偶然发现,因为天冷,路旁的法国梧桐叶子已经落光了,可是路灯下面的树叶,无一例外地仍然绿着。几十瓦的灯泡居然有这么大的作用。由此可以想到,一个人的力量虽然有限,但是如果能够从正面发挥出来,也会产生可观的作用。

记者:您这个人很有创造力。年轻人也都很想干有创造性的工作,可是有时又不得不干单调枯燥的工作,您碰到过这种情况吗?您是怎么做的呢?

钟道隆:我毕业以后从事了20多年的通信工程设计和安装工作。这种工作被一部分大学生认为"只要有中学程度就能胜任"。的确,一切都有规范,设备是别人研制好了的,只要照着规范的要求装起来就可以,而且工作条件比较艰苦,经常是在戈壁、高原或山沟里。但是由于我全身心投入到施工中,就发现了许多"有初中文化程度能懂,大学生不一定能发现"的问题,写出了很有独到见解的文章。每次施工,我都能得到许多新的认识,并且把它传授给广大的技术人员,在下一年的施工中用上。这样,一个在别人看来是重复性的、枯燥无味的过程就成了一个获取新知识的良性循环,从而也感受到了自身的价值。

记者:有些青年朋友走出大学校门后,觉得周围的人的层次都很低,自己适应不了。您有过这种感受吗?

钟道隆:我大学毕业不久,就被派到大西北戈壁滩去负责维护引导飞机用的归航台。和我在一起的是三个战士,一个负责做饭,一个负责柴油机发电,一个负责到5公里以外的沙漠里去看一个仪表。电台工作非常稳定,每天开机后几乎无事可做,而且自然环境非常恶劣,天上无飞鸟,地上不长草。经常狂风大作,对面不见人。我想我就把这当作锻炼自己的机会吧。每天除了和战士一起压水、做饭,还主动提出到沙漠里去看仪表。在沙漠里行走,沙子陷到脚踝,每走一步都很困难。可是那位战士却像走平地一样,我就咬牙坚持下来,一直到数月后我离开为止。空余时间,我除了自己学俄语外,还教战士们学代数。为了让他们听懂,我得用他们熟悉的事例和语言,这样我就学到了不少把复杂问题用通俗语言表达出来的方法,对于我以后从事的工作很有帮助。这段和战士一起在沙漠里的生活,可以说给了我很多东西。

我常对大学生说,你们走上工作岗位以后有三部曲:第一步是"忘记自己是大学生",把自己等同于一个普通劳动者,安心平凡工作,取得周围人认同。第二步是"不要忘记自己是个大学生",别人解决不了的问题,你应该能解决。让大家发自内心地说:"大学生就是和我们不一样。"第三步是"大学生水平远远不够,需要不断学习"。学问是有用的,很多人都有实践,可是提不出问题来,或者解决不了问题,就是因为缺乏学习。比如有一次和飞利浦公司谈判,我兼任翻译。公司人员在讲解遥测系统时无意中提到一个信号。我问这个信号有什么用,他回答说是本站告警用的,与遥测无关。我立刻想到利用这个信号,使原来只能监测 1000 公里左右的系统扩展成 2000 公里。经过讨论,对方同意了我的观点。一下为国家节约了 5 万美元。从技术上说,我一提出来,中方不少人马上就明白了。但他们英语水平低,听不懂,说不了,而不懂技术的翻译也抓不住这个有价值的信息。当时我心里很满足,往日的辛劳没有白费。

记者:您似乎特别热爱学习,到现在 60 出头了,每天还要学习几个小时英语。可有不少人认为学习是一件苦差事。您就没有感到苦吗?

钟道隆:我这个人的忧愁特别多。比如说,我和妻子、孩子分居 17年,我能没有忧愁吗? 但"何以解忧? 唯有学习!"发愁的时候,孤独无助的时候,一头扎进学习里去。抑郁之情荡然无存。变不知为知的读书活动,实在是解忧养性的最好处方。现在每到周末,我把自己一周学习、思考的成果打印出来,心里高兴极了,我的思想成果都物化了,这种成就感不是物质享受可以比拟的。人的温饱问题解决后求知就是一种文化修养上的追求。而且每当你把注意力集中在学习上,就会排除许多干扰,不再为名利所苦恼。一个在事业上没有什么追求的人,往往很计较名利,不能如愿以偿时就会怨天尤人;而坚信自己身上蕴藏着巨大力量的人,能在学习、求知中避开苦恼、嫉妒、怀疑,把自己的目光投向创造和奉献。所以热爱生活的人,才可能成才。一个再伟大的人,生命也有终结的时候,我们何不做自己生活的主人呢?

记者:钟将军,您已经退休了,晚年有什么打算吗?

钟道隆:我又懂技术又懂英语,可以做的事情很多。但我想来想去,给自己定了个六字方针:"多写点,多讲点。"我这个人比较善于思考,比较善于总结。我希望能把自己学习、工作、研究的成果写出来,让更多人分享。我还经常到大学、中学、机关去讲课,只要是有关学习的,我都有求必应。我的宗旨就是让更多的人树立起信心,努力学习,做自己生活的主人。

A.5 永不落伍的老兵

——记总参退休干部、共产党员钟道隆
学而不厌、诲人不倦的事迹

赵化南

《中国老年报》2001 年 5 月 8 日

他 45 岁时自学英语口语,一年后成为口语翻译;

他 52 岁时学电脑,写出了《巧用电脑写作与翻译》、《巧学巧用五笔字型》等书;

他 57 岁学习和研究记忆方法,极大地提高了记忆力。

他,就是英语学习逆向法的发明者钟道隆,曾任解放军某学院少将副院长,现在退休在家,以学习和鼓动别人学习为乐。这几年,他的知名度越来越高,对读者和听众的影响越来越大。中央人民广播电台、中央电视台和地方多家广播电台、电视台都请钟道隆做过鼓动学习的系列讲座,中央教育电视台连续播放了他介绍逆向法学英语的 10 讲 5 小

时教学片,中国教育热线网站在互联网上专门开辟了《钟道隆教授教你踏踏实实学英语》频道,北京还成立了"逆向英语学校"和"钟道隆科研中心",出版了他写的《学习成功的乐趣》、《逆向法巧学英语》等多部著作……

不懈的追求

钟道隆追求知识如饥似渴,他的精神令许多人感慨、惊叹;他的成就,许多人感到是一种奇迹。为什么他会有这么大的劲头?他的动力来自何方?他总是用"三个有幸"与"三种品质"来回答。"三个有幸"就是有幸当过兵、有幸赶上改革开放和有幸赶上信息时代。"三种品质"是现代人的品质、中国人的品质和军人的品质。这些都促使他不敢松懈和落后于时代。他常说,只有退休干部,没有退休党员;人退休了,思想不能退休;人老了,求知的欲望不能停止,要活到老,学到老,生命不息,学习不止。只有老有所学,才能老有所为,老有所乐。

6 年的退休生活,对他来说非常充实非常快乐,丝毫不存在什么失落或孤独的问题。不断地学习,不仅增长了知识,提高了退休生活质量,还有助于保持智力。钟道隆今年虽然 66 岁了,但精力充沛,思维敏捷,看外表只有 50 多岁,没有明显的智力衰退,精神头和记忆力几乎和青年人没有什么差别。

乐在学习中

说起学习,钟道隆似乎有用不完的劲。过去在工作岗位学习时间少,退休后他每天学习 5～7 个小时。早晨 6 点到 9 点听英语广播并同步录音,随后逐词逐句听写当天的录音带;下午学电脑或用电脑写作2～3个小时,从不间断。学习中他专心致志,几次烧开水把壶烧坏了自己还不知道。为了学英语他用坏收录机17部(次),用光圆珠笔芯一大把,听写记录一柜子。但他并没有感到这是一件很苦很累的事。他认为:学习乐趣无穷,学习不是一种负担,更谈不上什么苦累,而是一件很愉快的事,是一种精神享受。每当碰到不懂的东西时,他的精神就为之一振:这下又可以学到新东西了。每学到一些新知识时,他就能享受到从无知到有知的乐趣,从而对孔子的"朝闻道,夕死可矣"的体会也加深了一分。

正因为这样,他越学越想学,越学越爱学,越学越感到时间不够用。有人担心这样学习怕身体吃不消,会影响身体健康。钟道隆认为,学习不但不会影响身体健康,反而有益于身心健康。人们常说生命在于运动,钟道隆认为生命首先在于脑运动。人衰老首先是从脑的衰老开始,只有大脑健康才能有全身健康。经常学习,多动脑子,这是最好的思维体操,思想集中在学习上,不断有新知识刺激大脑,就能激发起更强的求知欲,催人上进。

他不仅苦学,而且巧学,在学习中他勤总结,处处注意学习,事事注意学习,把学习渗透到生活的方方面面,不断提高学习效率。他总结出了一套科学的记忆方法,写成《记忆的窍门》一书,还发明了"钟氏五笔字型",设计了专利产品"电脑语言学习机",对学习帮助很大。每当有人以智商低作为学不会英语的理由时,他的回答是:"说我学会英语是因为聪明,这是对我努力的贬低。有谁下我一半功夫,学坏8部收录机而学不会的?"

鼓动亦是乐

　　退休这几年,钟道隆把很大精力用在鼓动别人学习上。为了能使更多的人学好英语,他把自己总结出的英语学习逆向法,通过著书演讲推向社会,受到许多英语学习者的欢迎。全国各地、军内军外、大中小学、机关团体,哪里有要求他都去讲,通常每周要讲两三场,累计下来已讲了千余场。退休以后,钟道隆面临多种选择,许多公司高薪聘请,都被他婉言谢绝了。他把自己长期从事科研和教学管理工作积累的许多经验和方法介绍给大家。他认为这是实现自身价值的最好选择。

　　满腔热情、不厌其烦地鼓动、辅导别人学习,使钟道隆感到乐趣无穷。有的读者来信称赞:"逆向法是强力推土机,能推平英语学习中的各种障碍。""逆向法是显微镜,能清晰地辨认英语知识的每一个细节。""逆向法助我攻克一个又一个英语难关。"古田一位从未见过面的中学生,原来学习成绩较差,后来按照钟道隆介绍的方法学习,扎扎实实打基本功,各门功课名列前茅,他为此专门发来电子邮件感谢他。中央财经大学一位学生原来英语基础较差,对通过大学四级考试没有信心,在钟道隆的鼓动下,她认真用逆向法学习英语,十个月内通过了四、六级和托福考试。她说:"考试一次比一次难,我一次比一次考得好,因为我掌握了逆向法。"她特地在 8 月 1 日把这个消息告诉钟道隆,作为给他这个老兵庆祝建军节的礼物。

　　在这个过程中,钟道隆鼓动了别人,结交了朋友,自己从中得到了升华。5 年来他收到来信和电子邮件 15 000 多封,其中有许多很好的建议,有的还纠正了他书中的差错。他书中的许多观点和演讲的许多内容都是在读者和听众的启发下逐步形成和完善的。有一位70多岁的盲人,听了他的报告很受启发,开始用逆向法学习英语盲文,这使他很受感动和激励,认为这对自己是一种鞭策。青年人朝气蓬勃的精神、如饥似渴的学习热情,在一定程度上也感染了他,增加了他的青春活力。

A.6　楷模·榜样·良师·益友

《英语周报》社社长兼总编席玉虎

2001年10月20日至21日,钟道隆教授应《英语周报》之邀,不辞辛苦奔赴山西临汾,为山西师范大学外语系师生和临汾市中小学英语教师作了三场学术报告。钟教授以自己的亲身经历,通过大量的事例介绍了他的"逆向英语学习法"。一千六百多个座位座无虚席,就连过道里也挤满了人;有的人进不去只好在外听讲。其情其景十分感人。这久违了多年的学习场面啊!我听了也颇多感触。

钟教授是我们做人的楷模。大学毕业后,都市到乡村,迎着党和国家的需要他走遍了祖国的山山水水;从内地到边疆,他干一行爱一行,思一行专一行,处处以大学生的标准严格要求自己。多年的磨砺和知识储备为其日后的32项发明奠定了基础。钟教授的成功体现了一句古训的精髓:业精于勤而荒于嬉,行成于思而毁于随,是我们做人的楷模。

钟教授是我们学习的榜样。他急国家所急,想国家所想,为掌握国际先进技术45岁时自学英语口语,只用了一年时间就从"听不懂、说不出"进步到能翻译,能讲解,能操作。他在学习中"一丝不苟",坚持"处处学、事事学",勤总结,在苦学的基础上巧学,是我们学习的榜样。

钟教授是我们的良师。十几年来,钟教授不仅坚持自己学习英语,而且热心指导不同层次的人用逆向法学习英语。从1990年他就开始了逆向法学习英语的推广,以更多的人能学好英语为自己的乐趣,曾在各地演讲千余次。每当看到有人应用逆向法学习英语水平迅速提高时,他就把它看成是知识的扩展与自己生命的延续,总是感到由衷的高兴。用他自己的话来讲就是学习英语"乐在学习中"、"乐在应用中"、"乐在鼓动中"。古语云:"师者,传道授业解惑也。"钟教授不正是以自己的实际行动体验着这一古训吗?他是我们跨世纪的良师。

钟教授是我们的益友。他以自己学习英语的切身体会为例,反复告诫我们,对于我们中国人来说,提高英语"听、说、读、写"能力要比培养同等的汉语能力困难得多,所以必须树立起"长期学习"和"反复学"的思想,时刻提防速成思想作怪,要"先扎扎实实地学好基础英语以后再提高和强化,以最严格的要求,从基础知识抓起,一步一步提高和强化。"

钟教授逆向学习法可谓独辟蹊径,不仅为我们广大中小学英语教师和大学外语系师生学好英语铺设了一条希望之路,而且是我们"学会做人"、"学会做事"、"学会处事"的典范。我深信,只要我们像钟教授反复告诫我们的那样"踏踏实实做人"、"踏踏实实学习"、"踏踏实实办报",我们就一定能与时俱进,"创造出更加辉煌的适应21世纪需要的学习英语的新局面"。

A.7 《东方之子》第二卷关于钟道隆的条目

姓名：钟道隆　性别：男　1934 年 12 月 31 日生于浙江省浦江县。

1951 年参加中国人民解放军,先后学习报务与机务,1952 年入中国人民解放军通信工程学院有线系学习,1958 年毕业后长期从事国防通信工程建设、科研管理与教学管理工作。先后任总参通信设计院总工程师(高级工程师)、总参通信部科技局局长、中国人民解放军通信工程学院副院长(教授)、中国电子学会通信分会副主任委员、国家科技进步奖与发明奖电子组副组长等职,1995 年退休。

钟道隆干一行钻一行,1958 到 1976 年间,他先后在西北戈壁滩、青藏高原和内地山沟里从事国防通信工程的勘察、设计与施工工作。他以极大的热情投入到这些平凡的工作中,年复一年,刻苦钻研工作中碰到的问题,总结工作经验,写出专题总结与专著 200 多万字,搞成功技术革新十几项,大部分经国家鉴定后在全国推广。1978 年因科技工作中成绩突出,出席了总参谋部通信部和总参谋部科技大会,并被评为先进科技工作者。

钟道隆勤于学习,善于总结。他 45 岁时为了摆脱听不懂说不了的哑巴英语状态,发奋自学英语口语,早起晚睡,工作之余每天学习五小时,节假日学习十几个小时,长年坚持不懈,一年半内用坏收录机十几部(次),终于成为口语翻译,并总结出了"听、写、说、背、想"五法并举的"英语学习逆向法",出版了《逆向法巧学英语》等多本有关英语的专著。他用这种方法指导不同层次的人学习英语,取得了明显的成绩。他 52

岁时刻苦学习电脑,熟练掌握了五笔字型,总结出了很多巧学巧用的经验,出版了《巧学巧用五笔字型》和《巧用电脑写作与翻译》等著作。他57岁时为了适应新工作的需要,刻苦钻研提高记忆力的方法,能背出圆周率2000位并结合实践经验写出了《记忆的窍门》等书。由于他的著作是根据自己的学习经验写成的,可操作性强,出版后很受读者欢迎,有的被评为全国最优秀畅销书。

1995年退休后,钟道隆学习劲头不减,每天至少学习三小时,学习电脑多媒体技术,登上信息高速公路,跟上了时代的发展。退休生活为他写作提供了大量时间,三年来他写作与翻译出版了二十多本著作,被人誉为cyberwriter(电脑时代作家)。

钟道隆非常关心青少年教育,曾应邀在南京、江苏、辽宁、上海等地电台和电视台举办过《脚踏实地走向成功》系列讲座,鼓励听众努力学习,以适应改革开放新形势的需要,播出后听众反映热烈。

座右铭:何以解忧,唯有学习!